드림

왜
그녀들은 회사에서 인정받는 걸까?

왜
그녀들은 회사에서
인정받는 걸까?

초판 1쇄 인쇄 2012년 7월 2일
초판 1쇄 발행 2012년 7월 9일

지은이 이재은

발행인 장상진
발행처 경향미디어
등록번호 제313-2002-477호
등록일자 2002년 1월 31일

주소 서울시 영등포구 양평동 2가 37-1번지 동아프라임밸리 507-508호
전화 1644-5613 | **팩스** 02) 304-5613

ⓒ 이재은

ISBN 978-89-6518-062-3   13810

· 값은 표지에 있습니다.
· 파본은 구입하신 서점에서 바꿔드립니다.

왜 그녀들은 회사에서 인정받는 걸까?

억울하고 · 열받지만 · 통쾌한 · **여자직장인** · 리얼공감

이재은 지음

경향미디어

PROLOGUE
똑똑한 여자들이 단명하는 이유

"방송인으로 10년 가까이 대중들과 소통하며 살았는데 아직도 커뮤니케이션이 너무 어렵네요. 대체 왜 이렇게 갈등이 자주 생기는지……"

오랜만에 지인과 즐거운 점심을 나누던 중 그녀가 직장 내 소통의 어려움을 호소했다. 팀 내 남자 동료가 별생각 없이 던진 한마디에 상처를 받고 위기의식을 느끼고 있는 그녀를 지켜보면서 문득 고민의 핵심은 '커뮤니케이션 기술'이 아니라 '정치력 부족'이라는 생각이 들었다. 실제로 그녀를 괴롭히고 있는 본질은 '뼈가 들어 있는 말'이 아니라 그 말 속에서 예측되는 불리한 자신의 입지였기 때문이다. 그녀는 지금 '위험한 이직'을 고민하고 있다.

이 책을 쓰기 전 나는 한 가지 궁금증이 있었다. 그것은 바로 그녀처럼 똑똑한 여자들이 왜 한곳에 정착하지 못한 채 방황하는지에 대한 의문이었다. 신입 사원 공채에서 1등으로 합격한 S, 반짝반짝한 아이디어로 마케팅팀 루키로 떠오르던 J, 3개 국어를 자유자재로 구사하며 전도유망하던 L…… 엄친딸을 떠올리기에 충분했던 그녀들은 하나같이 마치 헤어 나올 수 없는 주술에라도 걸린 것처럼 직장 생활에 적응하지 못한 채 새로운 탈출구를 찾아 떠났다. 서둘러 유학을 떠나거나 대학원 진학을 선택하거나 또다시 이력서를 쓰며 어딘가에 존재할 것 같은 파랑새를 찾아 헤맸다.

"이 곳은 내가 있을 곳이 아니야. 사방에 온통 적군으로 가득해. 젊은 여자에게 기회를 주지 않으려는 꽉 막힌 조직에서 내 젊음을 썩히고 싶지 않아."

나는 동조했다. 그녀가 이곳에 머물긴 아까운 인재라고, 개인의 야망과 이상을 채워 주기에 조직이 너무 낙후됐다고 믿었다.

한데 중간 관리자의 역할을 할 나이가 돼 조직이 굴러가는 생리의 흐름을 이해하면서 깨닫게 된 '불편한 진실'이 있다. 그것은 똑똑하기만 한 여자, 쇼를 하기엔 넘치는 자존심을 지닌 부하 직원은 무능한 것보다 더 죄질이 나쁘다는 걸 말이다. 그 똑똑함이라는 덫에 스스로 빠져 겸손을 잃고 오만한 여자들의 눈빛은 상사를 쉽게 피곤하게 만들고 존재만으로 팀워크를 위협한다. 어떻게든 밀어낼 구실을 찾게 만든다. 반면, 상사는 조금 덜 똑똑하더라도 선배에게 충성스러운 후배, 말 한마디로 상사의 사기를 북돋워 줄 수 있는 후배, 상사의 개떡 같은 지시를 찰떡같이 알아듣는 부하, 상사의 스타일에 맞게 업무 처리를 달리할 줄 아는 센스 있는 부하, 예고 없이 잡힌 회식자리, 저녁 식사자리에 군말 없이 따라와 분위기를 띄우는 부하 직원에게 끌린다. 곁에 두고 싶고 끌어 주고 싶고 자신의 오른팔이 되어 주기를 희망하게 된다. 아마도 이 같은 희망 사항에 부합되는 이들은 소리 없이 무럭무럭 성장해 언젠가 미래엔 그들이 조직을 움직이는 주축으로 자리매김할 거다.

어렵게 용기를 내 여성 직장인을 위한 '사내 정치 전략서'를 집필하게 된 계기도 여기에 있다. 똑똑하긴 했으나 하나만 알고 둘을 몰라 일찌감치 조직의 주역으로 성장하는 길을 포기한 안타까운 그녀들이 더 이상 탄생하지 않길 바라며 단명한 여성 인재에 대한 당황스러우리만큼 솔직하게 까발려진 이야기들을 여기에 담았다. 어쩌면 그 이야기를 만나는 동안 아프고 쓰라리고 고통스러울지도 모르겠다. 약육강식의 정글에서 적용되는 보이지 않는 오묘한 힘의 원리에 대한 이야기를 풀어 놓는 동안 나조차 외면하고 싶었던 조금은 불편한 진실들 사이를 오가느라 적잖은 진통을 경험하기도 했으니까. 그럼에도 불구하고 나는 우리가 불편하고 잔인한 진실을 기꺼이 즐겁게 마주했으면 좋겠다는 바람으로 글을 마무리하려고 한다.

사내 정치라는 것이 비록 비위에 맞지 않는 오글거리는 '쇼'라 하더라도,

왠지 더럽고 치사한 '쇼'라 하더라도 고이고이 간직한 꿈에 이르는 사다리 역할만 해 준다면, 당당한 여성 직장인으로 인정받을 수 있는 일종의 똑똑한 술수라면 열심히 '정치적인 삶'을 살아가는 것도 아름답게 욕망해 볼 만 한 일일 테니까 말이다.

　어쩌면 이 책은 정치적인 삶이란 무엇인지, 정치적으로 살아야 하는 까닭이 무엇인지 몰라 먼 길을 한참이나 돌아가야만 했던 '어린 나'에게 보내고픈 비밀 편지인지도 모르겠다.

6월, 밤바람이 기분 좋은 어느 날

PROLOGUE 똑똑한 여자들이 단명하는 이유 4

CHAPTER 1
싫은 사람과 별 탈 없이 지내는 코칭법

01 잡일, 심부름 내가 왜 해야 해! 14

02 별 탈 없이 퇴사하기 20
　　TIP 떠나는 자가 명심해야 할 to do list
　　TIP 떠나보내는 자가 명심해야 할 to do list

03 곁에 둘 사람을 선택할 때 최소 3년은 지켜봐라 26

04 상사 앞에서 제대로 혼나고 제대로 웃어라 30
　　TIP 상사의 꾸지람 폭풍 앞에서 꼭 지켜 내야 하는 것들

05 달콤쌉싸름하게 사내 연애하는 법 37
　　TIP SOS, 사내 연애를 시작했어요!

06 직장에 영원한 친구는 없다 46
　　TIP 언니 동생들과 이별하고 성공을 향해 도약하는 노하우

07 '묻지 마 퇴사'를 부르는 직장 왕따, 초기에 탈피할 것 52
　　TIP 왕따를 극복하는 각양각색의 방법들

똑똑한 언니가 들려주는 Secret 한 번 보고 말 사람은 없다 59

CHAPTER 2
상사들과 일하면서 벌어지는 일들

01 상사는 공부하기 나름이다 62
  TIP 상사의 속마음 '부하 직원이 이렇게 해 주면 좋겠어요'

02 약삭빠른 여우보다 우직한 곰이 좋다 70
  TIP 우직한 벙어리로 롱런하는 노하우

03 때론 콩쥐 상사가 팥쥐 상사보다 무섭다 78
  TIP 만만하게 느껴지는 상사의 함정으로부터 벗어나는 노하우

04 잘 하는 건 오로지 '성과 가로채기'인 상사에게 대응하는 비밀 병기 84
  TIP 상사가 성과를 가로챌 기미가 보일 때 취해야 할 액션들

05 희생양 만들기 프로젝트에서 탈출하기 92

06 여자 상사가 더 밥맛으로 느껴지는 까닭 98

07 유형별 여자 상사 설명서 104

08 남자 상사들의 속마음 읽기 111

09 남자 상사가 날 여자로 바라볼 때 119
  TIP '연애의 목적'을 꿈꾸는 상사들 대처법

똑똑한 언니가 들려주는 Secret 상사가 되면 비로소 보이는 것들 125

CHAPTER 3
속 터지는 직장 생활, 꼼수가 필요하다

01 회사에서는 궁녀가 되어야 한다 128
   - TIP 대체 어제 한 뒷담화 어떻게 돌고 도는 거야!

02 뒷담화에도 꼼수가 필요하다 134
   - TIP 뒷담화에 동참할 때 주의해야 할 것들

03 복잡한 상사어 해석하는 법 142

04 억울해도 열 받아도 때론 아부가 필요하다 149
   - TIP 사소하지만 하찮지 않은 똑똑한 아부의 기술

05 피가 마르는 연봉 협상엔 '꼼수'가 필요하다 158
   - TIP 똑똑하게 연봉 협상에서 꼼수 부리는 디테일 노하우

06 승진을 원한다면 찬밥 신세 동료부터 챙길 것 166

07 쿠데타가 일어났을 때 준비해야 할 것 172

08 바쁘다는 말의 속사정 180

09 여자들 속에서 살아남는 법 187
   - TIP 은근한 따돌림에서 벗어나는 방법

10 총무를 자청하면 승진이 보인다 193
   - TIP 총무, 이럴 땐 정말 때려치우고 싶어요!

11 보고 잘하는 직원을 싫어하는 상사는 없다 200
   - TIP 나는 어떤 유형? (TA 교류 분석 검사지 첨부)

12 성희롱이 취미인 그에게 '깜짝하게' 경고할 것 210
   - TIP 소름 끼치는 성희롱, 사전에 방지하는 노하우

똑똑한 언니가 들려주는 Secret 승진을 부르는 회식자리 퀸카 되는 비결 217

CHAPTER 4
정치를 위한 여자들만의 생존법

01 대한민국에서 여자 직장인으로 산다는 건 220
　　TIP 아직도 서글픈 여자 직장인, 이렇게 인정받자

02 니들이 워킹맘을 알아? 228
　　TIP 가족 친화 기업 인증 기업, 어디어디 있을까?

03 미운털 안 박히고 임신하기 234
　　TIP 출산 후 성공적인 복귀를 위한 '가족보다 고마운 남 구하기' 이모저모

04 야망을 드러내면 하수다 243
　　TIP 누군가 당신에게 꿈을 물어 올 때 대처하는 노하우

05 충성과 소신 사이에서 필요한 것들 252
　　TIP 나의 충성심과 소신의 균형점 체크표

06 똑똑하게 딴 주머니 차는 법 261

07 당신의 사생활도 점수가 매겨진다 266

똑똑한 언니가 들려주는 Secret 성공한 워킹우먼들이 들려주는 일과 삶의 조화 노하우 273

CHAPTER 5
스타일 좋은 여자가 인정받는 이유

01 매력적인 오피스 복장과 메이크업은 따로 있다 276
　　TIP 똑똑하게 멋 내는 비결

02 삼성가의 여자들에게 배우는 패션 전략 282

03 여자들의 암투극은 블라우스 하나에서 시작된다 288

04 직장에서 인정받는 코디법 294

05 무능함보다 더 무식한 오피스 매너 300
　　TIP 이런 짓 하면 딱 왕따당하기 쉬워요

똑똑한 언니가 들려주는 Secret 때론 이미지가 능력보다 강하다 307

CHAPTER 1

싫은 사람과
별 탈 없이 지내는
코칭법

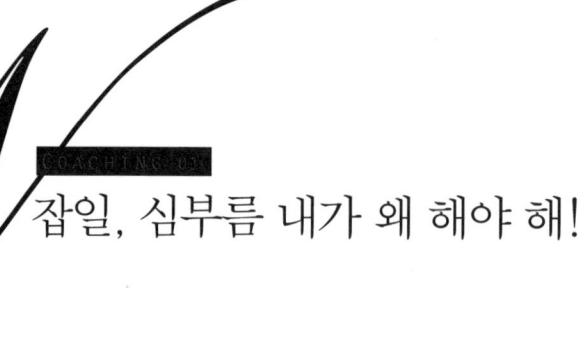

잡일, 심부름 내가 왜 해야 해!

돌아보면 나는 '꼴 보기 싫은' 신입 사원 유형에 속했다. 비록 몇 개월씩의 아주 짧은 이력이었지만 금융 회사의 비서로 입사했을 때도 그랬고 광고 회사의 기획자로 일할 때도 그랬다. 왜 내가 사용하지도 않은 사람들의 컵을 매일 아침 씻어 놔야 하는 건지, 나와 상관도 없는 회의실 담배 재떨이를 정리해야 하는 건지, 크고 작은 행사가 있을 때마다 도대체 왜 상사들보다 일찍 나가서 현장을 확인해야 하는 건지 이해되지 않았다. 이것은 조직 내 약자이자 어린 여자에게 가해지는 사회적 폭력이라는 생각만 들었다.

"조직이 글러 먹었어. 공정하고 공평한 대우를 해야지 왜 막내라고 시답잖은 뒤치다꺼리를 해야 하는 거야? 이런 대우를 하는데 누가 애사심을 갖고 일을 하겠냐고!"

막내인 내게 허드렛일이 떨어지는 것에 대해 분노했고 모든 잡일부터 배우며 크는 것이 조직의 생리라고 암묵적으로 조언하는 조직원들의 사고에 불쾌해했다. 왜 한참 열정적이고 의욕 충만한 신입 사원들에게 영양 많은 먹잇감을 건네주지 않는 건지, 군대 조직처럼 서열 중심으로 일 처리를 하려고 하는 건지 도통 이해되지 않았다. 변화와 혁신의 시대적 흐름을 따라가지 못하는 낡고 후진 조직 문화로 인해 피해를 보고 있는 것뿐이라고 인식했다. 때문에 그 시절 나는 모든 종류의 잡일은 중요하지 않은 일이라 치부하며 대충대충 얼렁뚱땅 엉망진창으로 임했다. 그건 내 직무 설명서에 공식적으로 제시되지 않은 내용이라며 실행하지 않아도 지적할 수 없는 영역이라고 생각했으므로.

그랬다. 3개월 만에 회사에서 잘린 이유, 8개월 남짓 일하고 도저히 못해 먹겠다며 전직을 꿈꾸게 된 결정적인 이유는 바로 선배들의 예쁨과 사랑을 받으며 무럭무럭 성장할 수 있는 자질이 부족했던 탓에 있었다. 하지만 '하나를 보면 열을 안다'라고 했고 '될성부른 나무는 떡잎부터 알아본다'라는 말이 있는 것처럼 잡일을 대하는 직원의 태도를 보며 상사는 그의 미래를 가늠할 수 있다.

〈십년의 기다림〉의 저자 김창수 씨는 대우건설 차장이다. 부산 소재의 대학을 나와 대우건설 입사 후 두 번의 특진을 거듭하며 고속 성장했다. 마흔 남짓의 그가, 명문 대학 출신이 넘치는 대기업에서 지방 출신의 그가 승승장구하는 모습에 일부에서는 '사장과 어떤 사이여서 저렇게 밀어주느냐'라는 의심의 눈초리를 그에게 보내기도 했고 질투의 시선으로 그를 바라보기도 했다. 대체 그는 어떤 전략을 펼치고 있었던 걸까?

"굳이 성공 전략이라고 한다면 최선을 마다하지 않은 잡일을 다한 덕분일 거예요. 현 대우건설 사장님이 제가 대리 직급을 달고 있을 때 저희 부서장이셨어요. 그때 시키지 않아도 빗자루 들고 회의실 청소하고 탕비실 정리하고 부서 행사 있을 때마다 잡일들을 솔선수범으로 한 저를 눈여겨보셨다고 해요. 그러면서 '저 놈은 신의가 있는 놈이다'라는 믿음을 갖게 되셨고 사장님이 되신 이후 저를 기억하시고 여러 기회를 주셨지요."

직장인이 회사에 다니면서 가장 절실한 것은 승진이나 고액 연봉이라고 생각할지 모르지만 그것을 가능하게 하는 바탕은 상사의 믿음과 신뢰다. 믿음과 신뢰를 사는 직원은 어떤 형식으로든 탄탄한 동아줄을 받게 되고 그렇지 않은 직원은 아무리 능력을 발휘하게 되더라도 조직 내 비주류로 남게 된다. 신입 시절 보여 준 작은 행동, 진실한 태도 등을 보고 상사는 키워 줄 사람인지 아닌지를 일찌감치 결정하게 된다. 물론, 영원히 잡무만 던져 주는 상사라면 문제가 있다. 하지만 대다수의 상사들은 작은 잡무라도 최선을 다해 잘 처리한 직원에게 중요한 일과 권한을 부여하기 시작한다. 그동안 애를 썼고 잘해 왔으니 이번엔 좀 더 큰일을 해 보라며 성취감을 불태울 수 있는 작은 선물이자 과제를 던져 주는 것이다. 폼 안 나는 잡일이 싫다며 그렇게 뺀질거리던 나도 10년의 시간이 지나자 잡일을 시키고 할당해야 하는 직급에 서게 되더라. 그리고 잡일 하나를 대하는 태도 하나에도 얼마나 많은 비밀이 숨겨져 있는지 알게 됐다. 이를테면 '떡잎 DNA'라고나 할까?

여성지 취재 기자 시절 팀제로 조직이 재편되면서 후배 기자들과 인턴 기자들을 관리해야 하는 자리에 서게 된 때가 있었다. 선배의 지시와 조언대로 잘 따라가기만 했었는데 이제는 중간 관리자 역할을 하며 위아랫사람들의 다리 역할을 하게 된 것이다. 얼마 전까지만 해도 절대적으로 사원의 입장에서 회사와 상사를 비판하던 내가 어느 순간 상사의 입장에 서서 일을 하게 됐고 어리광을 떨며 푸념을 늘어놓는 후배에게 회사 입장에서 생각하라는 쓴소리를 하고 있었다. 그때 마침 이제 막 대학을 졸업하고 들어온 인턴 기자들이 있었으니 갑작스럽게 늘어난 업무와 책임 증가로 골치를 썩던 내게 그들은 구세주나 다름없었다.

"초기엔 간단한 업무 위주로 진행될 거예요. 모두 기자직에 관심이 있는 친구들이니까 많이 배우고 돌아갈 수 있는 시간이었으면 좋겠어요. 역량에 따라 직접 취재하는 일부터 기사 작성을 해 보는 기회도 주어질 거예요."

그들이 주로 했던 일은 기사 검색부터 자료 수집, 회의 준비, 녹취 풀기 등 다양한 잡무였다. 가끔씩 인터뷰 취재 시 그들을 동행하기도 하고 바이라인을 단 기사를 준비시키기도 했지만 주제문조차 잡지 못하는 모습을 보면서 연습 단계에 해당되는 자료 수집 위주로 역할을 제안했다. 그런데 그렇게 한 달쯤 지났을 무렵 일명 '인턴 봉기'가 일어났다. 회식 자리에서 갖은 불만이 쏟아져 나오기 시작한 거다. 그들의 불만을 요약하면 이랬다.

"우리는 이런 '잡일'을 하려고 인턴을 지원한 게 아니다. 선배 편하기 위해 인턴들을 부려 먹는다. 인턴 기자가 이런 허드렛일만 할 줄 몰랐다. 체계적으로 일도 가르쳐 주지 않고 무조건 일만 시킨다."

순간 미안하고 당황한 마음이 들었지만 이내 냉정함이 찾아왔다. 한마디 말이 침묵을 깨고 나왔다.

"미안하지만 그게 인턴이야. 그것이 인턴 역할이라고!"

결국 '인턴 봉기'를 일으킨 몇 명은 선배들에게 제대로 찍혀 다음 날부터 인사조차 받지 않는 가시방석 회사 생활을 해야 했다. 인턴을 마치던 날 이례적으로 송별회도 생략했다. '건방진 너희들'에 대한 선배들의 차가운 무시였던 셈이다.

반면 아직도 연락을 취하며 언니 동생으로 지내는 인턴 출신의 후배 S가 있다. 그녀는 그들과 달랐다. "미안한데 지금 쓰고 있는 기사 관련한 자료들 좀 국회 도서관에서 찾아다 줄래요?"라고 부탁을 하면 필요한 자료들을 깨끗하게 프린트해 보기 편하게 분류를 해 두었고 슬금슬금 옆자리로 와서 "더 시키실 일 있으시면 편하게 말씀 주세요."라는 사랑이 샘솟는 말까지 건네고 가는 게 아닌가. 비중 없는 취재 기사 작성을 시켰을 때도 이틀 밤낮을 뛰어다니더니 풍성한 내용을 곁들인 기특한 기사를 완성해 내기도 했다. 그녀만 예쁘더라. 다른 애들 다 빼고 그 S만 예뻤다. 별다른 채용 계획이 없었지만 그녀가 떠나던 날 우리는 암시성 약속을 했다.

"머지않아 곧 다시 만날 날이 올 거 같아."

기업이 붙잡는 사람, 조직원들이 원하는 사람들에겐 작은 차이가 발견된다. 〈회사가 붙잡는 사람들의 1% 비밀〉의 저자인 신현만 커리어케어 대표 이사는 '회사가 붙잡는 인재는 우리와 99% 똑같고 단지 1%가 다를 뿐'이라고 말한다. 그렇다면 핵심 인재가 될 수 있는 그 1%의 다름은 과연 무엇일까? 신 대표는 회사가 붙잡는 핵심 인재의 차이는 바로 회사를 바라보는 관점이라고 조언한다.

"회사는 공동의 목표를 가지고 조직원들이 함께 일하는 조직입니다. '공동의 목표'와 '함께 일한다'를 새겨들어야 합니다. 아무리 능력이 뛰어나고 일을 잘해도 공동의 목표에 반하는 목표를 갖고 있거나 함께 일하기 껄끄러운 사람이라면 조직이 품고 가기 어렵겠죠. 예를 들어 '회식에 뭐 하러 가냐. 그 시간에 영어나 자격증 공부를 하는 등 자기 계발을 하겠다'라는 사람이 있습니다. 개인의 관점에서 보면 틀린 말이 아니지만 '함께 일하는' 구성원의 관점에서 보면 이 사람의 태도는 잘못된 거죠. 모임에 안 나오고 각종 행사에 빠지며 귀찮은 잡무는 어떻게든 피하고 '쿨 하게' 자신의 일을 하겠다는 인재, 회사는 절대 원하지 않습니다."

생각해 보면 연애도 일도 참 공통점이 많다. 적당한 때 자신을 잘 PR해야 하고 또 알맞게 '밀당'을 해야 하며 현명하게 싸우고 위기가 왔을 때는 몸을 낮추고 살아남아야 한다. 하지만 무엇보다 가장 중요한 것은 한결같은 사람이 되는 것, 힘들고 궂은일에도 기꺼이 함께해야 한다는 것이다. 그것이 바로 허드렛일 경험조차 거대한 기회로 연결시키는 비결이다.

COACHING 02

별 탈 없이 퇴사하기

〈직장인 불패 혁명〉의 저자 김율도는 직장 생활은 마치 정글과 닮아 있다고 설명한다. 필요에 따라 협동 사냥을 하기도 하지만 또 이해관계에 따라 도태된 자 버리기, 서열 가리기 등이 회사에서도 비일비재하게 일어나기 때문이다. 비정하고 냉혹한 사회라는 푸념이 절로 나오겠지만 어차피 인간이 만든 사회라는 것이 냉혹한 진화 생물학적 조직이니 정글과 동일한 양상을 띠는 것은 어찌 보면 당연한 일일지 모른다. 참 다행인 것은 늘 비정하고 비열한 사건들만 일어나는 것은 아니라는 점이다. 돌고래가 덫에 걸린 다른 돌고래를 구하려고 자신의 호흡에 위험이 닥쳐도 끝까지 돕는 것처럼 인간 역시 '의리'라는 뜨거운 애정에 기반을 둔 정의로운 행동을 선택하는 경우가 적지 않기 때문이다.

누군가의 모습이 정의로운지 혹은 그 반대인지는 이별을 앞둔 상황에서 보다 분명해진다. 누군가의 뒷모습은 떠나는 모습마저도 눈물 나게 아름다운 반면, 누군가의 뒷모습은 다시 만날 것을 믿고 싶지 않을 만큼 추악하고 비릿하다. 한때는 마음을 바쳐 일한 조직에 대한 최소한의 예의도 없이 이직하기 이틀 전날 일방적인 통보를 하거나, 이제는 남이 돼 버린 조직을 신경 쓸 필요가 뭐가 있냐는 식으로 인수인계조차 제대로 마무리하지 않고 떠나는 이들이 적지 않다. 반대로 청춘을 바쳐 일한 조직원을 '회사 사정'이라는 애매모호한 단어를 앞세워 내쫓아 버리거나, 회사를 떠날 충분한 마음의 준비를 할 틈도 없이 무작정 밖으로 내모는 무식한 회사도 여전히 존재한다. 앞으로 어떤 이름으로, 어떤 인연으로 다시 만날지 모르는 사람들이건만 한때는 동료라는 이름으로 한 배를 탔던 기억이 부끄러워지는 모습만큼은 피해야 하지 않을까.

　마지막 뒷모습마저도 아름다운 사람으로, 떠나보내는 얼굴 표정마저도 온화한 사람으로 남는 것이 피비린내 나게 치열하고 비정한 동물의 정글에서도 지켜야 하는 매너라는 사실을 기억하길 바라며 이 장에서는 '떠나는 자와 떠나보내는 자가 갖춰야 할 이별 매너'에 대해 이야기해 보려고 한다.

TIP: 떠나는 자가 명심해야 할 to do list

1. 최소 한 달 전부터 인수인계를 준비해라

'사람인'이 기업 인사 담당자 480명을 대상으로 설문 조사한 바에 따르면 '반드시 지켜야 하는 이직 매너'에 '업무 인수인계를 완벽하게 한다(85.2%, 복수 응답)'가 1위를 차지했다. 뒤이어 '맡은 업무를 끝까지 마무리한다(71%)' '시간적 여유를 갖고 이직 사실을 알린다(62.5%)' '마지막까지 근태 관리를 착실히 한다(59.6%)' '직장 및 업무 기밀을 누설하지 않는다(54.2%)' '업무 분위기를 흐리지 않는다(54.2%)' '회사 험담을 하지 않는다(36.3%)' 등이 있었다. 설문 내용을 바탕으로 정리하면 떠나는 이에게 바라는 남은 이들의 마음은 '끝까지 자신의 역할에 최선을 다해 줄 것'과 그의 '공백을 최소화하도록 준비해 줄 것'을 바란다고 할 수 있겠다.

2. 이별 의식을 정성껏 준비해라

이직 매너는 평판 조회 시에도 상당한 영향력을 미친다. 이직한 직원에 대한 평판 조회 요청을 받은 경험이 있는 인사 담당자(184명)의 79.4%는 '이직 매너를 평가에 반영했다'라고 답했다. 언제 이직 사실을 전했는지, 이직 전까지 근무 태도는 어땠는지, 떠나기 전 어떻게 이별 의식을 치렀는지에 따라 떠나는 이에 대한 개인적 평판이 달라질 수 있음을 암시하는 대목이다.

과거 일했던 조직에서 퇴직을 결심하던 날, 나는 일주일 전부터 분주했다. 인사 담당자에게 사직 의사를 보고한 뒤 회사 인트라넷을 통해 퇴직 사실을 알렸다. '사랑하는 그리고 그리울 동료 여러분께'라는 제목의 애정 어린 마음을 담은 글로 말이다. 어찌나 아쉽고 죄송하고 또 마음이 아프던지 글을 쓰는 내내 눈물을 훔쳐야 했다. 자주 어울렸던 동료들과 개인적으로 식사를 하며 송별 인사를 전했고 상사들에게는 작은 선물과 손 편지를 선물했다. 송별회에 참석하지 못한 조직원들을 위해 떠나기 이틀 전엔 떡집에서 아기자기한 떡을 주문해 이별의 마음을 전했다. 적지 않은 품을 들이고 아쉬운 진심을 담아서일까? 환영회만큼이나 뜨겁고 아름다운 송별

의식을 전할 수 있었다. 덕분에 이직 후 경력 증명서 발급처럼 과거 회사 동료들에게 연락을 취해야 할 때 밤톨만큼의 불편함 없이 반가운 안부를 전하는 관계를 유지할 수 있었다.

3. 실리를 챙기는 이별도 필요하다

퇴직을 결심하면 개인적인 실리와 이해관계도 살뜰히 챙겨야 한다. 자칫 '아름다운 뒷모습'에 연연해 땅을 치며 후회할 경제적 손해나 실수를 범할 수 있기 때문이다. 먼저, 현재 사업주로부터 미지급된 임금이 있다면 미지급 임금이 있다는 확인서를 받아야 한다. 사악한 사업주들의 경우, 체불된 임금으로 떠나는 조직원들에게 '바로 해결해 줄 것'이라는 거짓말로 몇 달 혹은 몇 년씩 애를 태우게 할 수 있으니 최소한의 보호 전략을 펼칠 필요가 있다.

또한, 받을 수 있는 건 다 받고 나가겠다는 의지도 일정 부분 필요하다. 퇴사 시점에 따라 회사로부터 받을 수 있는 금액이 달라질 수 있으므로 가능하다면 이 부분을 고려해 퇴직 시점을 결정해도 좋다. 예를 들어 경영 성과급이나 인센티브 금액이 결정되어 지급되는 시기가 사규에 명시되어 있는 경우, 이를 고려하여 퇴사 시기를 결정하는 것이 현명하다. 재직 중인 직원에 한하여 성과급을 지급하는 것이 사규에 명시되어 있는 경우, 퇴사일 며칠 차이로 경영 성과급이나 인센티브를 받지 못해 두고두고 아쉬운 마음을 달래야 할 일이 발생할 수 있으니 말이다.

7년차 이상이라면 조직 개편 등을 이유로 명예퇴직을 실시할 가능성이 있는지의 여부도 체크해 봐야 한다. 사직서를 내고 한 달 뒤 명예퇴식 공고를 내는 상황은 성성만 해도 이찔하다. 왜냐하면 명예퇴직을 신청하면 상당한 연봉에 해당되는 명예퇴직 위로금을 받을 수 있지만 그 전에 퇴직한 사람은 한 푼도 받지 못하는 억울한 상황이 연출될 수 있는 탓이다. 연차 휴가와 시간 외 근무 수당 역시 체크해 볼 부분인데 연차 휴가는 1년간 8할 이상 근무하면 발생하므로 퇴사 시기를 연차 휴가가 발생한 이후로 하는 것이 유리하다. 퇴직금은 퇴직 시점을 기준으로 이전 90일 임금 총액으로 계산하기 때문에 시간 외 근무 수당을 많이 받은 달에 퇴사해야 퇴직금을 좀 더 많이 받을 수 있다.

TIP: 떠나보내는 자가 명심해야 할 to do list

1. 예의와 절차를 갖춰 해고 통지를 해라

친구 중 한 명이 과거 광고 대행사 AE(Account Excutive)로 근무할 때 일어났던 일이다. 늘 맹랑하리만큼 도도하고 당찼던 그녀는 월례 회의서 회사 대표의 '올해 임금 동결'이라는 예기치 못한 선언을 듣고 바로 부당함을 외쳤다.

"지난해 연봉 협상 때 내년 상승을 전제로 소폭으로만 올려 주셨는데 동결이라니 말이 됩니까?"

그리고 일주일 뒤 그녀에게 '사직 권고'라는 제목의 이메일이 도착했다. 나머지 조직원들을 선동해 임금 동결의 전략을 방해한 직원에 대한 응징이었다. 친구는 일방적인 해고 방침에 분노했고 노무사의 도움을 받아 부당 해고를 자행한 대표를 상대로 소송을 걸었다. 덕분에 회사 대표는 적지 않은 위로금을 지급해야 했고 직원들에게 톡톡히 망신을 당하는 수모를 겪어야 했다. 이처럼 고용주의 비정한 해고 통보는 심심찮게 일어난다. 야후의 이사회장 로이 보스톡이 캐럴 바츠를 전화 한 통으로 해고한 사건은 경영 간부나 직원 해고에 있어 절대 피해야 할 사례로 회자된 바 있다. 해고된 캐럴 바츠 본인이나 그녀가 야후에서 일했던 기간에 대한 평가에 관계없이 어떤 직책을 맡은 직원이든 해고할 때는 그에 맞는 예우를 해 줘야 하는 것이 고용주가 직원에게 지켜야 할 필수 매너이기 때문이다.

전문가들은 직원을 해고하며 전문적인 직업인답게 행동하지 못할 경우, 소송을 통해 꽤 비싼 수업료를 치를 수도 있다고 조언한다. 미국 HR 아웃 소싱 기업 트리넷(TriNet)의 인력 자원 컨설턴트 레베카 헤이먼에 따르면 부당 해고로 지역 고용 평등 위원회(EEOC)에 차별 대우 소송을 거는 일은 직원보다는 고용주에게 더 큰 손해다.

"고용주들은 피고용인의 주장에 대해 근거 없음을 입증해야 합니다. 이를 위해 보통 변호사를 선임하게 되는데 꽤 많은 비용이 들게 되죠. 업무 손실은 물론이고요."

이처럼 해고를 당한 직원, 떠나는 이에게 앙심을 사거나 그의 가슴에 못을 박으면 그에 대한 대가는 몇 십 배의 손해 배상으로 청구될 가능성이 높다.

2. 해고 전 해고될 가능성이 여러 차례 있음을 알려 줘라

지속적으로 낮은 업무 성과를 보이는 직원이 있다면 낮은 성과에 대해 직접적으로 경고하자. 빙빙 돌려 말하지 말고 그 직원의 행동이 그의 커리어에 미칠 영향에 대해 직접적으로 이야기해 주어야 당사자가 상황을 직시할 수 있다. 더불어 문제가 있는 조직원으로 판단되면 업무 성과에 관한 문제를 문서화하는 것이 좋다. 직원 때문에 문제가 생겼을 경우 이를 인사 고과에 반영시키고 이를 증거 자료로 하여 당사자에게 조직을 떠나야 하는 이유를 논리적으로 설명할 수 있기 때문이다.

직원의 업무 결함이 발생할 때마다 간단한 메모라도 해서 기록해 둬야 한다. 그리고 어쩔 수 없는 결정을 내려야 하는 상황이 온다면 이 같은 인사 기록 파일을 토대로 '합리적 해고'임을 설득하도록 하자. 그것이 떠나야 하는 이도, 떠나보내야 하는 이도 한결 수월하게 그리고 덜 아프게 사건을 해결할 수 있는 선택이기 때문이다.

3. 엘리베이터까지 그녀의 오피스 박스를 들어 줘라

떠나는 일이 결정됐다 하더라도 막상 떠나는 날이 됐을 때 사람은 누구나 당황한다. 이별은 언제나 새로운 아픔이고 어색하리만큼 낯선 환경이기 때문이다. 왠지 소외된 것 같은 기분, 혼자만 타인이 된 것 같은 이질감, 왠지 모르게 느껴지는 죄책감 등 수면 위로 끄집어내고 싶지 않은 잡동사니 같은 감정들이 한꺼번에 올라와 당황스러울 수밖에 없다. 모두가 업무에 몰두하는 가운데 혼자 짐을 싸서 들고 사무실 밖을 나서는 것보다 더 처량하고 무능력하게 느껴지는 상황이 또 있을까? 스스로 사직서를 제출했든지 혹은 어쩔 수 없는 상황에 의해 해고를 당했든지 간에 동고동락했던 조직원이 떠나는 마지막 날은 인간적인 예우를 정성껏 베풀자. 짐을 꾸리는 것을 거들어 주고 엘리베이터까지 배웅을 하며 떠나는 길이 외롭고 어색하지 않도록 작은 배려를 베풀어 준다면 그는 오랫동안 당신의 모습을 아름답게 그리고 따뜻하게 기억할 것이다.

곁에 둘 사람을 선택할 때
최소 3년은 지켜봐라

매일 얼굴을 보며 수없이 많은 커피와 밥을 나눠 먹은 사이라 할지라도 조직 내에서 만난 사람들과는 일정한 거리를 유지해야 한다. 열 길 물속은 알아도 한 길 사람 속은 모르는 게 바로 사람이고 수많은 이해관계가 얽혀 있는 집단이 바로 직장이라는 조직이기 때문이다. 특히 당신이 일정한 리더십을 발휘하며 조직 장악력을 보여 줘야 하는 자리에 올라서야 할 때, 당신만의 오른팔이 필요할 때는 오랫동안 지켜본 사람 중에 골라라. 단지 코드가 통한다거나, 적당히 잘 알고 있다는 성급한 판단으로 내 사람을 골랐다가는 그가 언제 당신의 뒤통수를 후려칠지 모른다.

 H&K 컨설팅 손원일 책임 연구위원은 자신의 칼럼에서 "인간에 대한 이해를 위한 더 많은 노력을 기울이는 수밖에 없다."라고 강조한다. 돌아보면 뼛속까지 시린 배신감으로 한동안 일어날 힘을 잃을 때, 한없이 퍼 주며 아껴 주던 사람이 피도 눈물도 없이 돌아설 때, 평생 함께할 거라 믿었

던 사랑이 아무런 흔적 없이 조각날 때 우리는 인생의 가장 큰 시련과 위기를 맞이한다. 정말 믿었던 사람이 가하는 상처이기 때문이다. 가장 가까운 이들에게 공격을 받았다는 인정하고 싶지 않은 악몽 같은 일을 감당해야 하기 때문이다. 알았다 싶을 때 속고 당하며 결국 그들에 의해 자신의 존립까지 위협당하는 탄식할 만한 일들을 경험할 때 우리는 인생 최악의 위기를 겪게 된다.

벌써 7년 전 일이다. 주경야독하며 일과 학업을 이어 가던 어느 날 회사에는 구조 조정과 관련된 루머가 돌았다. 불안했다. 현재 업무와는 상관없는 공부를 하느라 매일 진땀을 빼고 있는 내가 구조 조정 대상 1순위가 되는 건 아닌지 불안감이 엄습해 온 거다. 심란한 마음에 선배에게 속마음을 털어놨다.

"아직 내가 대학원 다니는 거 부장이 모르는 눈치인데 알게 되면 어떡하죠? 이번 학기는 논문을 써야 해서 마음의 부담도 큰데 말이에요."

"그런데 넌 왜 교육 대학원에 다니는 거니? 업무랑 별 연관성도 없는데……"

"나중에 교직 쪽으로 진출하고픈 욕심이 있거든요. 꿈은 변하는 거니까 그때를 내비해서 준비해 놓으려고 이렇게 고생하고 있는 거예요."

믿었던 선배였으니까 별다른 생각 없이 한 말이었기에 그 고백이 어떤 식으로 파장을 일으키게 될지 그때는 몰랐다. 부장과 연봉 협상과 관련된 미팅을 갖기 전까지는 말이다.

"교직을 준비한다는 이야기 들었어. 회사는 언제까지 다닐 생각이야?"

상사는 나를 쏘아보며 물었다. 교직과 관련된 구체적인 계획은 며칠 전 이야기를 나눈 선배밖에는 없었는데 어떻게 이 이야기가 상사에게 전달된 것인지, 아니 어떤 의도로 상사에게 전한 것인지, 우리가 꽤 친한 사이라고 믿었는데 어떻게 이럴 수 있는지 한동안 배신감에 몸을 떨었다. 실제로 나는 그 사건 덕분에 구조 조정 리스트에 올라갈 뻔한 위기를 경험해야 했다. 막장 드라마 한가운데 내가 그리고 우리가 서 있는 것 같았다. 믿을 수가 없었다.

"이 나이 되도록 사람 보는 눈이 이렇게 없었던가!"

많은 사람들이 사람 보는 눈을 자신한다. 새로운 신입 사원을 뽑을 때도, 함께 일할 파트너사를 구할 때도, 심지어 남은 인생을 함께 사랑하며 살 사람을 고를 때도 제대로 골랐다고 자신의 안목을 믿는다며 호언장담한다. 하지만 한 나라를 호령했던 인물도, 60이 다 된 관록이 풍부했던 임금도 사람을 제대로 봤다고 믿었지만 결과적으론 제대로 자기 발등을 찍었을 뿐이었다. 사실, 그들이 말하는 '사람 보는 눈'이란 어떠한 근거나 이론으로 뒷받침되는 것이 아닌 지금 이 순간의 느낌, 직감 혹은 직관이라 말하는 끌림이 되는 경우가 대부분이다. 때론 상대방을 믿어 주고 마음이 객관화된 것처럼 변형되고 왜곡되곤 한다.

그러나 한 사람을 정확하게 파악하기 위해서는 오랫동안 시간을 투자하며 다양한 각도로 그를 관찰해야 한다. 단순한 호기심, 끌림의 감정은 배제하고 태도, 인성, 성격, 습관 등을 통찰력 있게 관찰한 뒤 내 사람으로 둘 것인지 말 것인지를 결정해야 한다. 왜냐하면 회사라는 곳은 서로의 이해관계가 복잡하고 첨예하게 얽힌 곳이기 때문에 아무도 자신의 민낯을 드러내려 하지 않는다. 수많은 가면을 쓰고 상황에 따라 유리한 연기를 하며 조직 생활을 영위해 나간다. 한 가지 모습만 보고 '그는 이런 사람'이라고 일찍 판단하는 우를 범해선 안 된다. 특히나 몇 가지 모습만 보고 내 사람으로 삼는다거나 키워 줄 후배라고 점찍는 행위는 무척이나 위험하다. 백성의 안위와 편안함을 운운했던 영특하고 착한 소녀였던 정순 왕후가 백성을 발판 삼아 자신의 욕망을 채우려 했던 것처럼 변할지도 모르니까. 그녀를 간택하고 키워 준 당신의 업적은 깡그리 무시하고 이제 볼일은 다 끝났으니 이곳에서 나가라는 반역을 주도할지도 모를 일이다. 관계의 깊은 통찰 없이 너무 일찍 마음을 준 사람은 없는지, 철저한 검증 없이 무조건 믿어 주고 있는 사람은 없는지 한번 돌아보자. 미소 천사 같던 그녀의 시나리오 속엔 어쩌면 조만간 악역으로의 변신이 철저하게 계산되어 있을지 모르니까. 그대, 옆자리의 그 사람을 얼마나 지켜봐 왔는가?

COACHING 04
상사 앞에서 제대로 혼나고 제대로 웃어라

"남자 직원들은 상사가 일 처리 과정에서 발생한 문제점을 지적하면 바로 잘못을 시인하고 무엇이 빠졌는지 확인하고 수정해요. 하지만 여자 직원들은 입을 삐죽거리고 눈을 내리깔고 심지어 눈물을 흘리기도 해요. 더 가관인 것은 상사가 사람들 앞에서 자신을 망신 줬다며 삐쳐서 다음부터 눈도 마주치지 않고 불편하게 하죠."

유인경 경향신문 부국장은 특종을 자주 낸 기자도 아니고 글발이 뛰어난 기자도 아니었으며 심지어 실수투성이와 망언을 연발하는 '문제아'였지만 조직 내 최고 직급에 오른 여자가 되었다. 그녀는 그 비결에 대해 이렇게 요약한다.

"그건 아주 간단해요. 바로 '죄송합니다. 다시 수정하겠습니다.'라는 인사를 잘한 거예요. 상사 입장에서 그런 후배는 하나라도 더 알려 주고 싶고 끌어 주고 싶거든요."

그렇다. 예쁜 후배가 되는 법, 부서장이 끌고 가고 싶은 부하 직원이 되는 법, 괜히 하나라도 더 알려 주고 싶은 후배가 되는 법은 어렵지 않다. 어떤 상황에서도 기본적인 에티켓을 지키는 것이 바로 상대방에게 한결같은 마음을 사는 비결이다. M통신사에서 근무하는 남자 선배는 알파걸들의 시대가 왔다고 하지만 아직도 여자 신입 사원들과 처음 호흡을 맞출 때면 괜히 여자를 뽑았구나 하는 생각이 들 때가 많다고 고백한다. 조금만 혼을 내면 금방 쌜쭉거리며 얼굴에 싫은 티, 서운한 티를 그대로 드러내기 때문에 후배 무서워서 뭔 일을 할 수 없다는 것이다.

지적을 받았을 때 잘못을 뉘우치기는커녕 '당신이 감히 나를 사람들 앞에서 능멸해?'라는 식의 태도로 사소한 복수와 저항을 일삼다 상사(권위자)로부터 내쳐졌던 경험이 내게도 있다. 발표 수업이 있던 어느 날 나는 야근으로 인해 30분가량 수업에 늦고 말았다.

"지금 당장 앞으로 나와서 발표 진행하세요!"

다음 차례에 대한 양해를 구했지만 허락되지 않았고 결국 나는 머릿속에 정리되지 않은 과제물들을 마구잡이로 토해 냈다. 등에선 땀이 비 오듯이 나고 발음은 알아듣기 힘들 정도로 뭉치고 꼬였다. 그날 이후 나는 잠시 여유를 허락하시지 않은 교수를 원망하며 유치한 방식으로 강의를 보이콧했다. 예를 들면 이렇다. 교수가 강의를 진행하는 동안 시선을 책에 고정시킨 채 눈 한 번 마주치지 않았으며 학생들의 대답을 유도하는 질문에는 묵묵부답으로 일관했고 아무리 재미있는 이야기를 들려줘도 이를 악물고 웃지 않았다. 나름의 방식으로 '당신과 더 이상 상대하지 않겠어'라는 메시지를 계속 전달하고자 했던 거다. 하지만 소심한 복수전의 희생양은 그가 아닌 내가 됐다. B교수가 논문 심사 위원으로 할당된 것이다. 그는 나의 괘씸죄에 단단히 벼르고 있었는지 논문 심사 때마다 통계 방식과 이론 전개 방식을 트집 잡으며 훼방 아닌 훼방을 놓았다. 덕분에 나는 일 년 내내 논문을 쓰고도 논문 통과를 하지 못했다. 만일 나의 상황을 봐주지 않고 원칙대로 발표 수업을 시킨 교수에게 분노하며 골질을 하는 대신 "교수님, 자주 늦어서 정말 죄송합니다. 앞으로 시정하겠습니다. 오늘 정신없이 발표해서 미흡한 모습 보여 드려 또 한 번 죄송합니다. 더 노력하겠습니다!"라고 솔직하게 인정하고 사과했다면 피 말리는 전쟁을 벌이지 않아도 됐을 텐데.

많은 여성 직장인들은 상사가 사람들 앞에서 업무와 관련된 지적을 하면 "저 인간이 나한테만 지랄이구나." 혹은 "어떻게 이렇게 나를 모욕할 수가 있지?"라며 분노를 경험한다고 말한다. 그 상사 때문에 잘 가꿔 놓은 자존감이라는 정원이 뿌리째 훼손됐다고 느끼며 세상에서 가장 모욕적인 일이라고 치부한다. 잘못한 일과 자신의 자존감을 동일시하며 '상사의 공개적 지적 = 트라우마 생성'으로 받아들인다. 하지만 냉정하게 말하면 직장은 원래 그런 곳이다. 까고 까이고, 욕하고 욕먹고…… 그런 일상의 반복으로 조직원들은 거대한 조직에 길들여지며 조금 더 나은 업무 처리 방식을 습득한다. 그리고 오지 않을 것 같던 그날 내가 상사가 되면 내 상사가 그랬던 것처럼 나 또한 그런 행동들을 세습하게 된다. 깨지고 망가지고 모멸감을 느끼는 상황들은 도저히 일어날 수 없는 일들이 아니란 얘기다.

어쩌면 우리가 받는 월급 명세서의 한 부분에는 보이지는 않지만 '모든 스트레스를 용감하게 감당한 몫의 수당'이 찍혀 나오는지도 모르겠다.

상사에게 혼이 날 때 꼭 기억해야 할 사실 중 하나는 지금 내 앞의 상사도 지금 내뱉고 있는 쓴소리가 편하고 좋은 건 아니라는 거다. 며칠을 고민하다 드디어 날을 잡아 마음먹고 혼쭐을 낼 확률이 높다. 때로는 수치심을 유발하기도 하고 관계의 괴리감을 유발시키기도 하는 이 쓴소리가 바로 사내 질서와 평화 유지를 위해서이거나 아직 다듬어지지 않는 날재료와 같은 조직원들을 성장할 수 있도록 독려하는 상사들만의 방법이기 때문이다. 미운 놈 떡 하나 더 준다는 말이 있듯이 예쁜 놈은 혼을 내서라도 어떻게든 끌고 가고 싶은 상사의 마음이 숨겨져 있을지도 모른다.

때론 사내 정치를 위해 '필요악'처럼 활용되어야만 하는 효과적인 도구로도 쓰인다. 누구만 편애한다는 루머가 돌 때, 다른 라인의 후배를 혼내고 싶을 때 혹은 조직 장악력이 없다는 평가를 받을 때 가장 말단 직원을 공개적으로 혼을 내며 다양한 형태의 메시지를 전달한다. 상사의 입장에서는 어쩔 수 없는 선택일 때도 있는 거다. 상사가 뭔가 작정한 듯 당신을 불러 세워 혼을 내고 있다면 욱하지 말고 대체 왜 이러는지 그 내막을 헤아려라.

다음 승진 대상에 포함된 당신을 편애한다는 루머를 막기 위한 작은 정치적 액션은 아닌지, 지금 제대로 버릇을 잡지 않으면 영원히 조직 내 패자가 될 것 같은 당신을 위한 필요악 같은 꾸지람은 아닌지 혹은 상사의 컨디션 난조로 인한 감정적 동요인지 제대로 알아보길 바란다. 자신의 잘못을 인정하고 먼저 용서를 구하는 행위는 현대 사회에서 가장 클래식한 미덕이 아닐까 싶다.

"잘못했습니다. 용서해 주세요. 수정하겠습니다."라는 짧은 약속엔 "앞으로 더 잘하겠습니다. 당신이 믿어 준 만큼 다음번엔 기대에 부응하겠습니다."라는 명쾌하되 강한 맹세가 담겨 있음을 우리는 잘 알고 있기 때문이다.

TIP: 상사의 꾸지람 폭풍 앞에서 꼭 지켜 내야 하는 것들

1. 자존심에 상처내지 마라

많은 여자 직장인들은 상사의 공개적 꾸지람을 들으면 상사와 등을 진다. 공개적으로 자신을 망신 주고 무시했다고 생각하기 때문이다. 하지만 미친놈처럼 보였던 부장의 지적 대상은 내가 아닌 내가 만든 서류 혹은 기획안이라는 거. 나와 기획안은 절대적으로 별개의 문제라는 사실을 꼭 기억해라.

2. 지적 초반에 바로 사과해라

상사가 당신의 근무 태도나 업무를 지적한다면 바로 "죄송합니다."라고 대답해라. 무엇을 지적하는지, 이성적이고 합리적인 판단에 근거해 당신을 비판하는 건지 분석하기 전에 먼저 사과하고 시정하겠다는 약속부터 해라. 상사의 말이 옳고 그른지는 당신의 자리에 돌아와서 생각해도 크게 늦지 않다. 자, 연습해 볼까?
"그렇습니까? 죄송합니다. 다시 확인해 보겠습니다." (방긋)
고맙고 감사하다는 인사보다 죄송하고 미안하다를 제때 하는 것이 열 배는 똑똑한 행동이라는 걸 머지않은 언젠가 깨닫는 날이 올 거다.

3. 오해나 부당함은 당일 이메일로 보내라

당일은 정신이 없어 깨지고만 왔지만 곰곰이 생각해 보니 그날 상사의 지적이 잘못된 오해로 인해 비롯됐다고 생각되면 혹은 부당한 대우라는 확신이 든다면 당신의 생각을 정리한 이메일을 보내라. 단, 당신의 생각을 증명할 수 있는 간단한 증거 자료나 내용물을 함께 첨부해야 한다. '너무 열받아서 이렇게 따진다'라는 식이 아니라 '뭔가 오해가 있는 듯해 의견을 전달한다'라는 입장을 취해야 한다.

4. 된통 깨진 다음 날 웃으며 인사해라

상사도 인간이다. 정상적인 마인드를 가진 상사라면 전날 부하 직원에게 한바탕 쏟아 내고 밤새 마음이 불편했을 거다. 마음 같아서는 먼저 풀고 싶지만 상사의 권위와 체면 때문에 당분간 인상을 쓰며 불편한 기세를 연출하는 쇼를 해야 할지 모른다. 된통 깨진 다음 날이 관건이다. 아무 일 없었다는 듯이 반갑게 아침 인사를 건네라. 그리고 뭔가 자극받았다는 듯 더 열심히 업무에 임하자. "오늘 점심, 내가 쏜다!"라는 상사의 오랜만의 알 수 없는 점심 턱이 나올지도 모른다.

COACHING 05
달콤쌉싸름하게 사내 연애하는 법

사내 정치를 잘하기 위해서는 갖춰야 하는 여러 가지 제반 요소가 있다. 상사의 심리를 잘 읽을 수 있는 독심술도 있어야 하고 직무의 성격을 드러낼 수 있는 똑똑한 스타일 연출도 할 수 있어야 한다. 골프와 와인을 배워야 하고 공식 석상에서 취해야 하는 매너와 에티켓도 배양해야 한다. 그뿐인가! 때론 연애마저도 사내 정치적 입지를 강화하는 도구로 활용할 줄 알아야 한다.

특히 사내 연애를 시작할 때는 신중에 신중을 기해야 한다. 자칫하면 사내 연애를 구실 삼아 당신의 허점을 극대화할 수도 있고 구조 조정 리스트 1순위로 등극될 수도 있는 위험천만의 상황에 진입할 수 있으니까 말이다. KBS 아나운서였던 박지윤 씨가 대표적인 사례다. 그녀는 한 대학 강단에서 자신의 퇴사 사유로 사내 연애를 꼽았다.

"KBS에는 사내 아나운서 부부가 많은데 보통 한 명이 그만두거나 다른 부서로 옮기는 경우가 대부분이었어요. 당시에는 대부분 비밀 연애를 했는데 우리의 경우 본의 아니게 알려져 아나운서실 이미지를 실추시키는 것 같은 죄책감을 느꼈습니다. 사내 연애의 어려움이 바로 퇴사 이유 중 하나예요."

층층시야 선배들이 지켜보는 가운데 공개된 사내 연애를 하려니 눈치 보이고 위축되고 면목 없었단 이야기다. 보수적인 기업일수록 사내 연애를 반기지 않는다. 일하라고 뽑아 놨더니 연애질부터 시작한다는 곱지 않은 시선으로 바라볼 가능성이 농후하기 때문이다.

물론 조직원들의 일과 행복의 균형을 맞추기 위한 다양한 복지 제도가 도입되고 있는 요즘 사내 연애를 권장하는 기업들도 많다. 온라인 취업 포털 업체인 '사람인'이 최근 설문 조사한 결과에 따르면 열 개 기업 중 여섯 개는 사내 연애를 찬성하는 것으로 조사됐다. 인사 담당자 748명을 대상으로 사내 연애에 대한 생각을 조사한 결과 61%는 찬성, 39%는 반대 입장을 보인 것이다. 찬성하는 입장의 기업들은 복수 응답을 전제로 '직원들의 사생활을 존중하기 때문(40.6%)' '직장 생활의 활력소가 될 수 있어서(32.2%)' '가족적인 분위기를 형성할 수 있어서(24.6%)' '이직률을 낮출 수 있어서(20.8%)' '업무에 시너지 효과가 생겨서(15.1%)' 순으로 답변했다. 반면, 반대하는 업체의 가장 큰 이유는 '사적인 문제가 업무까지 이어져서(62.7%)'인 것으로 나타났다. 이와 함께 '헤어진 후 이직률이 높아서(41.1%)' '사내 분위기를 어수선하게 해서(38.7%)' '업무에 집중하지 못하게 돼서(37.3%)' '헤어지면 동료들까지 어색해서(30.5%)' 등으로 조사됐다.

　이 결과를 바탕으로 정리하면 사내 연애 후 잘되면 호흡 잘 맞는 파트너로 조직 내 인정과 지지를 한 몸에 받으며 승승장구할 수 있지만 헤어질 경우 업무에 지장을 주고 조직원들의 관계에까지 악영향을 줄 수 있는 트러블 메이커로 전락할 수 있다는 말이 된다. 요즘처럼 도덕성을 강조하는 기업 문화에서 사내 연애는 개인의 도덕 신념과 성향을 시험할 수 있는 구실 좋은 도구로 활용될 수 있다. 어쩌면 사내 연애는 사내 정치에 있어 가장 폭발력이 높은 위험한 존재일지 모른다. 지극히 사적인 둘만의 문제가 자칫 커리어에 악영향을 미칠 수도 있고 예기치 못한 구설수에 휘말려 동료나 상사들과 쌓아 온 관계를 잃을 수도 있다. 더욱이 직급, 나이, 학력 등에 차이가 나는 커플이라면 본질과는 상관없는 다른 요소들로 정치 생명을 공격하는 일들이 발생할 수도 있다. 예를 들어 50대 이혼남인 사장과 30대 초반의 비서가 사내 연애를 한다든가, 가정이 있는 상사와 싱글의 부하 직원이 '부적절한 연애'를 하고 있는 경우들이 이에 해당한다. 직급이 높을수록 개인이 아닌 기업을 대표한다는 명분으로 주주, 노조, 라이벌 구조 라인 등으로부터 정치적 공격이 얼마든지 가능하기 때문이다.

　파이낸셜 타임즈는 최근 '사내 연애가 유지되는 경우는 드물다'라고 지적했다. 사내 연애 사실이 알려질 경우 공개적인 비난에 시달리는 일이 부지기수라는 것이다. 실제로 지난 2005년 당시 보잉 사장이었던 해리 스톤사이퍼는 사내 여자 임원과의 불륜이 문제가 돼 사임했다. 보잉 이사회는 스톤사이퍼 사장이 기업 이미지에 해를 끼쳤다며 사임을 종용했다. 불륜이 아닌 '떳떳한 사내 연애'의 경우라도 안심할 수는 없다. 누군가 당신을 음해하려는 악의적 의도만 가지고 있다면 얼마든지 이를 계기로 사내 정치의 희생양으로 삼을 수 있다. 사내 연애가 이토록 치명적인 약점으로 작용할 수 있는 이유는 사람들이 스토리에 민감하기 때문이다. 연애라는 사적 스토리에 숨겨진 인간적 약점, 스캔들이 될 만한 소재들에 촉각을 곤두세우며 당신이 누리고 있는 공적인 이미지에 이를 덮어씌우려 한다. 만일, 적대적 관계에 있는 라이벌을 두고 있거나 정치적 이해관계가 첨예하게 대립되는 노선에 있는 사람이라면 더더욱 신중한 연애를 시작해야 한다. 어디서부터 부풀려진지 가늠도 못하는 막장 드라마 스토리가 지금 사무실 내에서 생산되고 있을 테니까.

때문에 사내 연애를 시작했다면 무조건 쉬쉬하며 비밀 연애를 유지하기보다 어느 시기에 어떻게 사실을 공개할 것인지 전략을 짜는 것이 현명하다. 사내 연애 사실이 누군가에 의해 의도적으로 공개되기 전에 스스로 적당한 시기에 공개하는 것이 전략적이다. 물론, 어떤 방식으로 동료, 부하 직원들에게 전할지는 사내 연애를 시작하는 것만큼 신중해야 할 문제다.

이탈리아 패션 브랜드 구찌의 최고 경영자(CEO)의 사내 연애 사례는 좋은 본보기가 돼 준다. 구찌의 최고 경영자 파트리지오 디 마르코(49)와 크리에이티브 디렉터 프리다 지아니니(38)는 몇 년간 사내 연애를 해 왔다. 지속적 만남을 유지하고 싶었던 디 마르코와 지아니니는 사내 연애에 대한 주주들과 시장의 반응이 안 좋을 것을 예상하고 여러 가지 대응 방안을 마련하기 시작했다. 먼저 그들이 한 것은 각자 모회사인 PPR의 CEO 프랑수아 헨리 피노를 만나 연애 사실을 알렸다. 사내 연애에 대한 책임으로 사표를 쓸 각오를 강조하면서 말이다.

"이 사실이 외부에 어떻게 비쳐질지 압니다. 그러나 이 일로 당신들이 얼마나 조심할지도 알고 있습니다. 만남을 지지하고 싶군요."

상사에게 동의와 지지를 얻어 낸 후 그들이 한 것은 부하 직원들에게 동의를 얻는 작업이었다. 공개 발표는 하지 않았다. 대신 부하 직원들을 개별적으로 만나 의중을 묻는 방법을 택했다.

"사람들은 다른 사람들이 이 문제에 대해 어떤 의견을 밝힐지 모르는 상황에서 부정적인 의견을 내기 꺼려 합니다. 우리는 '당신이 이 문제로 힘들어질까에 대한 의견을 듣고 싶습니다'라고 물었죠. 대부분의 사람들은 그 문제를 따지지 않고 그냥 넘어갔죠. 개인적인 자리에서 사내 연애가 문제되지 않는다고 동의를 하면 사실이 공개가 되더라도 더 이상 이와 관련된 문제들이 생기지 않는다는 걸 알고 있었던 거죠."

사내 연애가 공개됐을 때 여러 가지 정치적 부작용이 우려된다면 먼저 사내 연애 중임을 공개해라. 단, 디 마르코와 지아니니처럼 공개 발표가 아닌 팀 내 직원들을 개별적으로 만나 당신의 상황을 알리고 지지를 구하는 것이 좋다. 개인의 힘은 미약하지만 집단은 예상할 수 없을 만큼 거칠고 강하기 때문에 당신의 사내 연애 사실이 공개됐을 때 어떤 구설수를 만들어 낼지 모른다. 즉, '모든 사람이 아는 비밀'을 만드는 것이 바로 사내 연애를 똑똑하게 하는 비결이다.

만일 공개된 사내 연애 후 부득이하게 이별을 선택했다면 섣불리 이직을 선택하지 말자. 같은 업계로 이직할 경우 평판 조회와 각종 입소문들도 같이 이동하기 때문에 자칫 연애에 실패해 이직한 경솔한 사람이라는 평가를 받을 수 있다. 차라리 솔직하게 자신의 심정을 주변 사람들에게 고백하고 인간적인 도움을 구하는 편이 낫다. 공동으로 참여하고 있는 프로젝트가 있다면 이번 건을 끝으로 다른 프로젝트로 이동할 수 있게 상사에게 도움을 청하거나, 부서를 이동할 수 있는 기회가 있을 경우 적극적으로 활용해도 좋다. 부서 이동이 별 의미가 없는 규모가 작은 중소기업이라면 최대한 헤어진 그가 잘 보이지 않는 자리로 책상 배치를 달리하는 것도 한 방법이다. 그러나 이 모든 방법이 근본적인 해결책은 아니다. 무엇보다 중요한 것은 당사자들이 헤어지기 전에 앞으로 조직 생활을 어떻게 해 나갈 것인지, 업무를 같이하게 될 경우 어떤 방식으로 대응할 것인지 마치 합의문을 작성하듯 사전에 구체적으로 준비하는 것이 좋다. 예를 들어 새로운 사람을 만나더라도 상대방을 고려해 이별 후 6개월까지는 주위에 떠벌리고 다니지 않기, 헤어짐을 공식화할지 대충 얼버무리며 잊혀져 가는 작전을 펼칠지 등 서로의 커리어를 위한 이별 가이드라인을 하나하나 정하는 것이다.

얼마 전 설문 조사를 보니 열 명 중 여섯 명이 사내 연애를 꿈꾼 적이 있다고 답했단다. 사내 연애에 대한 로망이 얼마나 강한지 잘 보여 주는 예다. 하지만 꼭 알아 줘야 할 것은 열렬히 사랑했던 사람도 돌아서면 남이라는 사실이다. 그리움보다 증오와 원망이 겉도는 꼴 보기 싫은 동료가 될

뿐이니 이별의 절차까지도 당신의 커리어와 인사 평가를 고려해 똑똑하게 처신하기 바란다. 적당히 가볍게 연애하고 알맞은 기회가 왔을 때 이직할 계획이라면 사내 연애 절대 하지 말기를!

TIP: SOS, 사내 연애를 시작했어요!

고민 1. 회사 내에 제가 마음을 두고 있는 사람은 다른 여직원들도 눈독 들이고 있는 사람이에요. 그 사람도 저를 좋아하는데 우리가 연애를 시작하게 되면 다른 사람들에게는 숨기는 게 나을까요?

Answer. 사내 연애를 시작한 뒤 그 관계를 오픈해 '개방적 연애'를 하느냐, 아님 '시크릿 연애'를 하느냐는 자신이 속한 기업의 문화, 조직원들의 사고 유연성, 둘의 연애 후 비전 등에 따라 달라질 수 있습니다. 최근 한 온라인 취업 포털 업체가 설문 조사한 결과에 따르면 사내 연애를 찬성한다는 기업이 전체 설문 대상의 61%로 반대한다는 기업 15%보다 월등히 높은 것으로 나타났습니다. 사내 연애가 반드시 커리어에 불이익을 준다고 단정할 수는 없다는 증거겠지요. 하지만 보수적인 문화가 팽배한 공무원 집단이나 교육, 금융업체, 이직이 잦은 50명 미만의 중소기업의 경우 이별 후 업무 지장과 사내 분위기 망침 등을 이유로 실제 인사 고과에 악영향을 미칠 수 있습니다. 따라서 자신이 속한 기업의 특징과 연애 후 관계 등을 고려해 공개 연애를 할지, 비밀 연애를 할지 결정하는 것이 좋습니다.

고민 2. 사내 연애를 하게 됐어요. 그런데 같은 팀원과 연애를 하다 보니 사람들에게 저희 연애담이 실시간으로 노출된다는 게 저를 너무 힘들게 하네요. 사람들은 제 얼굴이 조금만 좋지 않아도 "어제 싸웠어? 그러다 헤어지면 어떻게 해?"라며 스트레스를 줘요. 사내 연애할 때 연애담은 어디까지 말하는 게 좋을까요? 그 선을 좀 알려 주세요.

Answer. 사람들은 늘 가십거리를 찾아 헤맵니다. 하루 중 가장 많은 시간을 보내는 직장에 가십거리가 풍부한 사내 연애 커플이 있다면 심심풀이 땅콩처럼 안주거리로 활용하기 십상이죠. 이미 오픈한 사내 연애라면 '불가근불가원'의 법칙을 꼭 지키세요. 회식 자리나 워크숍 등의 행사 때 나란히 앉지 말고 점심 식사 시간에도 단둘이 먹는 등 데이트 분위기를 풍기는 행동은 자제하는 것이 좋습니다. 조직원들이 둘의 사내 연애에 대해 알고는 있으되 대체 어디서 무엇을 하는지 상상할 수 없도록 그리하여 조직원들의 관심으로부터 멀어질 수 있도록 거리를 유지하는 것이 좋습니다. 사적인 연애담에 대해 물어보면 빙그레 미소 지으며 '그저 웃지요'로 일관하거나 "잘 만나고 있습니다!" 하고 말을 아끼는 게 상책입니다. 연예인들의 연애 관련 인터뷰가 그러하듯이 말이에요. 사내 연애를 하는 이상 연애하느라 업무에 지장을 준다는 소리는 절대 듣지 않게 표정, 사소한 행동과 말 등에 더 주의하고 신경 써야 하는 것은 어쩔 수 없답니다.

고민 3. 사내 연애를 하다가 결국 헤어지고 말았어요. 그것도 서로 안 좋은 감정을 안고 말이지요. 이젠 사람들끼리 대놓고 쑥덕대고 저는 순식간에 구설수의 대상이 되고 말았어요. 사내 연애를 하다가 구설수에 올랐을 땐 어떻게 해야 하나요?

Answer. 사내 연애를 반대하는 기업의 가장 큰 이유가 바로 이 같은 '이별 후 업무 지장'을 우려하기 때문입니다. 이별 후의 높은 이직률, 둘 사이의 문제로 다른 조직원들까지 어수선하게 만들 수 있는 가능성, 업무에 집중하지 못하는 문제 등을 꼽아 일부 기업은 대놓고 사내 연애를 반대합니다. 때문에 사내 연애 후 이별할 경우 감정적 퇴사나 이직은 가장 바람직하지 못한 태도입니다. 이직 시 전 직장의 평판 조회에 악영향을 미칠 수 있기 때문이지요. 상사의 도움을 받아 옛 애인과 최대한 부딪히지 않는 업무를 맡거나 부서 이전을 신청해 보는 것도 좋은 방법이 될 수 있습니다. 이별 후 사람들의 구설수에 오르는 건 아마 본인도 예상했던 바일 것이고 당연한 결과입니다. 그 시선에서 자유롭기 위해 애써 연기를 하거나 다른 사람을 만나고 있다는 거짓말을 하는 것 역시 인성 평가 부분에서 마이너스로 작용할 수 있습니다. 더불어 사람들은 그저 안부 인사나 호기심 정도로 "잘 만나고 있지?" "헤어졌어?" 등의 질문을 하는 것이니 너무 스트레스를 받지 않도록 노력하는 자세가 필요합니다. "잘 만나려고 했는데 업무에 몰입하다 보니 좀 어렵네요." 식의 간단한 대답 정도면 충분하다.

직장에 영원한 친구는 없다

한때 여성주의자들은 직장 내에서 '언니'라는 호칭을 즐겨 쓸 것을 권유했다. '…씨, …과장님' 등 서열과 직급을 강조하는 남성 중심의 조직 문화를 답습하지 말고 수평적이고 관계 중심적인 여성 특유의 문화에 걸맞은 '언니'라는 예쁜 호칭으로 서로를 부르자는 것이다. 과장에게도 '언니', 부장에게도 '언니', 물론 스무 살 맞은 사장에게도 성만 동일하다면 '언니'라고 부르는 것이 훨씬 정감 있고 평화로운 조직 문화를 만들 수 있지 않겠냐는 이론이었다. 실제로 여성학에서는 '언니, 동생' 하고 부르며 여자들끼리 무리를 형성해 다니는 것에서 평화를 느끼는 이론을 콤포트 존(comfort zone, 심리적 안전지대)으로 설명한다. 나 역시 이 호칭 이론에 끌려 직장 내 수많은 '언니'를 만들었고 기꺼이 '언니 되기'를 자청했다. 하지만 돌아보니 직장에 '언니'는 없었다. 나이 차이는 한두 살 나지만 같은 직급의 동기들끼리는 어느 정도 언니라는 호칭이 정감 있게 들릴 수도 있다. 하지만 연차가 쌓이고 동기 사이에서도 누가 먼저 진급을 하느냐에 따라 서열이 갈리는 차갑고 냉정한 오피스 정치판에서는 언니란 호칭을 즐겨 사용하는 만행은 은근히 불쾌하고 황당하며 어리석은 행위라는 것을 깨닫게 됐다.

'언니'라는 호칭을 사용하지 않는다고 해서 안도의 한숨을 내쉴 건 아니다. 혹시 점심시간마다 친한 언니 동생들끼리 우르르 몰려 나가 식사를 하고 수다 한 판을 떨고 오고 있지는 않은가? 이런 행동 역시 상사에게 '언니'라고 부르는 안타까운 모습과 크게 다르지 않다. 고백하면 과거 직장 생활을 할 때 친한 여자 후배와 '단짝 놀이'를 했다. 식사는 물론이고 회의실에 앉을 때도 후배 옆에 딱 붙어서 우정을 과시했고 야유회나 회사 공식 행사를 갈 때도 누가 먼저랄 것도 없이 찰싹 붙어 다녔다. 심지어 때론 팔짱 끼고 화장실 가는 시간을 맞추기도 했다. 지금 생각해 보면 '여고생 놀이'를 즐기고 있었다.

"둘이 너무 붙어 다니지 마. 회사에서 보기 좋지 않아!"

그 무렵 여자 팀장은 내게 한소리해댔다.

"쳇, 우리가 붙어 다니는 게 샘나나 보지? 그럼 자기도 회사 내 베스트 프렌드를 만들면 될 거 아냐!"

한데 참 이상한 일이 일어났다. 평사원일 때는 보이지 않던 꼴불견 행동들이 연차가 쌓이고 직급이 올라가면서 하나둘 내 눈에도 보이는 게 아닌가. 이를테면, 점심 먹으러 갈 때 여자 직원들끼리 뭉쳐서 밥 먹고 오후 무렵에는 자기들끼리 쪼르르 나가서 떡볶이, 순대 같은 분식을 사와 탕비실에서 나눠 먹으며 낄낄거리고 그것도 부족해 회사 공식 행사, 야유회, 체육 대회, 워크숍 등에서도 여자 직원들끼리 몰려다니며 즐거워한다. 마치 회사 주최의 소풍을 온 것처럼 말이다. 일터를 놀이터로 착각하고 있는 듯한 모습을 보면서 회사가 키워 줄 만한 후배는 한 놈도 없어 보였다. 같은 여자지만 가끔은 우습고 한심해 보이곤 하더라. 사실 여자들끼리 몰려다니는 거 참말 재있다. 말도 잘 통하고 식도락 문화도 비슷하고 여자들에게만 통용되는 '공감'이라는 강력한 무기는 정말 매력적이다. 하지만 이런 만행은 직장 내 성장을 방해하는 가장 큰 걸림돌이 될 수 있다. 크게 세 가지 이유에서 그렇다.

첫째, 그 무리에 속하지 못한 나머지 여직원들의 미움의 표적이 될 수 있다.
둘째, 직장을 놀이터로 여기는 철없는 여직원이라는 이미지로 낙인찍힐 수 있다.
셋째, 구설수를 우려해 중요한 정보에서 차단될 확률이 높다.

"여자 동기들과 몰려다니는 대신 점심시간마다 타부서 직원들과 식사 약속을 잡았어요. 외부 업체 사람들과 미팅도 일주일에 한두 번씩 꼭 넣었고요. 가능한 다양한 사람들과 어울리고 다양한 부서의 상사들과 만나려고 노력했어요. 타부서에서 일어나는 이야기도 듣고 상사에게 개인적인 조언도 구하며 사적인 친분을 쌓아 갔죠. 그것이 제가 여자 동기들 중 가장 빨리 승진한 비결이 아닐까 싶어요."

A은행 본사에서 근무하는 이 과장의 이야기다. 그녀는 여직원들끼리 몰려다니면 개인적인 험담과 각종 뒷이야기에는 빠삭해질 수 있지만 큰 판

을 읽는 눈과 중요한 기회가 왔을 때 그것을 주도할 수 있는 힘을 길러 낼 수 없다고 조언한다.

"일은 늘 열심히 하면서 성과가 나오지 않는 것에 대한 정확한 문제점을 찾기보다 같이 몰려다니는 패거리 안에서 위로를 얻고 평화를 얻는 습관이 몸에 배게 되죠. 남자 상사의 눈으로 볼 때는 많은 무리들 중의 하나인 여직원으로 인식되기 십상이에요."

사실, 직장에서 마음이 맞는 사람을 만나 우정 이상의 감정을 쌓아 갈 수 있다는 건 큰 축복이다. 직장 생활을 하며 크고 작은 위기가 찾아올 때마다 누구보다 그들이 우리에게 든든한 정신적 지원자가 돼 줄 수도 있고 무료한 직장 생활에 활기를 불어넣어 줄 수도 있다. 가족한테도 털어놓을 수 없는 답답했던 하소연을 풀어 낼 수도 있고 정말 한 대 패 주고 싶은 상사에 대한 험담을 시원하게 풀어 낼 수도 있고 비슷한 눈높이에서 세상 사는 이야기를 나눌 수도 있으니 어쩌면 직장에서 만난 좋은 친구는 신이 내려 준 또 다른 이름의 천사인지도 모르겠다. 하지만 혹시 당신이 그 친한 몇몇의 언니, 동생들 때문에 더 친해질 수 있는 오빠, 선배, 후배들을 만날 기회 자체를 잃어 가고 있는 건 아닌지, 유리 천장을 뚫고 도약할 수 있도록 도와줄 수 있는 진정한 멘토와의 만남을 방해하고 있는 건 아닌지 곰곰이 생각해 보길 바란다.

TIP: 언니 동생들과 이별하고 성공을 향해 도약하는 노하우

1. 영업, 재무 파트 등 타부서에 도전해라

엘리트 코스라는 것이 있듯이 직장에서도 성공 코스가 있다. 바로 영업, 재무 분야에 대한 경험과 지식을 쌓는 것이다. 돈의 흐름을 읽힐 수 있는 재무부와 개인별 능력이 쉽게 드러나는 영업부에는 여성 비율이 낮다. 다른 말로 하면 여성 인력 중 임원으로 승진하기 위해 갖춰야 할 중요한 경력을 소유한 여성이 그만큼 없다는 소리이기도 하다. 인사, 경원 지원처럼 여성 인력 비율이 높은 부서에서 나와 나만의 불모지를 계발해라.

2. 회사 조직도를 공들여 분석해라

돈이 모이는 곳에 권력이 모인다. 회사 조직도를 꼼꼼히 분석하자. 왜 이 부서가 생겼고 또 상위 부서는 어디인지 그리고 최근 새로 생성된 부서는 어디인지 그 연결 고리를 분석하자. 이와 더불어 최근 촉망받는 인재와 실세들이 어느 부서에 발령이 났는지, '저무는 태양'이라고 불린 상사는 어느 부서로 이동했는지 주요 인물들에 대한 분석 역시 해 볼 것! 돈의 흐름이 보이고 권력 이동이 보이면 갑자기 부장이 소집한 회의의 목적이 무엇인지 보이게 될지 모른다. 조직도를 보면 앞으로 어느 부서로 이동해야 할지 로드맵이 그려질 거다.

3. 동기 남자 직원이 많이 속한 사내 동호회 활동을 시작해라

'회사에서 나는 누구랑 단짝이에요'라고 직접적으로 드러내고 다니는 사람은 정치적 관점으로 본다면 하수다. 언니 동생들과 자연스럽게 이별하는 가장 좋은 방법은 남자 동기와 친해지기다. 연수원 시절을 함께 겪으며 동고동락한 남자 동기와 어울리는 것에 대해 색안경을 끼고 볼 확률도 낮고 그를 통해 자연스럽게 어울리는 멤버를 갈아타기도 좋다.

4. 계란말이 반찬의 도시락 싸기를 멈춰라

점심시간을 좀 더 여유롭게 활용하고 식사비용을 줄이기 위해 도시락을 싸 오는 여자들이 늘어나고 있다. 회의실에 삼삼오오 모여 수다를 떨고 식사를 하고 티타임을 갖는 이 안락한 유혹에서 벗어나자. 하루 몇 천 원 절약할지는 모르나 몇 억짜리 프로젝트와 관련된 정보로부터 소외되는 엄청난 기회 비용을 지불해야 할지 모른다. 실세 남자 직원들이 도시락을 싸 가지고 다니지 않는 이유에 대해 다시 한 번 생각해 보길 바란다.

5. 당분간 대중교통 수단을 끊고 자가로 출퇴근해라

언니, 동생 관계가 끈끈해지는 시간은 바로 퇴근 시간. 함께 퇴근하고 방향이 같다는 명목하에 대중교통 수단을 같이 이용하며 잡다한 수다를 늘어놓고 관계를 견고하게 만들어 가는 루트를 끊어 내자. 퇴근을 함께하며 미주알고주알 늘어놓던 이야기를 멈추는 것만으로 끈끈했던 언니, 동생 사이가 소원해질 수 있다.

COACHING 07

'묻지 마 퇴사'를 부르는 직장 왕따,
초기에 탈피할 것

결혼한 지 만 4년이 넘었는데도 나는 시댁에 가는 게 참 불편하다. 고된 시집살이가 있어서도 아니요, 얄미운 시누이가 있어서도 아니다. 단지 그곳에만 가면 내가 이방인이 되는 불편한 기분을 인내해야 하기 때문이다. 시댁에 가면 남편은 마치 고향에 온 것처럼 편안해 보인다. 집에서는 한 번도 볼 수 없었던 사투리를 구사하는가 하면 내 입맛에는 하나 맞지 않는 짜고 신 음식들을 날름날름 잘도 먹는다. 그뿐인가. 우리 집에서는 잘 찾지도 못하는 TV 리모컨도 척척 꺼내서 사용하고 나는 이름도 낯선 먼 시댁 식구로 추정되는 사람들의 이야기를 시댁 가족들과 신나게 나눈다.

"이번에 정수가 약학 대학에 입학했다고? 자식, 어릴 때도 공부 잘했는데 잘 컸네. 정수가 일곱 살 때 나랑 술래잡기하다가 장롱에 이마 찧어서 피 엄청 났잖아. 하하하."

시댁이 불편한 이유는 바로 그거다. 나만 빼고 모두가 같은 팀이라는 이질감. 외롭고 허전하고 바보가 된 것 같다.

직장 내 왕따들이 느끼는 감정도 아마 비슷하리라. 챙겨 주는 것 같지만 은근히 따돌리고 같은 회사 직원이라고 하지만 다른 부류로 구분하고 겉으론 응대를 하는 것 같지만 자기들끼리만 따로 놀고 심지어 유령 취급을 하기도 한다. 최근 한 커리어 포털 업체가 설문 조사한 결과에 따르면 직장인 열 명 가운데 일곱 명은 이직한 후 텃세로 인해 퇴사까지 생각한 적이 있는 것으로 조사됐다. 경력 직장인 753명을 대상으로 설문 조사한 결과 응답자의 68.4%가 이직 후 새로운 회사에서 '기존 직원들의 텃세를 경험했다'라고 답했다는 것. 이들은 텃세를 느낀 상황(복수 응답)으로 '챙겨 주는 듯하면서 은근히 왕따시킬 때(48.2%)'와 '경력직인 만큼 스스로 해 보라며 자료를 공유하지 않을 때(44.9%)'를 주로 꼽았고 또 '처음부터 과도한 업무를 부여받을 때(35.7%)' '내가 모르는 주제로 대화할 때(34.%)'도 상당수를 차지했다. 이외에도 '업무 성과가 잘 나와도 축하 대신 경계심만 높아질 때(29.1%)' '내 조언을 무시하고 듣지 않을 때(25.4%)' '공채 출신이 아니라는 이유로 은근히 무시할 때(18.3%)' 등이 있었다. 이 같은 텃새가 반복되면 자연스럽게 혼자만 조직 내 왕따가 되고 결국 퇴사나 이직을 생각하게 된다. 실제로 설문 응답자 가운데 76.3%는 텃세로 인해 퇴사 또는 이직을 생각한 적이 있는 것으로 나타났다.

초등학생도 아니고 같은 조직원이 된 이상 살뜰히 챙겨 주고 동지애를 불태우면 좋을 텐데 꼭 누군가는 조직의 희생물이 된다. 따돌림을 당하는 사람은 내일이라도 사표를 집어던지고 싶을 만큼 고통스럽고 힘든 감정을 겪어야 하지만 나머지 조직원들은 그를 통해 결집된다. 함께 흉을 보고 비난하며 공통된 관심사를 만들어 '우리가 남인가' 의식을 불태운다. 너무 못되고 유치한 집단행동이지만 어쩌면 작은 갈등을 토대로 전체의 융화를 취하는 조직의 입장에서 보면 효율성이 높은 무섭고 잔인한 현상이다.

실제로 한 설문 조사에 따르면 따돌림을 당하는 사원을 봤을 때 대처하는 방법으로 75.9%가 '방관한다'고 밝혔다. 그 이유 역시 섬뜩하다. '왕따 현상을 목격했음에도 적극적으로 말리지 않는 이유(복수 응답)'로 '내가 말린다고 달라질 것 같지 않아서(52.8%)' '왕따를 당하는 사람이 마음에 들지 않아서(31.4%)' '어떻게 말려야 할지 몰라서(17.9%)' '나도 피해를 볼 것 같아서(12.3%)' 등의 답변이 나왔다. 결국 직장 내 왕따 문화는 양육강식의 정글 안에서는 완전히 사라지기 힘든 덫일지 모른다. 어떻게든 왕따의 굴레에서 벗어나 조직 안으로 들어가지 않으면 자신이 먹잇감이 될 수밖에 없는 그런 덫 말이다.

국내 1호 브랜드 전문가인 김율 씨는 주로 '비범한 천재, 조직 부적응자, 영혼이 자유로운 자'들이 따돌림을 당하는 대상에 포함된다고 말한다. 한마디로 가까이하기엔 뭔가 이질감이 있고 좁히기 힘든 거리감과 도저히 통할 수 없는 독자적인 세계를 지닌 사람들이 왕따가 된다.

얼마 전 강의 관련해 인연을 맺은 H업체의 김 모 과장. 그는 한눈에도 직장 내 왕따를 당하고 있는 인물임을 알 수 있었다. 다른 동료들과 점심 식사를 할 때도 대화 내용과 전혀 어울리지 않는 말들로 대화를 이어 나가 상대방을 피곤하게 했고 한 이야기를 중언부언 똑같이 반복하며 질리게 했다. 웃자고 한 이야기를 진지하게 받아들여 대화의 맥을 끊어지게 했고 별것 아닌 화제에 혼자 열을 내며 분노하기도 했다. 한마디로 같이 있기 싫은 불편한 사람이었다.

"새로 오신 김 과장님 말이에요. 평가가 어때요?"

"아휴, 말도 마세요. 다들 짜증내고 무시하죠. 게다가 말은 얼마나 많은지 옆자리 사람이 정말 죽을 맛이라니까요."

역시 내 예감은 적중했다. 미운털이 박히는 사람들에게는 늘 뭔가 특별한 것이 있으니 말이다. 한데 몇 달 뒤 H업체를 다시 찾았을 때 그는 달라 보였다. 자신감이 넘쳤고 편안해 보였고 무엇보다 물 위 기름처럼 둥둥 따로 놀던 어색함이 사라졌다. 죽을 맛이라던 옆자리 직원과도 화기애애하게 대화를 나눈다. 어찌된 영문일까?

미국 유니스 케네디 연구소의 사례를 소개하면 사람들은 같은 행동 패턴을 보이는 사람들에게 끌린다. 케네디 연구소의 두 실험자는 각각 사회성이 강한 꼬리말이 원숭이에게 공을 주고 행동을 다르게 했다. 한 명은 꼬리말이 원숭이의 행동을 따라 했고 다른 한 명은 다른 행동을 했다. 그러자 꼬리말이 원숭이는 자신과 같은 행동을 한 사람 옆에 와서 더 오래 머무르는 모습을 보였다. 여기에 왕따를 벗어나는 요령이 숨겨져 있다. 사람들도 자신의 말투, 행동을 비슷하게 하는 사람에게 동질감을 느낀다. 공통적인 화젯거리를 나눌 수 있고 익숙한 패션 스타일을 선보이며 공감할 수 있는 문화적 코드를 지닌 사람에게 무의식적으로 우리는 같은 편이라는 신호를 보내게 된다. 김 과장은 자신이 왕따임을 깨닫고 필사적으로 왕따 탈출을 시도했다고 한다. 그의 전략을 정리하면 아래와 같다.

첫째, 동료들의 개인 취향과 기호를 빠르게 파악하기
둘째, 점심시간에 팀원들이 좋아하는 이야기, 유행하는 유머 등을 공부해 대화에 동참하기
셋째, 동료들의 결혼, 돌잔치, 장례 등 대소사 비용에 넉넉하게 투자하기
넷째, 누가 재미있는 이야기를 할 때 크게 웃으며 맞장구치기
다섯째, 회사의 영업 증진에 관계된 프로젝트에 큰 공헌하기
여섯째, 조직 내 학연, 지연의 공통점이 있는 사람들은 몇 배로 챙기기

구체적인 예를 들면 이렇다. 그는 같은 팀 직원이 드립 커피 마니아라는 사실을 알고 부인이 해외 출장을 갔을 때 케냐산 고급 드립 커피를 부탁해 팀원에게 선물했다.

"우리 와이프가 이번 출장 때 커피를 사 왔는데 향과 맛이 정말 훌륭해. 커피 마니아인 민정 씨 생각이 나서 선물하려고 챙겨 왔어요."

만 원 남짓 하는 드립 커피 하나 준 것 뿐이었지만 선물을 받은 그녀는 관심도 없던 동료가 자신의 기호와 취향을 정확하게 알고 있었던 점, 잊지 않고 챙겨 준 점이 고마워 그동안 쌓아 왔던 마음의 벽을 조금씩 무너뜨릴 수 있었다고 한다. 또한 부산 출신이었던 김 과장은 팀 내 부산 출신의 선배, 후배들에게 의도적으로 자신의 출신 이야기를 하고 구수한 사투리까지 선보이며 동질감을 강화하는 노력도 기울였다. 무엇보다 통했던 전략은

최근 결혼한 C대리의 축의금을 깜짝 놀랄 정도로 두둑하게 한 것이다.

"아니 글쎄 김 과장이 결혼식 날 신부 대기실에 직접 들어와서 신혼여행지에서 따로 쓰라며 축의금을 내 친구에게 전달하는 거예요. 나중에 봉투를 열어 보니 금액도 훈훈하더라고."

왕따를 당하는 사람들은 조직원들의 부당함과 무정함을 비판하고 탓하기 전에 왜 하필이면 자신이 그 역할에 처해졌는지 돌아볼 필요가 있다. 그대가 왕따를 당하는 까닭은 개인적인 성격의 결함이나 사회성 결여인 탓일 수도 있지만 더 큰 문제는 적극적으로 조직 안으로 들어가지 못한 채 문 앞에서 서성거리고 있기 때문이다. 왕따를 당하는 기간을 3개월 이상 지속되게 만들지 말자. 3개월 안에 조직 속으로 들어가야 한다. 그렇지 않으면 자의 반 타의 반으로 조직을 떠나는 일이 발생하게 될 거고 어느 누구 하나 그 이별을 슬퍼하지 않을 거다. 아름답게 이별하기 위해서는 지금을 아름답게 만들어야 한다.

"뭐라고요? 이번에 경력직에 지원한 그 사람이 이직을 하는 *까닭*이 전 직장에서 왕따를 당해 할 수 없이 선택한 거라면 우리 회사도 생각을 다시 해 봐야겠군요."

왕따를 당했다는 주홍 글씨는 생각보다 오랫동안 따라다닐 수 있다 어떤 조직도 처음부터 삐거덕거리다 이내 떠날 사람을 뽑지 않는다. 왕따를 당했었다는 기억의 흔적이 없어지도록 혼신을 다해 조직원들과 융화하자. 그것만이 당신이 살아남는 길이다.

TIP: 왕따를 극복하는 각양각색의 방법들

1. 업무 성과로 승부하기 위해 열심히 일해라

뛰어난 업무 능력으로 조직에서 없어서 안 되는 사람으로 인정받게 되면 지금 당장 왕따를 당하고 미운털이 박혀 있는 상황이라도 상황은 긍정적으로 진전될 수밖에 없다. 그를 만만하게 대했다가는 업무적으로 자신이 불리해질 수 있기 때문이다.

2. 모든 일에 튀지 않으려고 노력해라

이미 왕따를 당하고 있다면 너무 잘하려고 하지 말고 당분간 사람들과 거리를 두며 조직 내 왕따 문화에 무관심해지는 것도 좋은 방법이다. 사람들은 눈에서 멀어지면 마음에서 멀어지는 기질이 있기 때문에 조직원들에게 조금 잊혀지는 것도 새로운 관계를 형성하는 데 도움이 된다.

3. 사교적이고 심성이 착한 동료를 공략해라

조직원들의 텃새와 왕따로 심한 마음고생을 겪고 있다면 구성원들 가운데 가장 착한 심성을 자랑하고 평판이 좋은 사람, 그러면서 사교력이 왕성한 사람을 공략해 그의 마음을 얻어라. 그 동료 덕분에 조직의 중심으로 쉽게 인도될 수 있다.

4. 세력 확장이 필요한 상사에게 조언을 구해라

조직원들과 어려움을 겪고 있다면 세력을 확장하고 있는 상사에게 지금의 고충을 털어놓고 도움을 청해라. 만일 그에게 눈엣가시 같은 직원이 왕따 주동자라는 사실을 알게 된다면 의외로 일이 쉽게 풀릴 수 있다.

똑똑한 언니가 들려주는 Secret

한 번 보고 말 사람은 없다

살다 보면 모든 만남엔 필연이 숨겨져 있다는 달달한 해석을 달아 보고 싶을 때가 있다. 그저 한 번 보고 말 관계, 잠시 아는 사람들로 머물렀다 말 사람인 줄 알았는데 돌연 '아는 여자'였던 그녀와 돈독한 파트너십을 유지하며 새로운 관계를 만들어 갈 때도 있고 한때는 더 이상 말을 섞을 일이 없을 줄 알았던 끔찍이 싫었던 과거 동료와 이직한 회사에서 갑을 관계로 우연찮게 조우하는 일이 신산한 농담처럼 일어나니 말이다.

직장 동료의 아내였던 S씨를 처음 만난 건 7년 전 서울의 한 호프집에서였다. 중견 기업의 평범한 회사원이었던 그녀와 나는 맥주 한 잔을 함께 한 뒤 헤어졌다. 그때는 그 만남이 마지막일 거라고 생각했다. 그저 아는 동료의 여자, 그러니까 '아는 언니'로 잠시 말을 섞었을 뿐이니까 말이다. 한데 우리는 2년 뒤 기자와 취재원 관계로 우연처럼 다시 만났다.

"아니, 언니가 왜 여기 있어요?"

"아, 이제 NGO 활동가로 일해요. 일 년 남짓 됐네요."

그녀는 여성 단체 NGO 활동가로 변신해 있었다. 말이 좋아서 NGO지 사무실 간판도 집기도 제대로 갖추지 못한 열악한 환경에서 달랑 뜨거운 마음 하나 들고 거친 활동가의 삶을 시작하는 모습에 괜히 울컥했다. 그 '아는 언니'가 안쓰러워 별로 이슈거리도 아닌 밤톨만 한 크기로 보도하면 될 작은 기사를 바윗돌만큼 취재해 대문짝만 하게 보도했던 기억이 아직도 남아 있다. 더불어 세상을 바꾸는 바퀴가 되고픈 그곳을 위해 일정한 금액의 후원을 시작했었다. 그리고 우리는 또다시 삼성석 이별이라고 생각했다. 히지만 5년 뒤 우리는 서울 한복판에서 상봉했다. 서울 강남에 위치한 여성 인력 센터 사무실에서 갑을의 관계로. 그녀는 NGO 활동가로 잔뼈가 굵어지자 지자체 사업을 신청해 보란 듯이 따냈고 이곳의 총괄 책임자가 돼 여성 교육 프로그램을 운영하는 내게 도움을 청했다.

"재은 씨, 나 좀 도와줘. 우리 프로그램 자기가 한 번 짜 주면 어떨까? 내가 교육일은 통 몰라서 재은 씨 도움이 필요해."

"여성 취업 교육이라면 얼마든지 가능해요. 와, 우리 이렇게 다시 만나네요."

현재 나는 그곳의 프로그램을 기획하고 강의를 진행하는 일을 맡아 그녀와 찰떡궁합을 자랑하며 친밀한 공생 관계를 만들어 가고 있다. '아는 언니'가 클라이언트이자 친한 언니가 된 셈이다. 만일 그 허름한 호프집 만남이 영양가 없는 만남이라며 성의 있는 눈빛조차 보이지 않았다면, 별다른 이해관계가 보이지 않는다며 쉽게 지나쳐 버리는 앙큼한 정치 행위를 했더라면 우리의 지금은 없었을지 모른다.

세상에 한 번 보고 말 관계는 없다. 어떻게든 다시 만나고 어떻게든 다시 얽히게 된다. 지금의 모습이 아닌 전혀 다른 모습의 사람들로 우연처럼 만나기도 하고 예치치 못한 상황에서 거짓말처럼 마주하기도 한다. 문득 한 설득 전문가의 조언이 생각난다.

"많은 사람들이 설득에 실패하는 이유는 바로 한 번 보고 말 것처럼 행동하기 때문입니다. 분명히 머지않은 미래에 다시 만나 설득하고 부탁할 일이 생기기 마련이지요."

복잡 미묘한 관계가 난립하는 사내 관계에서도 마찬가지다. 지금 당장 뒤틀린 관계로 눈도 마주치기 싫다 하더라도, 지금 한 번만 이용하고 등 돌리면 될 것 같더라도, 조금 불편하고 서먹한 사이가 됐다 하더라도 다시 끌어안아 보면 어떨까. 영원히 풀리지 않을 것 같은 실타래도 살살 달래 가며 풀어 가다 보면 어디서부터 꼬였는지도 모르게 엉켜 있던 잔 매듭들이 술술 풀릴지 모른다. 한 번 보고 말 줄 알았던 그 사람에게 스카우트 제의를 받게 되기도 하고 목소리도 듣기 싫은 상사로부터 꿈에 그리던 외국 연수 기회 의뢰를 받을 수 있으니 말이다.

어린 시절 깨알 같은 감동으로 눈물을 짓게 했던 동화 〈피노키오〉엔 이런 대화가 있다.

"할아버지는 왜 절 사랑하세요? 전 공부도 못하고 운동도 못하고 그림도 못 그리고 게다가 착하지도 않잖아요."

"네가 소중한 존재이기 때문이지. 사람을 사랑하는 일만큼 가치 있는 건 세상에 없단다."

그렇다. 어쩌면 사내 정치의 가장 근본적인 속성도 상대에 대한 사랑일지 모른다. 중상모략이 판을 치고 이해관계에 따라 인맥 관리를 달리하고 권모술수가 난무하는 게 사내 정치의 본질이라고 이야기하지만 오랜 시간 은근한 뚝배기 온기처럼 사람들의 변하지 않는 지지와 도움을 받는 사람들은 변치 않는 상대방에 대한 잔잔한 애정 때문일 거다. 가장 가치 있는 일을 하는 사람의 뒤통수를 때릴 수 있는 악인은 극히 드물 테니까 말이다.

CHAPTER 2

상사들과 일하면서
벌어지는 일들

COACHING 01
상사는 공부하기 나름이다

"오늘은 주간 회의를 하는 날이에요. 활기차게 회의를 시작하려는데 얼씨구 시작 시간 5분이 지났는데도 채워지지 않은 빈자리들이 안구에 스캔돼요. 개인 업무를 핑계로 회의를 요리조리 송사리처럼 빠져나가는 팀원들 자리예요. 부장이 회의를 소집하는데 팀원들이 이딴 식의 태도를 보이니 화가 치밀어 오르지만 정신 건강을 위해 오늘은 참기로 해요. 회의가 시작되니 막내가 허겁지겁 들어와요. 쿨한 막내는 절대 미안한 내색을 하지 않아요. 들어온 지 1년도 안된 막내에게 5년차의 여유로움이 느껴져요. 육두문자가 넘실대지만 상사는 초인적인 인내력으로 그것들을 집어삼켜요."

— LG 사내 방송, LGCC에 방영된 프로그램을 재구성한 일부분

스탠리 빙의 〈코끼리 던지기〉는 상사를 덩치 큰 코끼리에 비유한 책이다. 상사는 코끼리만큼 덩치가 커서 우리의 힘으로 번쩍 들어 던지기를 상

상할 수도 없는 그런 존재이지만 요령만 있다면 던지기가 가능하단 내용이 포함돼 있다. 실제로 직장 상사들은 죄다 몸집만 클 뿐 의외로 가볍게 들린다. 마치 누군가 자신을 번쩍 들어 주기만을 바랐던 아기 코끼리처럼 아니 실은 코끼리 풍선이었던 것처럼 말이다.

부하 직원들이 상사에게 받는 스트레스만큼 그들도 부하 직원들의 사소한 행동 하나 말투 하나에 우황청심환을 복용해야 할 만큼 울화가 치밀기도 하고 부하 직원의 발칙함과 괘씸함에 손가락이 부들부들 떨릴 정도로 분노하기도 한다. 어쩌면 이렇게 상사의 마음을 모르는지 모두가 매정하게 느껴진다. 이때 상사의 마음을 귀신같이 알고 접근해 오는 '보랏빛 소(마케팅 이론에서 차별화된 방법을 일컫는 용어)'와 같은 부하 직원이 등장하면 한순간에 상사는 코끼리처럼 거대했던 몸집에 바람을 빼고 한 마리의 귀여운 강아지처럼 기특한 부하 직원에게 덥석 안긴다. 상사도 사람이다. 감정을 느끼는 방식도 실망을 느끼는 순간도 비슷하다. 상사라는 대상에 대해 조금만 애착을 갖고 공부한다면 그를 번쩍 들어 올리는 방법 또한 어렵시 않게 터득하게 될 거다. 남녀노소를 불문하고 상사라는 타이틀을 지닌 사람들의 공통점부터 먼저 정리해 보자.

첫째, 칭찬 혹은 아부에 목말라한다.

둘째, 허심탄회하게 말하랬다고 진짜 속내를 밝히면 싫다.

셋째, 상사를 민망한 상황에 노출되게 만드는 부하 직원은 악의 축이다.

넷째, 패밀리 의식으로 똘똘 뭉친 후배가 예쁘다.

먼저, 대부분의 상사들은 그 자리에 오르기까지 과거 자신의 상사를 비롯해 수많은 웃어른들에게 숱한 아부와 아첨, 칭찬을 했다. 여자 직원들이 보기에 비굴해 보이고 치졸해 보이는 그 방법을 통해 조금씩 상사의 마음을 얻었고 어렵게 여기까지 왔다. 당연히 자신도 상사를 돋보이게 하는 칭찬의 탈을 쓴 아부를 받고 싶어 한다.

"그동안 상사 뒤치다꺼리만 했으니 이제 나도 좀 대우받고 싶은 마음이 드는 건 당연한 거 아닙니까. 그런데 요즘 똑똑하다고 하는 여자 직원들은 칭찬이나 아부가 자존심 상하는 일, 공정하지 못한 일이라고 생각하는 듯 행동해요. 남들 앞에서 나를 좀 치켜세워 주고 띄워 줬으면 좋겠는데 업무 관련 이야기만 해요. 얄밉고 꼴 보기 싫죠. '너 그렇게 잘났으니 혼자 알아서 잘해 봐라' 하는 마음이 절로 듭니다."

유통 회사 K업체 박 모 팀장의 고백이다.

상사들이 부하 직원의 칭찬, 아부에 목말라하는 이유는 따로 있다. 상사와 부하 직원의 관계이긴 하지만 그들도 사랑받고 확인받고 싶은 기본적 욕망을 소유한 인간이기 때문이다. 〈칭찬의 기술〉이란 책을 펴낸 일본의 커뮤니케이션 전문 강사 겸 코칭 전문가인 스즈키 요시유키도 상사 칭찬의 중요성을 강조한다.

"칭찬이나 아부의 본질은 상대방을 아끼는 마음, 치켜세워 주고픈 마음에서 비롯됩니다."

아부의 중요성을 이야기할 때마다 여자 동료들은 손사래를 친다.

"아무리 그래도 난 정말 '닭살'스러워서 그런 거 못하겠어. 속이 막 간질

간질해지거든. 남자들은 정말 간, 쓸개 빼놓고 아부하는 거 같아."

그런 건 개나 줘 버리란 표정이다. 하지만 칭찬이나 아부를 어렵게 생각할 필요는 없다. 말이 아닌 몸짓, 행동 등으로도 표현될 수 있다. 특히나 여성 상사를 모시고 있다면 여자들끼리 통하는 감수성과 공감의 능력으로 얼마든지 간접 화법을 통해 사랑을 고백할 수 있으니까.

영국 엘리자베스 여왕이 일본을 방문했을 때 당시 NHK 전무 이사였던 노무라 다다오가 선보인 '넥타이 접대'가 바로 그 케이스다. 그는 여왕이 일본을 방문했을 때 그녀가 아끼는 애완견이 '웰시 코르기' 종이라는 것에 착안해 '웰시 코르기' 개 무늬가 들어간 넥타이를 매고 여왕을 맞았다. 결과는 대성공이었다. 여왕은 그의 넥타이에 담겨진 의미를 한눈에 알아보고 웃으며 그에게 먼저 악수를 청했다. 물론, 일반적인 클래식 슈트 차림에서 커다란 개 캐릭터가 들어간 넥타이는 소화하기 힘든 우스꽝스러운 액세서리가 될 수 있지만 상대방의 기호를 분석해 자신의 옷차림에 반영한 성의와 관심은 세상의 그 어떤 패셔너블한 복장보다 매력적으로 보이기 충분했을 터다. 아주 디테일한 소품, 액세서리 하나로도 얼마든지 '당신을 아끼고 있어요'라는 메시지가 담긴 아부는 가능하다. 상사가 칭찬과 아부를 잘하는 식원을 예뻐하는 이유는 상사들은 누구나 주인공이 되기를 꿈꾸는 데 있다. 그들은 많은 부하 직원들이 자신에게 집중해 환호하고 열렬히 지지해 줬으면 하는 달콤한 '왕자병/공부병 콤플렉스'에 시달린다. 엘리자베스 여왕이 웰시 코르기 무늬 넥타이 하나만 보고 자신을 얼마나 환영하는지 바로 감지하고 만족스런 미소를 보낸 것처럼 말이다.

한데 인정사정없이 이런 상사의 달콤한 착각을 깨는 부하 직원들이 있으니 그들은 다시는 보고 싶지 않은 원수나 다름없다. 일부 상사들의 속마음을 한번 살펴볼까?

> 상사 1 : "회의를 소집하기 전에 상사들은 어떤 말을 전할지, 어떻게 진행할지 사전에 준비해요. 아무 생각 없이 회의에 들어가는 게 아니라는 말입니다. 그런데 부하 직원들은 의견을 물으면 정적이 흘러요. 회의실인지 독서실인지 분간이 안 갈 정도예요. 나는 싸구려 무대에 서 있는 광대 같고 부하 직원들은 멍 때리며 박수나 치고 후렴구나 넣는 방청객 같다니까요. 말을 걸어 보면 딴소리를 해대죠. 한 명은 아까부터 연신 무언가를 끄적끄적하길래 무엇을 메모하나 가까이서 보니 어이없는 '낙서질'뿐이더라고요. 얼마나 머쓱하고 창피하던지…… 서둘러 회의를 마무리하지만 뒤에선 이를 갈죠. 너 다음번 PT할 때 두고 보자라고 말이죠."

> 상사 2 : "여자 직원들은 회식자리에서도 깔끔한 척을 떠는데 빈정 상할 때가 있어요. 잔 돌려 마실 때 상사가 주는 잔을 받아들고는 휴지로 '빡빡' 닦은 뒤 인상을 팍 쓰고 마셔요. 마치 A형 간염 보균자가 주는 술잔처럼 더러워 죽겠다는 듯 말이죠. 줬던 술잔을 도로 빼앗고 싶은 마음이 들곤 하죠."

상사 3 : "송년회, 승진 축하 기념 회식 등 굵직굵직한 팀 회식 때 상사들은 며칠 전부터 회식 시잔 전 할 말을 생각해 보고 개인적으로 나눌 말들을 떠올리기도 합니다. 한데 상사의 이야기가 지겨워 죽겠다는 표정을 한 채 고기를 뒤집고 있는 부하 직원을 보면 가슴 한구석에서 분노의 냉기가 올라와요. 마치 내 행사를 의도적으로 망치고 있다는 생각이 들고 무시당한 듯한 기분이 들죠."

그렇다. 이글이글 노릇노릇 잘 익어가는 고기를 앞에 두고 같은 말을 리메이크 버전으로 반복하는 상사의 일장연설을 들어야 하는 것이 무척이나 괴롭겠지만 고기 뒤집기를 시도하거나 휴대폰 문자 보내기를 해서는 안 된다. 그는 지금 몇 날 며칠 은근히 연습해 온 연설문을 발표하며 동계 올림픽 유치 프레젠테이션을 한 나승연 대변인 정도 된 것 같은 뿌듯함에 도취돼 있을 테니 말이다. 여기에 불난 데 기름 붓는 꼴로 회식자리, 회의 시간을 틈타 자신의 솔직한 속내를 드러내는 하수짓은 절대 금지다. 상사들이 허심탄회하게 말해 보라는 '그럴듯한 꼬임'에 넘어가선 안 된다. 그들이 원하는 허심탄회란 뜻은 자신이 그동안 해 온 것, 제시한 아이디어 등에 대한 긍정적인 피드백을 듣고 싶다는 뜻이다. 상사의 생각과 반대되는 자신의 진솔한 생각을 피력했다가는 역모를 꾀한 주범으로 몰리기 십상이다. 물론, 본심을 전하는 것이 때로는 서로 간의 거리감을 좁히는 지름길이 되기도 한다. 단, 꼭 전하고 싶은 말이 있다면 술이 흥건하게 들어갔을 때 궁정적인 칭찬과 함께 약간의 아쉬움은 이러이러한 게 남는다는 식으로 대화를 이끌어야 한다. 예를 들면 이런 거다.

"팀장님이 김 선배를 타부서로 인사 발령 내신 건 사실 현실적이고 지혜로운 선택이었다고 생각해요. 역시 공과 사가 확실한 모습을 다시금 확인할 수 있었어요. 다만, 그래도 우리도 팀원인데 한 번쯤 저희 생각을 물어봐 주셨다면 살짝 남는 아쉬움은 없었을 것 같아요."

마지막으로 상사들의 눈에서 하트가 뿜어져 나가는 후배 유형은 마치 태어날 때부터 공동 운명체를 타고난 것처럼 '패밀리 의식'을 불태우는 애사심 가득한 후배다.

"우리 회사에 뼈를 묻겠습니다. 충성!"

물론, 상사들이 유달리 '애사심'을 강조하는 데는 앙큼한 속내가 숨어 있다. 뜨거운 애사심은 상사에 대한 복종, 충성심을 간접적으로 표현하는 도구라고 믿는 탓이다. 비록 자신이 회사 오너는 아니지만 불타는 애사심에 기반해 자신을 친형님처럼 어버이처럼 모실 것 같은 착각에 시달리게 되는 거다.

왜 모르겠는가. 대체 어떻게 저 자리에 올라갔는지 볼수록 미스터리하고 들을수록 아이러니한 상사와 일하기란 정말 쉽지 않다. 하지만 그럼에도 불구하고 가끔씩 그들이 영원히 달콤한 착각의 늪에서 빠져나올 수 없도록 띄우고 달래고 찬양하고 동경하는 연기가 필요하다. 그것이 바로 상사들의 조금은 지치고 약해진 마음을 어루만져 줄 수 있는 비책인 동시에 후배된 도리로서 마땅히 해야 하는 '따뜻한 처세'일지도 모르니까.

TIP: 상사의 속마음 '부하 직원이 이렇게 해 주면 좋겠어요'

1. 센스 있는 거짓말을 해 줬으면 좋겠어요

휴게실에서 쉬고 있거나 개인적 업무 때문에 잠깐 자리를 비웠을 때 상사가 찾거나 급한 호출이 오면 외부 미팅이 있어 잠시 자리를 비웠다는 등의 선의의 거짓말을 해 주고 상황이 어떻게 된 것인지 보고해 주는 센스를 발휘하는 후배 정말 예뻐요.

2. 다른 자리에서 칭찬을 해 줬으면 좋겠어요

상사 앞에서 대놓고 하는 아부 말고 타부서장이나 거래처 담당자에게 자신의 상사 칭찬을 하는 모습을 보면 정말 기특해요. 간부 앞에서 리더십과 능력 있는 상사로 나를 포장해 주는 후배만큼 고마운 건 없죠.

3. 어떤 상황에서도 상사가 먼저라는 마음가짐을 가지길 바라지요

상사가 불렀는데 전화 통화 중이었을 때 즉각 전화를 마무리하고 벌떡 일어나서 "부르셨습니까?"를 묻는 부하 직원과 '나 지금 뭐하는지 안 보여?'라는 식으로 손가락으로 전화기를 가리키며 '통화 중'이라는 신호를 보내는 부하 직원 중 누구에게 더 믿음이 갈까요.

4. '이건 저래서 안 되고 저건 이래서 안 돼요'라는 말이 정말 싫어요

회의 시간에 입도 뻥긋하지 않던 직원들이 업무 할당이 되면 해 보지도 않고 무조건 '안 된다, 못한다' 발뺌하면 상사는 무력감을 느끼죠. 특히 늘 부정적인 발언을 주동하는 직원들이 있는데 때를 봐서 꼭 한직으로 이동시키겠다는 다짐을 하게 됩니다.

Coaching 02
약삭빠른 여우보다 우직한 곰이 좋다

"저 잘렸어요. 이제 한가하니 자주 봬요."

아끼는 후배 S에게 연락이 왔다. 순간 뒷목이 뻐근했다. 열정적으로 일을 사랑하고 조직을 위해 동분서주했던 그녀를 누구보다 잘 알기에 '잘렸다'라는 S의 고백은 다소 충격적이었다.

"대체 무슨 소리야. 너처럼 회사를 위해 열심히 뛰어다니는 직원이 어디 있다고 잘려?"

"그러니까요. 사장은 아직도 그 사실을 모른 채 멍청한 이사 말에 홀라당 넘어가서 판단력이 흐려져 있더라고요. 그 모습을 보니까 저도 만정이 떨어졌어요. 이번 기회에 새로운 일을 알아볼까 해요."

"무슨 사건이 있었어? 총애하던 너에 대한 태도를 사장이 싹 바꾼 데는 계기가 있었을 거 아니야?"

"새로 온 이사 탓일 거예요. 부동산을 제대로 전공한 저와 비교해서 자신이 뭐 하나 우월한 게 없으니 자격지심에 저를 모함하는 말들을 사장한테 자주 한 것 같아요."

"어떤 꼬투리를 잡아서 널 해고했어?"

"얼마 전에 지방 근무 발령 났었거든요. 아침 조회 시간에 소감 발표를 하면서 그랬죠. '앞으로 일을 열심히 하지 말아야겠습니다. 열심히 일한 죄밖에 없는데 지방 발령을 내시는 건 앞으로 열심히 하지 말라는 뜻이니까요'라고 말했더니 이사가 부르르 떨더니 상사 기만죄로 사장에게 바로 이야기를 했더라고요."

오 마이 갓! 후배의 이야기를 듣고 있노라니 '잘렸다'라는 말이 충분히 설득력 있게 다가왔다. 많은 여성 직장인이 저지르는 실수, 그것은 바로 내가 없으면 회사가 돌아가지 않을 것이라는 오만이다. 상사는 자신보다 가방끈이 짧고 무식하며 사장은 멍청한 상사에 놀아나고 있다는 '달콤쌉싸름한 착각' 말이다. 회사가 가장 견제하는 금방이라도 자를 수 있는 직원의 영순위는 다음과 같다.

첫째, 누구도 알아서는 안 되는 회사 기밀을 알고 있는 자

둘째, 오만 방자함을 열정이라고 착각하는 자

셋째, 공개적으로 회사를 무시하며 험담하고 다니는 자

넷째, 상사의 콤플렉스를 지속적으로 자극하는 자

안타깝게도 후배는 이 중 세 가지 요건을 충족하고 말았다. 특히나 한 순간에 낙동강 오리알이 된 후배를 보면서 가장 안타까웠던 것은 조직이 원하는 열정에 대한 잘못된 정의였다. S는 자신의 죄라면 어떤 클라이언트를 만나든 더 열심히 능동적으로 일을 해 준 것밖에 없다며 그것이 자칫 다른 직원들을 무능하게 보이게 한 이기적인 잘못이라면 잘못이라고 말했다. 많은 사람들이 열정은 무조건 좋은 것이라고 생각한다. 하지만 넘치는 열정을 자랑하는 사람에겐 치명적 단점이 있었으니 그것은 바로 하고자 하는 강한 의욕으로 인해 자신을 낮추고 수그려야 할 때를 놓친 채 경거망동한다는 점이다. 열정은 시간과 장소와 상황에 따라 절제해 발휘할 때 진정한 매력을 보일 수 있다. 윗사람의 상황, 입지, 감정 등을 무시한 채 무조건 의욕만 앞세우며 열심히 한다는 것만 어필하는 행동은 대단하지도 어여쁘지도 않다. 단지 어떻게든 제거하고 싶은 상사의 의욕만 불태우는 계기를 제공해 줄 뿐이다. 클라이언트에게 더 많은 서비스를 제공하고 싶다 하더라도 만일 윗선에서 불가능하다는 대답을 이미 준 상황이라면 넘치는 서비스를 공급해서는 안 된다. 그것은 열정이 아닌 오만이다.

사내 정치에 있어 꼭 기억해야 할 것은 '과한 것은 모자란 것만 못하다'라는 진리다. 지나치게 똑똑한 후배, 두려울 만큼 강한 열정을 뿜어내는 부하 직원을 만나면 상사는 불안하고 피곤해진다. 어떤 야망을 가슴속에 숨겨 두고 있는지, 어떤 의도로 거래처 직원들에게 상냥하게 구는 건지, 어떤 계획으로 야근을 자처하며 열심히 일하는 건지 모든 것이 의심스럽고 걱정스러울 뿐이다. '든든한 지원군을 만났으니 앞으로 우리 회사의 보물이 되겠구만'이라고 생각하는 사람은 극히 소수라는 얘기다. 특히 윗사람의 질투심을 유발시키는 후배라면 그는 모자람만 못한 부하 직원일 뿐이다. 작은 빈틈도 없이 시키는 일마다 척척 잘해 내고 때로는 자신이 모르는 분야까지 훤히 알고 일을 진행하는 부하 직원은 상사의 입지를 위협한다. 무능하고 할 일 없는 상사로 만든다. 잘난 후배 하나 때문에 상사는 멍하니 하늘만 바라보고 있는 '초라한 허수아비'가 된다.

"그냥 믿고 따라오면 좋을 텐데 잘 모르면서 아는 척을 하거나 시비조로 나오거나 무관심한 표정으로 나오는 부하 직원을 보면 울화가 치밀어요. 새로 시작할 사안에 대한 의견을 물었을 때 공개적으로 부정적인 반응을 보이거나 상사에게 망신 주는 언급을 하는 건방지고 재수 없는 부하 직원을 보면 누구나 같은 생각을 하게 될 거예요. '어떻게든 제거해야겠어!'라고 말이죠."

T건설회사에 몸담고 있는 K부장의 고백이다. 총명한 인재일수록, 동기들보다 주목받는 인재일수록, 성공에 대한 열성이 큰 인재일수록 실력의 20%는 절제하고 숨겨 두었다가 당신의 존재감을 드러내야 하는 순간마다 조금씩 꺼내 사용해야 한다. 당신이 특별한 사람이라는 것을 어느 누구도 눈치채지 못하도록 말이다. 그러나 상사를 무시하는 것보다 더 죄질이 나쁜 것은 대놓고 회사를 욕하는 만행이다. 회사를 폄하하고 비난하는 사람들의 상당수는 자신은 여기에 있을 그릇이 아니라며 회사와 자신을 별개의 집단으로 치부한 채 위험 수위의 회사 욕을 쏟아 낸다.

"과거 회사와 비교해서 인사 체계가 엉망이에요. 사람들의 수준도 떨어지고요."

"사장 마인드가 글렀어요. 사람 귀한 걸 알아야 하는데 직원들을 일회용 물품처럼 대하니 누가 열심히 일하고 싶겠어요. 남아 있는 사람이 바보천치죠."

지금껏 지칠 만큼 많이 들어 본 말들 아닌가? 이들은 회식자리, 각종 술자리마다 회사를 폄하했고 심지어 회의 시간에도 회사욕을 해댔다. 그런데 가만 돌아보면 이들의 이야기를 들으면 들을수록 공감하기는커녕 은근히 불쾌감이 고조됐을 거다. 그들의 회사 뒷담화에는 수년간 회사를 위해 묵묵히 일해 온 나 같은 사람들은 졸지에 무능력자가 되는 모멸감이 숨어 있기 때문이다. 후배를 바라보는 조직원들도 그랬을 거다. '열심히 일한 죄밖에는 없는데 이제부터 농땡이 치며 일하겠다'라고 말하는 그녀에게 모두가 무시당했다는 기분이 들었을지 모른다. 잘난 당신 하나만 빠지면 조금 부족하지만 우직한 우리들이 똘똘 뭉쳐 더 일을 잘할 거란 오기가 발동했을 거다.

"그렇게 잘났으면 그만둬라!"

회사는 약삭빠른 수다쟁이보다 우직한 벙어리를 선호한다. 자신의 이해관계와 꿈이라는 욕망의 이름으로 회사를 좌지우지하려는 부담스런 직원보다 조금 부족한 듯하지만 지금의 조직 체계와 문화를 불안정성 없이 이어 갈 수 있는 직원을 희망한다. 별다른 재능도 뛰어남도 없는 줄 알았는데 어느 날 꽤 근사한 기획안을 제출했을 때, 기대보다 훌륭한 거래 실적을 올렸을 때 더 귀해 보인다. 알고 보니 제법 말도 잘하는 사람이었는데 그동안 벙어리 시늉을 했구나 생각하면 강한 신뢰감까지 생긴다. 일은 말로 하는 게 아니라 가시적 성과로, 또 조직원들의 인정으로 완성되는 것이기 때문이다. 너무 일찍 상사를 이겨 먹으려고 애쓰지 마라. 언젠가 때가 되면 이기려 하지 않아도, 억지로 누르지 않아도 그대가 승자가 되는 날이 온다.

트위터에 후배의 새로운 글이 올라왔다. '숨겨진 진실을 규명하며'라는 코끝 찡한 머리말로 그동안 회사가 행한 실수들이 구구절절 담겨져 있다. 불현듯 약삭빠른 그녀의 수다에 숨겨진 의도는 무엇일까 궁금해졌다. 정말 숨겨진 진실을 알리기 위해서일까 혹은 이렇게 유능한 인재를 몰라보는 회사에 대한 원망 섞인 악담일까. 부디 그녀가 때론 바보 같은 우직함으로 승리하는 법을 깨닫게 되는 날이 오기를 희망해 본다.

TIP: 우직한 벙어리로 롱런하는 노하우

1. 너무 자주 간섭하거나 참견하지 말 것

상사의 일에 자주 간섭하거나 참견하지 마라. 이번 달 외부 미팅을 몇 번 했는지, 개인적인 외부 활동을 몇 번이나 했는지, 클라이언트로부터 무슨 선물을 받았는지 관심 갖지 말자. 당신이 이런 문제에 개입하고 이것을 일일이 기억하고 있다는 사실만큼 상사를 피곤하게 만드는 일도 없다. 당신은 그의 아내가 아니다. 알아도 적당히 모른 척, 들어도 잘 기억 못하는 척 태연하게 굴어라.

2. 상사보다 더 잘 알고 있는 사실에 대해 강조하지 말 것

업무와 관련해 상사가 당신이 알고 있는 지식보다 부족한 것만큼 속 터지는 일도 없다. 상사 대우하기가 참 곤란해진다. 하지만 속으론 별의별 무시와 멸시가 일더라도 이를 밖으로 티를 내서는 안 된다. 당신의 속내를 읽는 즉시 그는 유능한 부하 직원을 꼴불견 트러블 메이커로 이미지 메이킹시킬 궁리를 할 것이다. 그에게 당신이 독이 아니라 약이라고 인식할 수 있도록 당신의 지식과 유능함으로 그를 보필해라. 그에겐 지식이 부족한 대신 아무도 모방할 수 없는 아부나 세를 확장할 수 있는 강력한 다른 무기가 있을 것이다.

3. 억울한 일을 당했다 하더라도 구구절절 주변인들에게 나열하지 말 것

비록 회사로부터 일방적인 해고 통지를 받았다 하더라도 구구절절 나열하지 말자. 최근 경력직 채용에 있어 막판 변수는 평판 조회다. 괜히 미운털 박혀 새로 입사할 회사의 평판 조회에서 낙제점을 받는 일은 피하도록 하자. 정말 억울하게 퇴사했다면 상사 중 누군가가 안쓰러운 당신을 위해 이직을 적극적으로 도와줄지 모른다.

4. 공개적으로 상사를 힐난하는 내용이나 체념조의 말은 절대 하지 말 것

누구나 상사의 뒷담화를 한다. 하지만 그에 대한 험담은 절대로 뒤에서 이뤄져야 한다. 공개적인 자리에서 대놓고 공격하거나 무시하는 말을 던지면 가만히 있을 상사는 아무도 없다. 짓밟힌 자존심을 세우고 조직 기강을 바로잡기 위해서는 이에 준하는 막강한 액션이 있어야 하기 때문이다. 당신이 공개적으로 상사에 대한 불만을 터뜨렸다고 해서 아무도 영웅이나 위인이라고 생각하지 않는다는 것도 덤으로 기억하길!

COACHING 03
때론 콩쥐 상사가 팥쥐 상사보다 무섭다

"사람에게는 권력에 복종하고 무력한 자에게 공격성을 보이는 양극적 성격이 있다."

– 에리히 프롬

최근 한 후배와 강연 기획 프로그램을 진행했다. 큰 규모의 강연은 아니지만 막상 사람들을 초대하고 게스트를 섭외하고 일종의 토크 공연을 기획해야 하다 보니 여간 손이 많이 가는 것이 아니었다. 이번에 섭외할 인물은 연애 칼럼니스트로 명성을 떨치고 있는 T. 그동안 그녀가 써 온 책을 읽고 사랑과 결혼이라는 영원히 풀리지 않는 주제에 대한 토크쇼를 준비하며 사전 미팅을 요청했다. 사실, 그 미팅은 토크쇼를 위한 것이라기보다 개인적 친목을 도모하기 위함이 더 컸다. 같은 출판사에서 책을 낸 경험이 있는 동지로서 여성의 생애 주기적 삶에 대한 남다른 관심이 있는 자매 정신으로 특별한 연대를 맺고 싶은 개인적 욕심이 앞선 까닭이었다. 여러 번의 이메일을 교환한 끝에 드디어 약속 날짜를 잡았다.

"아무리 개인적 약속이라고는 하지만 이왕이면 함께 토크쇼를 진행하는 후배와 만나면 좋겠지?"

나는 후배 K에서 전화를 걸어 함께 만날 것을 제안했고 그녀는 흔쾌히 수락했다. 문제는 그녀가 요청했던 시간보다 일찍 나타나면서 발생했다. 사실, T를 만나려 한 까닭은 앞으로 함께 참여하면 좋을 일에 대한 논의를 나누기 위해서였다. 관심사와 커리어가 비슷하다 보니 향후 도모할 수 있는 일이 많을 것 같은 느낌이 들었던 거다. 때문에 나는 후배 K에게 30분 늦게 도착할 것을 요청했다. 그동안 사적인 이야기를 끝마치고 공적인 이야기를 나눌 계획이었던 것이다. 한데 K는 우리가 먼저 이야기를 나누고 있는 모습을 보자마자 뭔가 불쾌하다는 듯한 표정을 지으며 대화 내내 불편한 속내를 감추지 못했다. 결국 대화를 마치고 K가 말했다.

"저보다 얼마나 일찍 만나셨어요? 저만 빼고 먼저 많은 대화를 나눈 것 같아 서운하더라고요."

맙소사! 그녀를 배려해 함께 사전 미팅에 참여한 것이 오히려 '서운하다'라는 피드백을 들어야 할 일이 되다니. 사회 초년생이 사내 정치를 잘하는 방법은 어쩌면 아주 간단한지도 모른다. 받는 것보다 더 많은 것을 조직과 상사에게 주고 자신이 받는 모든 것에 충분한 감사를 표하는 것이다. 상사가 주는 혜택이나 도움은 당연한 듯 받으면서 그것이 배려임을 모르고 자신이 뭔가 해야 할 때는 슬쩍 뒤로 빠지면서 막상 조금이라도 손해를 보는 것 같으면 부르르 떠는 후배를 과연 어떤 상사가 좋아할 수 있을까. 그녀에 대한 실망감으로 몸을 떨다가 문득, 그녀가 당당히 서운함을 표현할 수 있었던 것은 어쩌면 내가 그녀에게 '만만한 선배'로 비쳐졌기 때문은 아닐까 하는 의문이 들었다. 퍼 주는 것이 당연하고 착하기만 한, 만만한 그런 상사 말이다.

비즈니스 전문 트레이너 안미헌 씨는 직장 내 상사를 두 가지 유형이 존재한다고 설명한다. 그녀의 설명에 따르면 첫 번째 유형은 '콩쥐 스타일'의 상사다. 직원들을 가족이나 친구처럼 대한다. 이익을 목적으로 집단이나 조직을 바라보지 않는다. 대신 언니, 형님의 호칭으로 온정을 베풀고 물심양면으로 후배를 지원하는 일에 기꺼이 참여한다. 자신이 계산적이지 않은 대신 후배들의 충성과 의리를 중요시 여긴다. 반면, 두 번째 유형은 '팥쥐 스타일'의 상사다. 이기적이고 까칠해 보이는 그는 비즈니스적 관점으로 직원들을 대한다. 내가 한 개 주면 너도 한 개 줘야 하고 개인적인 희생이나 양보는 하지 않는다. 무작정 후배들에게 베풀기보다 일단 부하 직원을 지켜보고 그에 상응하는 혜택을 주며 생색을 낸다. 하나를 줄 때 그것이 얼마나 큰 배려인지 설명하면서 말이다. 늘 깐깐하고 인색한 상사 앞에서 부하 직원들은 어리광을 떨 틈을 발견할 수 없다. 차라리 상사의 눈치를 살피고 비위를 맞추며 뭐라도 더 떨어지게 만들기 위해 고분고분한 태도를 택하는 게 유리하다는 사실을 금방 깨닫는다.

팥쥐와 콩쥐, 당신은 어떤 스타일의 상사를 선호하는가. 물론, 언니 같고 오빠 같은 따뜻한 '콩쥐 스타일' 상사일 거다. 하지만 아이러니한 것은 후배들에게 오히려 대접받는 상사는 후자인 '팥쥐형 상사'다. 이유는 간단하다. 늘 거리감을 유지한 채 이해 타산적으로 구니 어렵고 까칠하게 느껴진 상사가 가끔 무진장 생색을 부리며 작은 기회를 던져 주면 상사의 작은 친절함이 도리어 어색하리만큼 고맙게 느껴진다. 반면 콩쥐형 상사는 잘못한 것도 없는데 오히려 찬밥 취급을 받곤 한다. '만만하게' 느껴지는 탓이다. 약삭빠른 후배들은 평소 생색부리지 않고 묵묵히 후배들을 챙기는 상사를 우습게 안다. 상사라면 으레 그렇게 행동하는 것이라며 당연하게 여긴다. 그러나 세상에 만만한 상사는 없다. 마치 젖 달라고 떼쓰는 어린 자식을 바라보는 심정으로 온정과 관심을 베풀어 줬더니 날이 갈수록 건방지고 되레 더 내놓으라고 큰소리치는 후배에게 끝까지 인내심을 발휘할 상사는 없다.

과거 근무했던 직장에는 언니같이 푸근했지만 만만했던 A상사와 차갑고 어려웠지만 왠지 카리스마가 느껴지는 B상사가 존재했다. A상사는 전형적인 '아줌마 스타일'로 점심 식사를 할 때조차 허물없이 개인적인 신상에 관련된 수다를 나누며 맏언니처럼 다가왔다. 스스럼없이 편하고 가까웠기에 나는 때론 그녀가 상사라는 사실조차 잊곤 했다. 한참 어린 막내동생처럼 갖은 응석과 고민을 토로하기도 했고 도움이 필요할 때면 부하직원이라는 그럴듯한 핑계를 활용해 당당하게 요구하기도 했다. 그때마다 A는 민원 접수를 하는 동네 '반장 아줌마'처럼 신속하게 일을 처리해 줬다. 잠시 고마웠지만 고마운 감정은 서서히 무뎌졌다. 시간이 지나 그녀가 모함하는 세력으로 인해 어려움에 처하는 상황일 때 모른 척했다. 부서장의 개별 면담에서 A의 거취에 대한 심중을 묻는 질문에서도 능력 있는 상사라는 생각은 들지 않는다는 배신의 깃발을 꺼내 들었다. 착한 언니 같긴 했지만 조직 내에서 능력이 크게 부각되지 못하는 그녀의 편이 되는 건 썩은 동아줄을 쥐는 꼴이라고 생각했던 까닭이다. 차라리 까칠하지만 능력 있는 B에게 줄을 대며 유망한 부하 직원으로 인정받기 위해 갖은 노력을 다했다. 하지만 B상사는 기대만큼 조직 내 장악력을 쥐지 못했다.

그 사건 이후 A는 내게 등을 돌렸다. 들리는 소문으로는 '그년이 감히 어떻게 내게 이럴 수 있느냐'라는 분노를 쏟아 냈다고 한다. 그녀에게 나는 은혜를 원수로 갚는 싸가지 없는 후배였던 거다. 하지만 다행스럽게 나는 개인적인 사정으로 곧 직장을 떠나게 됐고 그녀와 평화롭게 이별할 수 있었다. 만일 그때 내가 그녀에게 끝까지 신의를 지켰다면 내 인생은 어떻게 달라져 있었을까?

세상에 영원히 '콩쥐 같은 상사'는 없다. 꼭 명심해야 할 사실은 너그러운 상사가 절대 만만한 상사가 아니라는 사실이다. 콩쥐 같은 상사의 친절한 온정에 건방지게 까불다가는 어느 날 그녀가 당신의 목을 베는 일을 쓸쓸히 지켜보며 최후를 맞이할 수도 있다. 콩쥐나 팥쥐나 상사는 모두 똑같이 상사다. 밭을 맬 줄도, 물을 길 줄도 모른 채 낮잠만 자는 '한심한 콩쥐'가 아닌 이상엔 말이다.

TIP: 만만하게 느껴지는 상사의 함정으로부터 벗어나는 노하우

1. 부하 직원 편

뭐 하나 트집 잡을 거 없이 착한 상사가 어느 날 바보처럼 느껴진다면, 만만하게 느껴져 함부로 대하게 된다면 거리를 둘 때가 됐다는 신호다. 이 관계를 그대로 방치하게 되면 당신은 언젠가 되돌릴 수 없는 실수를 범할지도 모른다. 고슴도치가 추운 겨울을 나는 방법에 그 해법이 숨어 있다. 고슴도치들은 한겨울에도 일정한 거리를 유지한다. 몸에 온통 박혀 있는 가시 때문에 서로에게 가까이 가면 다치게 되고 너무 멀리 떨어져 있으면 몸을 녹이지 못하니 고민스러울 수밖에 없다. 그리하여 그들이 찾아낸 방법이 바로 '너무 가깝지도 너무 멀지도 않은 거리 유지하기'다. 고슴도치는 적당한 거리를 유지함으로써 서로에게 상처내지 않되 체온을 나누는 방법을 선택했다. 이것이 바로 '고슴도치 거리학'이다.

2. 상사 편

"지난번 내가 주말 근무한 거 기억하지? 이번 지방 출장 대신 다녀오는 걸로 갚아!"
상사의 일방적인 혹은 지나친 배려와 온정이 때론 후배와의 관계를 망치는 주범이 될 수도 있다. 아끼는 만큼 상대를 존중해라. 대신 기억해야 할 것은 본인이 스스로 주는 만큼 당당하게 받을 권리를 요구하면 된다는 것이다. 후배의 급한 사정으로 황금 같은 주말을 반납하고 프로젝트에 대신 투입돼 일한 적 있다면 두 배로 당신의 배려를 보상할 수 있는 기회를 제공해라. '선배니까, 직장 상사니까 이 정도쯤은 희생해야지' 하는 생각은 은혜도 모르는 부하 직원을 양산하는 지름길이다.

COACHING 04

잘하는 건 오로지 '성과 가로채기'인 상사에게 대응하는 비밀 병기

성과 가로채기 다른 사람이 낸 아이디어나 해 놓은 일에 참여했던 것을 과장하거나, 그런 것들을 뻔뻔스럽게 훔치거나, 원작자를 숨기는 수법

직장 생활을 하는 데 있어 가장 회의감이 들 때가 언제일까? 충성을 맹세하며 궂은일을 도맡아 했는데 진급은 딴 놈이 했을 때, 청춘을 다 바쳐 일했는데 명예퇴직 대상자에 포함돼 있을 때, 한참 어린 후배의 연봉이 나보다 높을 때, 일도 가정도 모두 엉망으로 하고 있다는 자책감이 들 때, 주말도 반납하고 열정을 불태웠더니 사람 소중한 줄 모르고 격무를 당연하게 생각할 때 등 여러 가지 상황에 직면할 때 우리는 '이놈의 직장 생활 여기서 쫑을 내리라' 다짐하게 된다. 하지만 이 중 가장 참을 수 없는 분노와 깊은 좌절감에 휩싸이게 될 때는 열정과 사명을 다해 몰두한 일에 대한 성과를 누군가 중간에 가로챌 때가 아닐까 싶다. 뻔뻔하고 천연덕스러운 얼

굴로 마치 자신이 한 것마냥 우리의 피 같은 노력을 꿀꺽 삼키곤 '뭐가 잘못됐어?'라는 눈빛을 보내는 상사나 선배를 볼 때 가슴에 피멍이 들고 울화가 치민다. 옥상으로 끌고 가 파워펀치를 몇 대 날리거나, 공개적 망신을 대대적으로 주고 싶지만 계급 사회인 직장 생활에서 약자가 선택할 수 있는 행위는 지극히 제한적이다.

약자의 어찌할 수 없는 나약함을 알기 때문일까? 많은 상사들이 도둑질을 한다. 부하 직원에게 시간과 노력을 쏟아붓게 만들고 막판에 가서 아이디어를 도둑질해 그것이 본래부터 자신의 머리에서 나온 양 연기를 하기도 하고 기획안을 부하 직원 이름이 아닌 자신의 이름으로 상사에게 보고하기도 한다.

"홍보 회사 직원들은 프로젝트를 따내기 위해 클라이언트사 앞에서 발표할 수많은 PT 자료들을 만들죠. 모두가 감탄할 만한 참신한 아이디어를 내기 위해 수없이 발판을 밟기도 하고 관련 서적을 찾아보고 완성도 높은 제안서를 쓰기 위해 며칠 밤을 새는 건 비일비재해요. 얼마 전 국내 유명 완구 회사의 홍보를 따내기 위해 한 달 이상을 폐인모드로 지냈어요. 팀장에게는 중간중간 보고를 하며 열정적으로 진행하고 있는 모습을 보여 줬죠. 하루 전날엔 팀원들과 함께 최종 검토 작업을 하기도 했어요. 그런데 어떤 일이 일어났는 줄 아세요? 제안서 PT를 하기 전날 여자 팀장이 발표는 팀장급 이상이 해야 영향력이 있다면서 그동안의 자료와 제안서를 다 넘기라는 거예요. 너무 황당해서 말없이 '부르르' 떨고 있자 그녀가 하는 말이 정말 가관이었어요. '회사 사활이 걸린 문제야! 괜히 대리 따위가 나서서 일을 망치면 책임질 거야?'"

홍보 회사에서 나름 잔뼈가 굵은 직장 생활 5년차의 S는 그 사건으로 한동안 경미한 우울증을 앓았다. 천사 같은 표정을 지은 채 악마의 본성을 지닌 그녀를 마주하기도 싫고 아무리 열정을 쏟으며 일을 해 봤자 평생 저런 인간 뒤치다꺼리나 할 생각을 하니 인생 만사 모든 게 귀찮고 부정적인 생각만 들었다. 실제로 직장 상사의 성과 가로채기는 조직의 사기를 급격하게 떨어뜨리고 회사에 대한 충성도를 무너뜨리는 일등 공신이다. 비슷한 일들이 몇 차례 일어나면 부하 직원들은 체념 상태로 일을 하게 되고 기대 이상의 성과물이 나오기 힘들어진다.

일반적으로 상사의 성과 가로채기는 두 가지 형태로 나타난다. 하나는 부하 직원의 성과물을 마치 자신이 한 것처럼 연기를 하는 경우고 또 다른 하나는 뛰어난 성과물을 낸 동료나 부하 직원의 업적을 부정하기 위해 아예 없던 일로 만드는 경우다. 〈상사 사용 설명서〉의 저자 마이크 핍스는 이 같은 행위를 일삼는 사람을 직장 내 암체라고 명명하며 이렇게 설명한다.

"눈에 덜 띄는 암체는 다른 사람으로부터 아이디어와 자료 그리고 제안을 수집하기 위해 돌아다닌다. 그런 다음 그런 것들을 자신이 직접 했다고 상사에게 보고한다. 하지만 더 나쁜 부류는 훌륭한 아이디어를 듣고서도 그 아이디어가 형편없어 쓰레기통에 버려야 할 것이라고 말해 상대방의 사기를 완전히 꺾어 놓는 사람이다. 다른 경로를 통해 이 아이디어가 다시금 튀어나오지 않게 싹을 잘라 버리는 것이다."

고백하면 나도 이런 적이 있다. 일취월장으로 성장하는 조직 내 후배가 아무도 생각하지 못한 아이디어를 내 진행하겠다고 제안해 왔을 때 가슴이 덜컥했다.

'이 프로젝트가 성공하면 그녀의 유능함은 모두에게 입증되겠지? 이제 더 이상 선후배 관계가 아닌 라이벌로 만나게 되겠지? 위기 상황이야.'

결국 내가 했던 일은 너무나 부끄럽지만 후배의 제안에 대해 꼬투리를 잡고 시답지도 않은 문제점을 지적하며 내 선에서 없던 일로 무마하는 것이었다. 물론, 후배의 좌절감을 위로하기 위해 작은 미끼를 던져 주기도 했다.

"이번에 잡힌 제주도 출장은 네가 가. 세미나 참석해서 자료만 수집해 오면 되는 건데 알짜배기 내용들이 꽤나 있을 거야. 쇼핑 좋아하니까 아기자기한 골목들도 돌면서 예쁜 것들 득템하고 오라고!"

지금의 평화로운 서열 구조를 뒤흔들 수 있는 리스크 있는 도전을 꺾어내는 대신 불만을 잠재울 수 있는 달콤한 당근을 바로 제공함으로써 '네게 이러는 건 정말 널 아끼기 때문이야'라는 가짜 진심을 전달한 거다. 그리고 몇 년 후 개인 비지니스를 시작하면서 반대의 상황에 여러 번 식년하기도 했다. 거대 에이전시에게 아이디어를 도난당하거나 몇 달에 걸쳐 완성한 강의안을 말도 안되는 핑계로 통째로 빼앗긴 적도 있다. 정의롭지 못한 꼼수를 후배에게 부렸던 지난날이 뼈에 시무치게 후회되곤 했다. 하지만 이 같은 과정을 반복하면서 깨달은 것은 '날카로운 복수'보다는 '적당한 용서'가 내게 유용하다는 사실이다. 아무리 탐나는 성과라 하더라도 자신의 것이 아닌 이상 내 것인 척 연기하는 것들은 모두 '나쁜 놈'들이다. 하지만 상사에게는 상황에 따라 우리가 열심히 해 놓은 일을 자신들이 대신 맡아 추진할 수 있는 공식적인 권한이 있다. 회사는 그들에게는 조직원들의 아이디어를 선택할 권한과 함께 과감히 버릴 힘을 정당하게 부여했다. 물론 어떠한 설명이나 변명 없이도 가능하도록 말이다. 어쩌면 그런 권한까지 회사가 승낙하기 때문에 우리는 만만치 않은 긴장감과 적잖은 스트레스를 동반한 채 최대 효과를 배출하며 살아가는지도 모르겠다.

만일 상사가 당신의 아이디어를 훔쳐 달아났다 하더라도, 내 성과를 자신의 것마냥 비위 상하는 연기를 펼친다 하더라도 내일 당장 사표를 쓰는 일만큼은 참아야 한다. 비도덕적인 사건이 일어나는 그 순간 공개적으로 공격하며 이의를 표기해서도 안 된다. 억울한 사연을 가슴에 품고 살벌한 뒷담화에 열을 올리는 것도 현명하지 못하다. 이미 사건은 일어났고 저항하기 힘든 구조라면 양자 모두 체면을 살리고 함께 공생할 수 있는 전략을 모색해야 한다. 지금 당장은 두 번 다시 얼굴을 마주하고 싶지 않지만 언젠가 훗날엔 둘도 없는 파트너로 다시 만날 수 있는 게 바로 사내 정치의 속성이기 때문이다.

중요한 건 다시는 이런 일이 반복돼 일어나지 않도록 쐐기를 박는 거다. "이번 한 번은 내가 봐주겠소. 당신은 내게 한 번의 빚을 진거요. 하지만 두 번은 없소."라는 부담스런 메시지를 또박또박 전달하는 것이 전화위복으로 삼는 방법이다. 쿨하게 한 번 숙이고 들어감으로써 상사로 하여금 빚진 사연이 있음을 기억하게 하고 이것을 핑계로 절호의 기회가 왔을 때 둘만의 비밀스런 거래를 할 수 있도록 만드는 게 현명하다는 얘기다. 억울하긴 하지만 '그대가 나의 상사인 만큼 내 공을 당신에게 돌리겠다'라는 태도를 취한다면 정상적인 상사들의 경우 오늘의 사건을 오랫동안 기억할 거다. 그리고 언젠가 지금의 빚을 청산하려고 할 거다. 하지만 아무런 마무리 없이 당하기만 한다면 일정한 양심을 가진 정상적인 상사라 하더라도 당신의 능력과 착한 본성을 핑계 삼아 지속적으로 자신의 성장 발판으로 이용하려고 할지 모른다.

"원래부터 그럴 생각은 없었죠. 하지만 지난해 인사 고과에서 낮은 점수를 받고 승진에서 누락되다 보니 아직 기회가 많은 후배의 아이디어라도 도용해서 부진했던 실적을 만회하고 싶다는 생겼어요. 부하 직원에게는 기획팀에서 내려온 사안이니 전적으로 도맡아 진행해 보라고 이야기했지만 실제로 팀장 회의에서는 후배가 완성한 아이디어가 마치 내 것이었던 것처럼 연기했죠. 물론 그녀에겐 아직도 최종 승인이 나지 않았다고 핑계를 대고 있죠."

건설회사 경영 지원 업무를 맡고 있는 C의 고백이다. 만일 유사한 사건을 한 번이라도 경험한 적이 있다면 다음번 프로젝트부터는 상사를 경계해 진행하도록 하자. 어쩌면 그는 우선 상황을 좀 보자는 말로 모든 진행 상태를 은폐한 채 자신에게 유리한 내용들만 부분 채택해 자신의 상사에게 자료를 제공할지도 모른다. 먼서 기획서 작성에 대한 지시가 내려지면 빠른 호흡으로 중간 점검을 시도하자. 중간 점검에서 '좀 더 진행해 봐' 식의 애매한 피드백만 준다면 구체적인 질문을 통해 최소한의 안전망을 구축하고 일을 시작할 수 있도록 움직이는 것이 현명하다. 우리는 좋은 부하 직원이 되어야 할 의무도 있지만 동시에 좋은 상사가 될 기회를 잡아야 하는 과제도 있는 운명이니까 말이다.

TIP: 상사가 성과를 가로챌 기미가 보일 때 취해야 할 액션들

1. 상사의 꼼수가 보인다면 "이번 일은 제가 꼭 해 보고 싶습니다!"라고 강조할 것

만일 상사가 "수고했네. 여기서부터 내가 진행하겠네."라고 말한다면 즉각적으로 반응해라. 지금껏 그대가 진행해 왔으니 끝까지 책임지고 싶다고 부탁하는 것이다. 단, 정중하고 겸손하되 진정성이 묻어나는 어투로 어필해야 한다. 이번 사안에 최선을 다하고 있고 고무돼 있다는 것을 느끼게 하고 회의실 등 여러 사람이 모여 있는 공개적인 곳에서 의견을 밝히도록 한다.

2. 그럼에도 불구하고 통하지 않는다면 한 번은 눈감을 것

꼭 진행해 보고 싶다고 피력했음에도 불구하고 의견을 묵살당했다면 더 이상 매달리지 말고 상사의 요구에 수긍해라. 이번 사건을 빌미로 앞으로 거래를 시작할 것이기 때문이다.

3. 불만을 가지고 있음을 공공연하게 알리고 거래를 준비할 것

먼저 상사가 당신의 공을 가로챈 것을 입증하는 여러 가지 증거물을 입수하자. 만일 당신이 보이지 않는 곳에서 이뤄진 성과 가로채기라면 증거물 입수 후 상사에게 면담을 신청해라. 어떻게 된 일인지 묻고 불쾌함을 조용히 전달하자. 면담 신청 후 상사가 준비할 수 있는 변명거리에 대한 경우의 수를 준비해 각각 어떻게 반론할 것인지도 준비하자. 화를 내거나 비아냥거리는 건 절대 금물! 화를 내면 상사의 권위에 도전한다는 별개의 화두로 대화가 빠질 수 있다. 중요한 것은 상사에게 당신이 한 일에 대한 공정한 인정을 다시 한 번 강조하며 이를 바탕으로 그간 해 보고 싶은 사업이나 가 보고 싶은 부서가 있었다면 당당하게 요구하자. 이 사실을 현재 누가 알고 있는지, 만일 당신의 제안이 받아들여지지 않는다면 남은 카드 패는 어떤 것인지도 간접적으로 암시하는 게 좋다. 이때 두 가지 이상의 제안을 해 어느 한 가지는 현실적으로 수용할 수밖에 없도록 하자.

4. "우선 진행해 봐!"라는 식으로 회피만 한다면 예리한 질문으로 상사를 옥죌 것

'이 계획서가 최종 승인을 받을 수 있는 확률은 어느 정도입니까?' '현재 윗선에서는 이 사안을 어떻게 보고 계신가요?' 등 당신이 궁금해하는 내용을 질문한 뒤 확실한 답변을 요구하고 일을 추진하도록 하자. 만일 "알아볼게. 우선 진행하고 있어."라는 식으로 상사가 회피한다면 우선 알겠다고 대답하자. 그리고 "구체적 지시가 나오면 진행하겠습니다."라며 당신 역시 회피할 구멍을 만들어라.

COACHING 05
희생양 만들기 프로젝트에서 탈출하기

 조직 생활 5년쯤 지나면 깨닫게 되는 사실이 있다. 그것은 세상엔 영원한 진리란 없다는 것이다. 개개인마다 자신의 이해관계를 다져 줄 정당한 일리만 만들어 낼 뿐 누구에게나 보편타당하게 어울릴 수 있는 진리는 없다. 때문에 우리는 보이지 않는 총성이 들리는 조직에서 내 편을 만들고 동지를 만들며 무사히 생존해 나가기 위한 지혜가 필요하다. 더 좋은 것을 선택하기보다 덜 해로운 것을 알아보고 과감히 선택할 줄 아는 용기 말이다.
 K씨가 근무하는 잡지사는 전체 인원이라고 해 봐야 30명 남짓한 아담한 조직이다. 여러 개의 부서가 존재하긴 했지만 중소기업의 생리가 그러하듯 개개인의 조직원들은 각자 멀티 플레이어가 돼 다양한 업무를 소화해 내야만 했다. 회계 부서 직원이 광고 관련 업무를 할 때도 있었고 취재 부서였던 우리에게도 약간의 총무 업무가 주어지기도 했다. 아옹다옹 서로 의지하고 다독이며 살아가야 마땅한 그런 조직이었건만 적잖은 볼륨감이 만

져지는 야망들을 품고 사는 조직원들의 특성 때문인지 정치판 버금가는 사내 정치가 판을 쳤다. 자신의 세를 불리기 위한 이간질, 중상모략, 각종 꼼수가 난립했던 거다. 그중 기억에 남는 사건이 있었으니 그것은 바로 일명 '희생양 만들기' 프로젝트다. 경력직으로 파격적 대우를 받으며 회사 임원으로 온 W. 그녀가 부임하고 얼마 되지 않아 단행했던 정치는 '남의 사람 죽이기'였다. W는 빠른 속도로 자신의 세력을 불리기 위한 이른바 자기 라인 만들기를 시도했고 이와 함께 자신의 입지를 불리하게 하는 경쟁자의 라인을 밟기 시작했다. 타당한 이유와 증거를 만들어 내면서 말이다.

첫 번째 희생양은 경쟁 세력의 왼팔이었던 부하 직원 L. 총성 없는 전쟁터인 회의 시간이면 언제부턴가 W는 L의 기획안을 꼬투리 잡으며 점점 더 어렵고 복잡한 주문들을 요구하기 시작했다. 만일 성과물이 그녀의 주문에 부응하지 않으면 공개적인 자리에서 L을 질타했다.

"지금 몇 년차 기자인데 이런 취재 하나 가동할 라인이 없어서 쩔쩔매고 있어요? 취재처를 다른 기자에게 넘기고 다른 파트를 맡아 보는 게 어떨까 싶은데……"

대놓고 사람의 자존심을 짓밟다 보니 L은 동료 사이에서도 조금씩 소외돼 갔다. 특히 W라인의 사람들은 그녀의 심중을 읽고 L을 빠르게 멀리하기 시작했다. 물론, 자신의 왼팔인 L을 보호하기 위한 직속 상사의 처량한 몸부림이 있긴 했지만 그것은 이내 서늘한 비웃음으로 마무리되곤 했다. 그렇게 얼마나 지났을까? W가 L을 적극적으로 밀어주기 시작하는 게 아닌가. 못 잡아먹어 안달이던 아니 내보내지 못해 전전긍긍하던 그녀가 갑자기 태도를 달리하는 까닭을 전혀 상상할 수조차 없었다. W는 L이 제안하는 모든 기획물들에 대해 동의했고 점점 더 많은 일을 그녀의 책임 권한으로 넘겼다. 한번은 어마어마한 분량의 특집 기획안을 제안하고 그에게 홀로 진행하라며 격려했다.

"어때요? 정말 좋은 아이디어죠? 당신을 믿어 보겠어요. 멋지게 진행해 보세요!"

한 가지 좀 이상한 점은 W라인의 사람들은 아무도 가담하지 않은 채 오로지 L 혼자만 진행하도록 엄포를 놓았다는 사실이었다. 대체 그녀가 원했던 것은 무엇이었을까? W의 작전은 상사들이 부하 직원에게 잘 쓰는 정치적 속임수 중 하나다. 일명 희생양 만들기 속임수로 희생시켜도 좋을 만한 부하에게 실패할 프로젝트나 과업을 맡겨 실패의 책임을 전가하거나 아끼는 직원의 평판에 오점을 남길 만한 프로젝트로부터 그 직원을 구해 다른 일로 빼돌리는 수법을 말한다. 대부분의 희생양 속임수는 약해진 지지 기반으로 따돌림을 당하거나 입지가 위축된 사람들에게 자주 활용되는 것으로 승진이나 해외 연수 등의 꼬드김을 빌미로 은밀히 진행된다. 이를테면 다음과 같다.

"자네에게 승진의 기회를 주고싶어."

"이번 프로젝트를 맡는 사람은 누구든 자신의 이력에 큰 도움이 될 거야. 오늘부터 이 프로젝트를 맡아 줬으면 하네."

대부분의 부하 직원들은 달콤하기 짝이 없는 이 같은 제안을 덥석 문다. 미친 듯이 뛰는 가슴소리를 어찌할 줄 모르는 채 말이다. 핵심 멤버의 눈

밖에 난 요즘 동료들에게도 은근히 소외당하고 있다는 기분을 느끼며 위기의식을 느끼고 있던 차 이게 웬 떡이란 말인가. 하지만 이처럼 뜻밖의 꿈 같은 제안들은 성공할 가능성이 지극히 낮다. 왜냐하면 그 프로젝트는 실패할 수밖에 없게 만들어야 하는 희생양 프로젝트이기 때문이다. 배후의 인물들은 그들의 정치적 이해관계를 따라 반드시 그 프로젝트가 실패하도록 만들 것이며 실패하기 전까지만 표면적으로 프로젝트를 끌고 나가는 역할을 맡은 것뿐이다. 실제로 L은 죽을 똥을 싸며 기획안을 진행했지만 실패했다. 초기에 무조건 진행해 보라던 임원들의 격려와 달리 실질적인 도움이나 지원이 전혀 제공되지 않았다. 뿐만 아니라 취재가 제대로 되지 않아 중간 보고를 할 때도 시큰둥했다.

"마치 실패되기를 기다리는 듯한 사람처럼 보였어. 실패한 결과를 토대로 뭔가를 꾀하려는 것 같은 기분이었어."

결국 L은 인사 고과에서 최하점을 받았고 머지않아 스스로 사표를 쓰는 일을 선택했다. 왼팔과 오른팔을 잃게 된 W의 경쟁자 역시 나른 직장을 찾아 떠났다.

혹시 예기치 못한 절호의 기회처럼 느껴지는 일이 주어진다면 혹시 희생양 속임수는 아닌지 생각해 보길 바란다. 더군다나 치명적인 실수로 입지가 좁아진 상태라면 꿈 같은 제안을 객관적으로 바라보길 바란다. 무턱대고 상사의 제안을 덥석 물기보다 혹시 교묘한 속임수는 아닌지, 그렇다면 어떻게 빠져나갈 것인지를 곰곰이 따져 봐야 한다. 생각해 봐야 할 문제는 다음과 같다.

첫째, 왜 하필 그 중요한 프로젝트가 나에게 주어졌을까?
둘째, 내가 이 기회를 받아들인다면 어떤 이득과 손해를 치르게 될까?
셋째, 이 일을 둘러싼 배후에서 어떤 논의들이 이루어졌던 걸까?
넷째, 만일 제안한 프로젝트를 진행하지 않으면 어떤 책임을 지게 될까?

당신을 내치기 위한 수순의 꼼수라는 확신이 든다면 영리하게 그 그물을 빠져나가야 한다. 단, 조직 내 누구도 당신이 그 희생양 속임수를 눈치채고 있다는 것을 알게 해서는 안 된다. 앞으로 우리가 취해야 할 태도는 열심히 일하며 속임수 프로젝트에 내포된 문제점을 공개적으로 토론하기다. 물론, 당신에게 제안된 프로젝트가 속임수 프로젝트라는 것을 입증하기 위한 발품과 노련한 뒷조사는 필수다. 이번 사안과 관련된 모든 이해관계자를 파악해야 한다. 이후 유사한 비즈니스 사례를 검토하고 실제로 일을 진행하며 발생할 수 있는 주요 문제점 검토 후 이해관계자들에게 알려야 한다. 이메일도 좋고 공개적 회의자리도 좋다. 되도록 많은 이해관계자에게 그들 역시 당신의 프로젝트와 연계됐음을 알려야 한다. 이 프로젝트와 직간접적으로 이해관계가 있는 사람들이라면 자신들에게 불리한 일이 터질지 모르는 사건에 적극적으로 개입할 것이기 때문이다. 프로젝트가 성공하는 것이 유리하다고 판단되면 당신을 적극적으로 돕겠지만 반대의 경우라면 중도에 일을 마무리할 수 있도록 서로 힘을 합칠 거다.

"중간 보고를 진행하겠습니다. 이번 프로젝트는 실현하기엔 상당한 위험과 문제점을 내포하고 있습니다. 이것은 문제점을 분석한 보고서입니다.

보고서 검토 부탁드립니다. 만일 현재 제가 미처 알지 못하고 있는 진행 상황이 있다면 말씀 주십시오. 바로 알아보겠습니다."

만일 이해관계자가 없다면, 무조건 일을 진행하는 길밖에 방법이 없는 외줄타기 신세라면 당신을 도울 수 있는 지지자를 만들어야 한다. 도움을 청할 때는 한 사람씩 대면하는 방법을 통해 심리적 동의를 얻도록 하자. 특히 부하 직원에게 도움을 요청할 때나 충성 맹세를 받을 때는 무리가 아닌 개인 대 개인으로 부탁해야 심리적 이탈을 방지할 수 있다. 오늘 이 공간에는 당신과 나 우리 둘밖에 없었고 우리의 이야기는 다른 사람은 모르는 둘만의 비밀 서약이었다는 감정을 갖도록 해야 한다.

누군가의 정치적 의도를 위해 희생양이 된다는 건 무척이나 불쾌하고 서글픈 일이다. 아무리 밟히지 않으려면 먼저 밟고 올라서야 한다지만 가깝게 지냈던 동료에게 혹은 믿었던 상사에게 잘 짜여진 속임수 대본으로 뒤통수를 맞고 나면 다시 일어설 힘을 쉽사리 얻지 못할 수도 있다. 방법은 단 하나다. 적군이 당신이 그의 꼼수를 알고 나름의 방어 전략을 쓰고 있다는 사실을 전혀 눈치채지 못할 정도의 자연스러운 보호색 전략을 펼치는 거다. 여기서 또 하나! 희생양 제물로 바쳐지기 전에 혹시 당신의 사내 성지력이 떨어지고 있는 건 아닌지, 위기의 순간 가장 쉽게 내쳐질 수 있는 인물로 점쳐지고 있는 건 아닌지 수시로 점검하자. 희생양 속임수의 대상이 됐다는 사실만으로 당신은 이미 사내 장악력이 미비한 인물이라는 충분히 불명예스런 위기를 경험하고 있으니까 말이다.

여자 상사가 더 밥맛으로 느껴지는 까닭

친구가 울상이다.

"우리 부장 때문에 미치겠어. 자기 이외에 다른 여자 후배들이 성장할 수 있는 기회를 다 차단하려고 해. 자신은 힘들게 왔는데 후배들이 좀 더 쉽고 빠르게 성장하는 꼴을 못 보겠나 봐. 차라리 무능하고 게으른 지난번 남자 부장이 훨씬 나. 여자 상사 밑에서 일하려니 정말 탈모가 생길 지경이야."

친구는 모 기업의 홍보 팀장으로 일한다. 워낙 외향적이고 열정적인 성향 탓에 인맥도 넓고 다양한 활동에 참여하며 역량을 발휘하고 있다. 그러다 보니 최근에는 라디오 방송에서 출연 제의가 들어오는 등 브랜드를 강화할 수 있는 기회들을 접하고 있다. 새로운 경험을 즐기고 모든 직접 경험만큼 소중한 자산은 없다고 믿는 친구는 어떻게든 자신에게 주어진 기회를 활용하고 싶어 한다. 하지만 조직에 속한 몸이니 상사의 눈치를 볼 수밖에. 얼마 전에는 어렵사리 대외 활동에 대한 동의를 구했지만 분노의 지적만 받았다.

"그토록 대외 활동을 하고 싶으면 회사를 그만두고 그런 일에만 전념하는 게 어때? 방송을 하고 강의를 하는 것도 다 우리 회사 이름을 팔아 하는 거기 때문에 회사 입장에서는 이미지 타격을 받을 수도 있고 원치 않는 방향의 이야기들을 제공할 수도 있다는 걸 왜 몰라!"

친구는 따끔하게 혼이 났고 원통해했다. 회사 이미지를 운운하며 공식적으론 회사의 입장 때문에 자신의 대외 활동을 반대했지만 진짜 속마음은 자신이 잘나가는 것을 경계하는 부장의 시기, 질투의 감정이 작용한 것이라는 판단이었다. 사실, 나는 친구의 말도 맞고 부장의 말도 맞아 보였다. 누가 정답인지는 잘 모르겠다. 하지만 중요한 것은 여자 상사 밑에서 일할 경우, 공식적인 사안 외에 비공식적인 감정적 부분까지도 고려해 일을 처리해야 한다는 점이다. 여자 상사는 상사인 한편 여자이기 때문이다.

설마 이런 것에도 반응할까 했던 패션, 액세서리, 헤어스타일 등에 도 감정이 생기고 실제 업무를 진행하는 능력보다 보고하는 방식을 더 중요하게 생각할 수 있으며 퇴근 후 활동에 대해서도 관여하고 관심을 갖는다. 왜 그런 것들까지 신경을 쓰고 간섭하느냐고 묻는다면 여자 상사들은 무의식적으로 여자 부하들을 일종의 라이벌로 인식하여 부하 직원보다 더 유능하고 돋보이고 싶은 욕망에 시달리는 탓이다. 비록 사십대 중반의 적지 않은 나이에 접어들었지만 갓 들어온 어린 신입 사원 여직원에 밀리고 싶지 않다. 수천만 원대, 수억 원대 프로젝트를 진행하며 화려한 경력을 쌓아 왔지만 이제 막 대리 직급을 달고 날갯짓을 하는 부하 직원에게 자신이 경험한 기회들을 무조건적으로 나눠 주고 싶진 않다. 부하 직원의 남편 자랑에 기가 죽고 싶지 않고 새로 산 멋진 정장 때문에 오늘따라 매력적으로 보이는 부하 직원에게 샘이 난다. 이게 여자 상사들의 숨겨진 마음이다.

이들은 일종의 '여왕벌 신드롬'에 시달린다. 여왕벌 신드롬이란 조직 안에서 인정받는 여자는 자기 하나만으로 충분하다고 생각하는 여자들의 이기주의를 말하는데 여왕벌이 벌집 안에서 유일한 권력을 갖는 것처럼 여자 상사는 조직 내 쌓아 올린 자신의 지위를 다른 여성과 나누고 싶어 하지 않는 성향을 보인다. 최근에는 '언니주의'를 강조하며 여성 조직원들 간의 멘토링과 네트워크를 강화하려는 움직임도 보이지만 어느 순간이 되면 그들은 반문한다.

"내가 왜 다 퍼 줘야 하지? 난 여태껏 혼자 어렵게 여기까지 왔는데 말이지."

여성의 성비가 훨씬 높은 여초 기업이라면 여자 상사의 질투, 시기의 감정에 대해 더 이해할 필요가 있다. 여자들끼리 모여 있을 때 여자들은 더 잘하고 싶고 더 뛰어나고 싶은 욕심이 강해지는 탓이다. 최근 영국 에식스 대학교의 연구 결과는 이 같은 사실을 뒷받침해 준다. 일간 데일리메일 보도에 따르면 영국 에식스 대학교의 패트릭 노렌 박사와 앨리슨 부스 교수가 학부생 800명을 세 그룹으로 나눠 경제학 입문 수업을 듣게 한 후 분석한 결과에서 여학생들로만 구성된 그룹의 학점이 가장 뛰어났다고 전했다. 연구진은 남학생 전용 그룹, 여학생과 남학생 혼용 그룹, 여학생 전용 그룹

등 세 그룹으로 나눠 수업을 듣게 했는데 연말에 치른 시험에서 여학생 전용 그룹이 가장 학점이 뛰어났다고 설명했다. 여학생 전용 그룹의 시험 성적은 다른 그룹에 비해 평균 7.5% 높은 것으로 집계됐다. 연구진은 여학생들이 한쪽 성만을 위한 그룹에서 교육받은 후 더 위험을 감수하게 되고 경쟁심이 강해진 것으로 조사됐다며 여학생들은 남학생이 없는 교실에서 더욱 편안하고 자신감을 느낀다고 말했다. 이처럼 여자들이 많은 조직에서 라이벌 의식이 강해지고 좀 더 유능한 사람으로 인정받고자 하는 경쟁 구조가 자주 형성되는 까닭은 수직적 관계에 익숙한 남자들과 달리 여자들은 나이나 직급과 상관없이 수평적 관계로 상대를 바라보기 때문이다. 하지만 이 같은 자세는 여자 상사의 심기를 불편하게 하고 결국은 자신의 조직 내 입지를 좁히는 지름길이 된다.

  친구 중 한 명은 이동 통신 회사 기획 전략팀 팀장이다. 워낙 유능하고 매사 완벽하게 일을 처리해야 하는 성격 탓에 골드미스로 일과 결혼해 살고 있다. 일이 주는 커다란 성취감 덕분에 '여태껏 결혼 못한 노처녀'라는 콤플렉스도, '이성에겐 매력 없는 여자'라는 트라우마도 없다. 다행이다. 한데 경력직으로 또래의 여자 대리가 들어오면서 묘한 갈등 상황을 경험하고 있다. 훈남 남편에 예쁜 아기까지 둔 그녀는 점심시간, 커피 브레이크 타임 등 짬이 나면 주말에 남편이 무엇을 사 줬고 아파트 시세는 얼마가 올랐으며 시댁에서 어떤 반찬을 해 줬다는 등 시시콜콜한 이야기들을 늘어놓았다.

  "처음엔 그냥 '수다 기질이 다분한 여자구나' 하는 생각이 들었는데 시간이 지날수록 '저 인간이 은밀하게 나를 자극하는 사인을 보내고 있구나' 하는 생각이 드는 거야. '나는 네게 없는 것들을 지니고 있어' '난 아기 엄마지만 당신보다 날씬하고 예뻐'라는 식의 불쾌한 메시지를 보내고 있다는 생각이 들었지. 여자들끼리는 무언의 신호가 있잖아."

빈틈을 내줘선 안 되겠다는 생각이 든 친구는 그날 이후 퇴근 무렵 그녀에게 일거리를 던져 주는가 하면 기혼녀들이 가장 꺼려 하는 주말 출근 등을 지시하며 군기를 잡기 시작했다. 회의 시간엔 그녀의 발언 시간만 되면 일부러 시계를 쳐다보거나 좋은 아이디어를 묵살하는 행동을 의도적으로 선보였다. 친구 역시 무언의 메시지로 "까불지 마! 난 네 상사야."라는 신호를 던지고 있는 셈이었다.

여자 상사가 더 무섭게 느껴지는 이유, 여자 상사에게 찍히면 평생 고생한다는 말이 나도는 이유는 바로 여기에 있다. 드러내지 않고 은근하게 하지만 잔인하게 괴롭히기 때문이다. 뉴욕 시립대 계열인 스테이튼 아일랜드 칼리지의 심리학과 교수이자 여성학자인 필리스 체슬러는 자신의 저서 〈여자의 적은 여자다〉에서 여성의 간접적 공격성에 대해 언급한다.

"여성은 남성에 비해 직접적인 공격은 하지 않지만 간접적으로 더 심한 공격을 하는 성향이 있어요. 예를 들어 부정적인 소문을 퍼트리고 뒤에서 험담하며 사람들을 동원해 조직 내 왕따를 시키는 등 교묘하게 조정하죠."

여자 상사 참 어렵다. 같은 여자이기 때문에 남자 상사들은 모르는 속마음까지 읽고 남자들은 대수롭지 않게 여기는 사소한 것들을 꼬투리 잡는다. '보이는 것이 다가 아니다'라는 걸 그녀들은 알고 있는 탓이다. 친구처럼 만만해 보이지만 시어머니보다 어렵고 시누이처럼 얄미운 여자 상사 공략법에 대해 공부해 보자. 아는 만큼 보이고 보이는 만큼 편안하게 직장생활을 영위할 수 있을 테니까.

COACHING 07
유형별 여자 상사 설명서

신시내티 대학교 심리학자들이 미국 내 직장인 2,000여 명을 상대로 조사한 결과 여자 상사 밑에서 일할 경우 남자 부하가 여자 부하보다 조언과 지시를 더 많이 받는 것으로 나타났다. 여자 상사의 경우, 같은 성의 부하 직원보다 다른 성의 부하 직원에게 더 많이 의지하고 기회를 주는 경향을 보여 주기 때문에 이 조사에 참가한 심리학자들은 "남자 부하가 여자 상사로부터 업무와 관련된 도움을 더 많이 받아 승진 기회 또한 더 낙관적으로 보인다."라고 밝혔다. 반면 여자 상사와 여자 부하는 가장 어려운 조합이라는 말이 있을 정도로 쉽게 좁혀지지 않는 간극으로 괴로워한다. 상사의 눈에는 부하가 '낯선 지구인'처럼 보이고 부하의 눈에는 그녀가 도저히 감당하기 힘든 '화성인'처럼 보이기만 하니 대체 어디서 접점을 찾아야 할지 도통 모르겠다. 그래도 참 다행인 것은 여자 상사와 함께 일해 본 기간이 길었던 여성 근로자들의 경우, 여자 관리자에 대해 긍정적인 평가를 보이는 비율이 높았다는 점이다. 처음에는 얼굴만 봐도 미쳐 버릴 것만 같았지만 점차 열악한 사회적 여건을 뚫고 이 자리에 올라오기까지 숨겨진 그녀들만의 처세와 특징을 알아 가면서 어떻게 그들을 대하고 맞춰 가야 할 것인지 스스로 답을 찾을 수 있었다는 말이리라.

이 장에서는 직장 내 존재하는 다양한 여자 상사 유형을 짚어 보며 그들을 다루는 대처 방법에 대해 논의해 보기로 한다.

1. 밑바닥부터 차근차근 자수성가 스타일

이 유형의 여자들은 지극히 정치적이고 계산적이다. 스스로 성공에 이르는 탄탄한 사다리를 만들기 위해 간이고 쓸개고 다 빼 가며 일해 조직 내 유일한 여성 임원 타이틀을 단 여자들은 자신에게 이익을 줄 사람인지 아닌지 그것을 분별해 내는 작업만이 중요하다. 그녀와 찰떡궁합을 자랑하기 위해서는 당신이 그녀에게 도움이 되는 유리한 카드를 지닌 사람임을 강조하는 전략이 가장 효과적이다. S은행 K지점장이 바로 그린 케이스다. 그녀는 상업고등학교 졸업 후 주경야독하며 학업을 계속 이어 가 현재는 석사 졸업을 앞두고 있다. 창구 텔러 업무부터 지점 영업, 지점장 등을 거쳐 왔다. 아무런 학연도 백도 없던 그녀가 고속 성장을 할 수 있었던 또 다른 무기는 상사에 대한 충정이다. 한 예로 그녀는 전화 통화 중에도 상사에게 인터폰이 오면 받던 전화를 바로 던져 버리고 뛰어갔다. 회식 메뉴 하나를 정할 때도 상사의 입맛과 건강 상태 등을 고려해 선택했고 야유회를 가더라도 상사의 동선, 스케줄을 미리 확인해 장소를 결정했다. 후배를 대할 때도 자신의 영업에 이득을 가져다줄 수 있는 사람인지 아닌지를 판단해 차별 대우한다. 매년 명절 인사를 하는 착한 후배보다 가끔 전화 안부를 묻는 자산가 집안의 후배를 살뜰히 챙긴다. 이런 유형에게는 그녀가 솔깃할 만한 떡밥을 던지는 게 관계 향상의 지름길이다. 이를테면 사내 명문대 출신 독서 모임을 만들어 리더를 맡는다든가, 자산가 아버지의 이름을 흘린다든가 하는 카드 말이다. 낙하산 입사 역시 그녀들에겐 숨겨야 할 사실이 아닌 은근히 흘려야 할 중요한 정보다. 자신의 불리한 상황에서 유리한 결과물들을 만들어 내기 위해 수십 년간 뼛골 빠지게 머리를 굴리며 일한 그녀들은 부하 직원이라도 자신과 이해관계만 맞는다면 얼마든지 '윈윈 구조'를 만들 수 있다.

2. 전문성과 실력으로 승부하는 똑똑이 스타일

이 유형의 여자 상사들은 대부분 출신이 좋다. 학력, 경력 등을 발판으로 조직 내 유일무이한 전문가로서 입지를 다져 온 여자들이다. 상당수는 긴 가방끈을 자랑하며 경력직으로 직장 생활을 시작했거나 헤드 헌팅 회사 등을 통해 기업의 러브콜을 받고 입사했다. 한 모바일 회사 K부장은 공대 박사 출신으로 입사 10년 만에 부장 직급을 달며 고공 행진을 하고 있다. 두 아이의 엄마지만 회사 내에서는 기혼녀라는 사실을 잊을 정도로 완벽하게 업무에만 매진한다. 고지식할 정도로 규칙적이고 원칙 중심이고 감정적이고 근거 없는 주장을 가장 싫어한다. 유능함과 실력으로 현재에 이르렀기 때문에 부하 직원에게도 같은 잣대를 들이댄다. 능력과 실력이 부재

한 부하 직원을 가장 경멸하며 자신에게 부족한 실무 능력을 지닌 부하 직원과 남모르는 연대를 형성하기도 한다. 이를테면 상대적으로 영어 회화와 번역 업무에 부족했던 그녀는 외국 대학 출신의 부하 직원에게 남몰래 이메일을 보내 업무를 지시하고 개인적인 업무 부탁을 하곤 하는 것이다.

이런 부류의 상사 유형에게는 그녀의 전문성을 강화해 줄 수 있는 당신의 업무 능력으로 어필하라. 자신에게 없는 실무 능력을 가진 후배를 가장 신뢰하며 업무 성과로 후배 직원들을 대하는 성향이 강하기 때문이다. 글쓰기가 약한 상사라면 모든 종류의 글쓰기 업무를 완벽하게 실행할 수 있게 능력을 배양하고 커뮤니케이션 능력이 약한 상사라면 대변인 역할을 자처하는 것이 바로 믿음과 애정을 한 번에 받을 수 있는 비결이다.

3. 오로지 긴 재직 기간으로 밀어붙이는 스타일

별다른 전문성도 없고 뚜렷한 목표 의식도 없었지만 어쩌다 보니 장기 근속자가 돼 한자리 차지하고 있는 나이 많은 여자 상사들에게는 몇 가지 특징이 있다.

첫째, 상당수가 여선히 솔느비겄나.
둘째, 자신과 처음부터 직장 생활을 해 온 남자 동기들에 엄청 잘한다.
셋째, 적잖은 연차에도 불구하고 아직도 업무 처리에 대한 원칙이 없다.
넷째, 어린 여자 직원에게 직급으로 밀고 나가려 한다.

N백화점 총무팀 K차장은 23년째 총무팀에서 근무하고 있다. 전문 학사를 졸업하고 취업한 뒤 경력을 쌓아 차장 직급을 달고 있긴 하지만 어쩌다 보니 말뚝을 박게 된 케이스다. 마흔 초반의 싱글인 그녀는 아직도 긴 생머리와 블링블링한 원피스를 즐겨 입는다. 문제는 부하 여직원에게 분명한 절차 없이 일을 지시하고 일이 뜻대로 되지 않을 때는 부장 직급의 남자 동기들에게 전화를 걸어 문제를 해결해 달라고 생떼를 쓴다. 결혼만 하면 언제든 사표를 쓸 것만 같은 직업 의식 제로의 그녀 밑에서 일하는 부하 직원들은 피곤하기만 하다.

이런 유형의 상사들에게는 결제 라인, 마감 기한, 제출 서류 등 원칙과 절차를 지나치게 강조하는 업무 스타일로 대해서는 안 된다. 자칫 피곤한 스타일이라며 미운털 박히기 십상이기 때문이다. 업무 처리 과정보다는 결과만 중시하는 상사에게 일일이 디테일하게 업무를 보고하고 확인받으려 하지 말고 융통성 있게 일을 처리하는 태도가 요구된다. 참! 그녀를 무시하는 태도나 말투는 절대 금물이다. 어차피 그녀에게 일 잘하는 부하 직원도 자신처럼 별생각 없이 직장 생활을 하려고 하는 어린 여자 직원으로밖에 안 보이기 때문이다.

4. 여성성으로 인정받고 싶어 하는 공주 스타일

한 직장인 커뮤니티에 올라온 사연이다.

"저희 회사에는 40대 중반의 여자 부장이 있습니다. 제가 보기엔 노처녀

일 뿐인데 본인 스스로는 자신을 매우 귀엽고 깜찍한 여자라고 생각합니다. 한 예를 들면 회사 이전으로 이삿짐 정리하느라 다들 정신없을 때 손 하나 까딱하지 않고 '박 과장, 나 슬리퍼 찾아 줘. 내 슬리퍼! 내 슬리퍼!'를 울부짖으며 모두를 힘들게 했습니다. 항상 어린아이처럼 전 직원에게 애교를 피웁니다. 피곤해 죽겠습니다. 어떡하면 좋을까요?"

상사이기보다 여자로서 인정받고 싶어 하는 공주파 상사들은 부하 여직원들과 경쟁의식이 누구보다 투철하다. 매일 아침 자신의 의상, 메이크업, 헤어스타일에 대해 다른 직원들이 어떻게 바라보는지 궁금해하고 여자 부하 직원이 새로 장만한 구두에 눈을 반짝이며 관심을 드러낸다.

이런 스타일의 상사를 모시고 있다면 조금 피곤하더라도 그녀의 스타일 변신이나 치장에 남다른 관심을 보여 주며 일정한 립 서비스가 필요하다. 시답지 않은 질문들이 짜증난다며 이어폰을 귀에 꼽고 모니터에 시선을 고정한다든가 뚱하게 쳐다보며 업무에만 몰두하는 것은 어리석은 행위다. 심술이 난 그녀는 당신에게 자칫 폭탄 업무를 던져 줄 수 있다. 아직 여자로 살고 싶은 그녀에게 점심시간, 휴식 시간 등을 활용해 요즘 핫한 쇼핑 장소와 트렌드 변화 등에 대한 잡담을 나누도록 하자. 이런 스타일에게는 이 같은 대화를 함께 나눠 주는 것이 부하 직원에게 인정받는 기분을 선사하는 최고의 방법이니까 말이다.

5. 남녀 모두가 싫어하는 개념 상실 스타일

"저 임신했어요. 호호호."

매주 월요일 이뤄지는 아침 공문 발표 시간에 P팀장이 날린 발언이다. 그녀는 무역회사 업무 팀장으로 근무한 지 10년이 넘었는데도 아직도 개념 탑재가 안된 듯 보인다. 한참 바쁜 시간에도 커피 먹고 싶다, 떡볶이 먹고 싶다며 부하 직원을 심부름 보내기도 하고 지각도 밥 먹듯이 한다. 그뿐인가. 상사가 급한 업무로 부르면 손가락으로 자신의 수화기를 가리키며 친구와 떨던 수다를 마저 이어 간다. 그러다 보니 상사, 부하 직원 할 것 없이 그녀를 무시하고 싫어한다.

개념이라곤 찾아볼 수 없는 이 같은 스타일의 상사와 일을 할 때는 어느 정도 할 말을 하고 사는 것이 좋다. 당신이 업무 지시에 반박을 하거나 딴지를 걸어도 어이없는 행동이라고 보기보다 개념 상실된 상사의 행동을 바로잡으려는 하나의 몸짓으로 볼 확률이 높기 때문이다. 더 높은 직급의 상사의 이름을 팔아 업무 진행 상황에 대해 먼저 확인해 보는 것도 좋은 방법이다.

"팀장님, 부장님이 이번 금요일까지 마치라고 했던 업무 다 되어 가시나요? 제가 맡은 파트는 곧 끝날 것 같아서 지금 드리려고요."

개념 탑재 안된 상사를 험담하며 같이 이끌려 가다가는 자칫 다른 상사들에게 당신도 수동적인 인재로 보일 수 있다. 직속 상사인 그녀보다 당신이 속한 부서장의 지시를 중심으로 적극적으로 움직여라.

COACHING 08
남자 상사들의 속마음 읽기

회사가 싫어하는 직장인은 어떤 유형일까? 한 온라인 취업 사이트에서 인사 담당자 491명을 대상으로 설문 조사를 실시한 결과 78퍼센트가 넘는 인사 담당자들이 '괜히 뽑았다'라는 생각이 드는 직원이 있다고 밝혔다. 불명예 전당에 오른 1위는 바로 '열정 없이 편한 일만 하려는 직원'이었다. 회사의 발전이나 동료, 상사는 안중에도 없고 오직 시키는 일만 수동적으로 하는 직원에게 우호적인 동료나 상사는 없음을 암시하는 설문 결과다. 한데 가만 보니 이번 설문 결과는 상당수의 남자 직장인이 여자 직장인에 대해 푸념하는 이야기와 닮아 있다. 질펀하게 술이 취하고 어지간한 사심은 털어놓을 수 있는 친한 관계가 되면 그들은 고백한다.

"솔직히 우리는 여자 동기들을 경쟁자라고 생각하지 않아. 여자들은 편하고 쉬운 일만 하려 들고 총대 메고 나서야 하는 일, 어렵고 힘든 일은 갖은 핑계를 대며 빠지기 일쑤라 직업의식을 찾아보기 힘들거든. 기껏해야 대리 진급까지만 경쟁을 하겠지. 연차가 올라갈수록 회사는 여자들에게 맡길 일이 없다고!"

과장이 아니다. 대학 동기인 O는 같은 직장 내 여직원들을 대놓고 무시하곤 했다. 동일한 가치 노동을 하는 동료인데도 그의 말에는 늘 '달갑지 않은, 시답지 않은' 존재로 여자 동기들을 폄하하는 '못된 부스럼'들이 붙어 있었다. 이 남자, 대체 왜 이렇게 여자 동료들을 하대하는 걸까?

"우선 동기라고는 하지만 엄격하게 말하면 동일한 직급이 아니지. 군필자와 미필자인 여자들과는 호봉부터 다르거든. 동등한 수평 관계가 아니란 이야기야. 무엇보다 여자 동료와 수평적 관계를 맺을 수 없는 이유는 그들의 태도에 있어. 조직은 스포츠와 같아서 선수들이 모두 함께 움직여야 성공적인 플레이를 할 수 있지. 그런데 여자들은 꼭 개인플레이를 하면서 그게 잘하는 건 줄 알아."

그런데 그 남자 참 웃긴다. 내 앞에서는 여자 동료들을 그렇게 씹어대면서 또 막상 그들을 대면하는 날엔 언제 그랬냐는 듯이 얼굴색을 바꾸고 친한 척한다. 요즘 돌아가는 회사 이야기도 나누고 작은 도움을 요청하기도 한다. 가증스러워서 한마디하니 그의 대답이 가관이다.

"어쨌든 무늬는 동료잖아. 얼마 후면 나가떨어지겠지만 지금 당장은 아쉬우니 잘 지내야지."

한마디로 지금 옆자리에서 젠틀한 목소리로 이것저것 요청하며 대등한 파트너 관계를 유지하는 듯 보이는 남자 동료는 '두 얼굴의 사나이'일지 모른다. 겉으로는 '우리가 남이냐!'를 외치지만 속으로는 '우리가 대등하냐!'

를 구시렁거리는 놈들이란 이야기다. 그들이 이렇게 겉과 속이 다른 말을 하는 이유는 간단하다. 여자 동료들이 싫기 때문이다. 그 남자, 대체 왜 여자 동료들이 싫은 걸까? 그동안 인터뷰한 내용을 발판으로 그 남자, 그 여자의 속내를 들여다보자. 숨겨진 마음을 읽을 수 있어야 불편한 이 관계 어디쯤에 타협의 열쇠가 있을지 고민해 볼 수 있기 때문이다.

He said : "일하는 태도 자체가 남자와 비교해 하등해요."

그 남자 속마음

여자들은 회사가 아직도 학교인 줄 알아요. 예를 들어볼게요. 상사가 지시한 내용을 내일까지 마감하라고 했어요. 그럼 보통 남자들은 하루나 이틀 전쯤 마무리를 하고 상사에게 마무리 중이라고 보고해요. 그런데 여자 동료들은 마감일까지 잡고 있어요. 상사가 진행 사항이 궁금해서 물어보면 퉁명스럽게 대답하죠.

"내일까지 마무리하라고 하지 않으셨나요?"

한마디로 내일까지 하래서 오늘은 아직 완성하지 못했는데 뭐가 문제냐고 되묻고 있는 거죠. 군대라면 바로 얼차려를 받았을 겁니다. 내가 상사라도 여자 부하 직원과 일하기 참 싫을 것 같아요.

그 여자 속마음

마감 하루 이틀 전에 하는 건 어렵지 않아요. 원래 공부 잘하는 애들이 쉬운 시험지도 종소리가 날 때까지 잡고 있잖아요. 틀린 건 없는지, 착각한 건 없는지 조금 더 검토하기 위해서 말이죠. 약속한 마감일까지 기획안을 잡고 있는 것도 동일해요. 조금 더 완성도 높은 내용을 만들고 싶기 때문이에요. 게다가 상사가 마감일을 정해 줬기 때문에 거기에 맞게 스케줄을 짜서 일을 하고 있는 게 무엇이 잘못인가요? 남성은 10% 능력만 있어도 자신 있다고 큰소리치는 성향이 있지만 여자들은 90%가 자신 있어도 나머지 10% 때문에 자신 없어 하고 주저하는 성향이 있어요. 그 차이를 왜 부정적으로 보는지 억울해요. 남자 동기들은 꼭 며칠 일찍 마무리하고 보고하고 그걸 과시하며 상사에게 인정받고 싶어 하는데 하나를 하더라도 완벽하게 잘하는 게 중요하다고 생각해요.

He said : "맞벌이하는 여자 동료는 탐욕스러워 보이고 얄미워요"

그 남자 속마음

올해로 직장 생활 15년 됐어요. 외벌이고 아내는 둘째 아이를 출산하고부터 전업주부로 집에서 살림과 육아를 담당하고 있어요. 외벌이 가장으로 네 명의 가족을 부양해야 한다는 것이 참 부담일 때가 많아요. 직장은 어떻게든 살아남아서 우리 가족을 먹여 살려야 하는 공간이죠. 그런데 여자 동기나 후배들을 보면 돈 잘 버는 남편을 두고 애도 내팽개치고 기를 쓰고 일해요. 자기 성취, 자기 계발을 위해서 일을 한대요. 일이 일종의 취미 생활인 거죠. 외벌이 가장인 나와 맞벌이 사모님이 같은 월급을 받고 있다는 게 가끔 화가 납니다. 먹고사는 걱정 없으면서 남의 밥그릇까지 탐내는 여자 동료 자체를 외벌이 남자들은 싫어해요. 자존심 상하는 일이기도 하거든요. 이러니 구조 조정처럼 회사 위기가 오면 단합해 맞벌이 여자들부터 명단에 올리죠. 사실은 전부터 싫었으니까요.

그 여자 속마음

직장이 쉼터인가요? 결혼 잘해서 남편이 돈 잘 벌어 오면 집에서 쉬고 먹고살기 아쉬우면 나오는 그런 곳 말이에요. 돈 잘 버는 남편을 둔 여자들은 죄다 집에서 살림만 해야 하는 건가요? 게다가 여자들은 꼭 좋은 실적을 내면 갖은 루머에 시달려야 해요. 미인계로 성공했다느니, 남편이 손을 써 줬다느니 등장하지 않는 수식어가 없죠. 무슨 콤플렉스가 그렇게 많아서 여자 동료들의 실력을 있는 그대로 인정하지 않고 왜곡하고 폄하하려고 그토록 애를 쓰는지 모르겠어요. 이러니 여자들이 실력으로라도 인정받으려고 개인플레이를 하더라도 기를 쓰고 일을 하는 기예요.

He said : "여자들은 근시안적이라. 자기 실력만 키우면 다 되는 줄 알죠."

그 남자 속마음

헤드헌터로 유명한 유순신 유엔파트너스 대표가 한 여성지와의 인터뷰에서 이렇게 이야기한 걸 보고 크게 공감한 적이 있어요.

"잘나가는 똑똑한 여성일수록 자신의 일만 잘하면 된다고 생각하고 높은 성을 쌓는 데 혼자서 빛나는 시대는 지났다."

개인의 유능함보다 파트너십의 중요성을 강조한 시대인데 여자들은 개인의 유능함만 탐해요. 누가 조금만 뭘 더 잘하면 모여서 동기 여자나 선후배 여자들에 대한 의도 담긴 뒷담화를 하고 누가 조금만 못하면 금방 나태해지죠. 조직의 거시적 흐름을 읽고 상황마다 유연한 역할을 자처함으로써 팀의 성과를 높여야 하는데 그런 안목이 없어요. 똑똑한 척하면서 막상 성과는 못 내고 팀 분위기까지 흐리는 상당수가 바로 여자예요.

그 여자 속마음

저희 세대는 어린 시절부터 '남녀의 능력 차이는 없다'라고 배우며 자랐어요. '일 아니면 결혼'이 아니라 '일도 잘하고 결혼도 잘하고' 싶어 하죠. 그런데 사회에 나와 보니 조직 분위기는 아직도 남성 위주 질서가 강해요. 관리자급으로 성장한 여자 선배는 드물고 옆을 돌아봐도 의지할 수 있는 여자 동료들이 많지 않아요. 어렵게 취업해 직장 생활을 시작했는데 3년이 지나고부터 위기감이 들었죠. 과연 어디까지 갈 수 있을까 하는 생각 말이에요. 여자들이 더 차별화된 실력을 꾀하려고 하는 것, 그것만 무기라고 생각하는 것은 이런 풍토에서 기인한다고 생각해요.

남자와 여자는 늘 다른 이야기를 쏟아 낸다. 집에서도 그렇고 연애를 할 때도 그렇고 직장에서도 마찬가지다. 대체 누구의 말이 맞는지 모르겠지만 정리해 보면 남자들은 여자들이 자신들과 다른 생각, 다른 태도 등을 보이면 이질감을 느낀다.

"비행 훈련보다 동료들과 하는 축구가 더 힘들었다."

불현듯 한 전투기 조종사의 인터뷰가 떠오른다. 남자든 여자든 계기판과 조종대만 조작할 수 있으면 되는 비행은 실력으로 승부할 수 있지만 남자들이 대부분인 조직 사회에서 함께하는 축구 경기는 상상 이상의 어려움이었단다. 자칫 골이 딴 데로 샐까 여자 선수에게는 패스할 기회조차 주지 않은 채 전반전과 후반전을 뛰어야 하는 축구 경기는 재미도 없고 부담스럽기만 할 거다. 어떻게든 함께 뛰어 보려고 애쓰는 그녀를 본 체 만 체하며 어색한 땀내와 거친 말들을 쏟아 내며 한바탕 남자들끼리 친목을 도모하곤 "쟤는 대체 오늘 한 게 뭐야?"라며 비아냥거렸을 거다. 이렇게 재미없고 힘든 축구 경기를 끝까지 무사히 뛰어야 하는 여자 선수들에게 어떤 묘책이 있을까? 괜히 미친 듯 뛰어 봐야 섣부른 개인플레이밖에 할 줄 모른다 핀잔 듣기 일쑤일 테고 남자 선수들과 체력부터 비교가 되지 않는다는 원망만 살 텐데 말이다.

그럼에도 불구하고 방법은 있다. 체력을 비축하며 자신만의 개인기를 연마하고 때를 기다리는 것이다. 모두가 힘들어하는 후반전 무렵 선수 교체를 요구하는 감독의 사인에 누구보다 열심히 뛰면 된다. 비록 눈에 띄는 성과는 내지 못했더라도 마지막까지 함께 경기장에 서 있었다는 것만으로 진짜 동료로 인정받을 수 있다. 그대, 마지막까지 함께 땀 흘릴 준비가 돼 있는가. 미운 오리 새끼가 아닌 우아한 백조로 거듭나는 비결은 바로 당신의 그 마음가짐에 있다.

COACHING 09
남자 상사가 날 여자로 바라볼 때

"올해 스물여섯 살, 작지만 제법 탄탄한 중소기업에 다니는 여자입니다. 며칠 전 야근을 하다가 사무실에서 직장 상사와 술 한 잔 하고부터 묘한 기류가 형성됐습니다. 다들 퇴근하고 상사와 저 둘이 있었는데 맥주 캔을 건네며 잠시 쉬었다 하라고 하더군요. 평소 무척 점잖고 매너 좋은 상사라 별 의심 없이 맥주를 함께 마셨습니다. 그런데 갑자기 '지현 씨, 만나는 남자친구 있어?'라고 묻더니 그와 나의 관계에 대한 잡다한 이야기를 나누게 됐습니다. 그날 이후 상사가 저를 여자로 보는 것 같아요. 어떻게 하면 좋을까요?"

"3년차 직장인이에요. 얼마 전 부장님이 단둘이 회식을 하자고 제안을 하셨어요. 단둘이 등산을 가자는 둥 당혹스러운 말을 하셨어요. 부장님의 사적인 이야기까지 받아 주고 자주 어울리다 보니 뭔가 다른 생각을 하고 있는 것 같아요. 계속 직장 생활은 해야겠는데 상사와 부적절한 관계로 발전될까 두려워요."

 직장 생활을 하다 보면 예기치 못한 난감한 상황에 직면하게 되는 경우들이 있다. 품성 좋고 성격 밝은 상사인 줄만 알았던 그가 어느 날 갑자기 당신을 여자로 바라볼 때가 바로 그런 경우다. 직장 여성들의 고충을 나누는 커뮤니티와 신문 기사에 올라온 위 사례가 이 같은 상황이 심심치 않게 일어난다는 것을 보여 준다. 직장에서 보내는 시간이 점점 증가하고 여성 직원과 파트너십을 유지하며 긴밀하게 관계를 맺는 구조가 일반적이다 보니 남녀 관계에서 발생하는 묘한 감정이 싹트기도 쉽다. 실제로 요즘 '오피스 스파우즈(office spouse)'란 낯선 용어가 직장인들 사이에서 유행처럼 번지고 있다. 오피스 스파우즈란 실제 부부나 애인 관계는 아니지만 직장에서 배우자보다 더욱 친밀한 관계를 유지하는 이성 동료를 일컫는 용어로 직장에서 아내보다 더욱 친밀한 관계를 유지하는 여자 동료를 '오피스 와이프(office wife)', 남편처럼 친하게 지내는 남자 동료를 '오피스 허즈번드(office husband)'라 한다. 한마디로 동료와 소울 메이트 중간 사이쯤 되는 관계인 셈이다. 한 결혼 정보 회사의 조사에 따르면 이런 관계를 유지하고 있는 직장인은 열 명 중 세 명꼴로 '오피스 스파우즈' 존재가 있다고 답했다.

 문제는 이 같은 풍속도를 악용해 여자 부하 직원과 부적절한 관계 맺기를 노리는 남자들이 적지 않다는 데 있다. 이들이 힘의 논리를 악용해 연애 감정까지 즐기고자 하는 수컷 본능의 폭력을 행사할 수 있는 이유는 간단하다. 그들에게 인사권을 좌지우지할 수 있는 권한이 있기 때문이다.

 "뭐 그런 재수 없는 인간들을 상대해. 단칼에 잘라 버려. 면전에 '꺼져'

라고 해 주든가!"

하지만 의외로 직장 내 권력자의 은밀한 유혹에 많은 여자들이 갈등한다. 냉정하게 선을 긋자니 괘씸죄에 대한 후폭풍이 두렵고 쉽게 타협하자니 돌아오지 못할 강을 건너는 것 같아 불안하다. 과연, 나를 여자로 바라보는 직장 상사는 어떻게 대해야 하는 걸까?

여성들에게 많은 지지를 받은 〈절대 그 남자에게 전화 걸지 마라〉라는 연애 상담 서적이 있다. 그 책의 표현을 빌려 결론부터 이야기하자면 '절대 그 상사에게 넘어가지 마라!'이다. 언뜻 사내에 굉장한 스폰서를 잡은 것처럼 보일 수도 있겠지만 그의 제안은 당신을 결국 벼랑 끝으로 몰아넣게 되는 썩은 동아줄의 역할을 하게 될 거다. 영화 '연애의 목적'은 이 같은 메시지를 잘 전달한다. 정규직 영어 교사인 남자 주인공은 교생 신분의 여자 주인공에게 끌린다. 물론, 성적 유희를 즐기고픈 대상으로 말이다. 그는 자신의 직급의 힘을 이용해 여주인공을 '그의 여자'로 만든다. 결국 둘은 사랑 비슷한 감정을 느끼지만 예기치 못한 스캔들에 휘말린 여사는 그를 성적 폭력을 행한 가해자로 몰아 자신의 생존을 지킨다. 보수적인 학교 사회에서 교사가 될 수 있는 기회를 잡을 수 있는 유일한 길은 철저히 짓밟힌 피해자의 이미지를 연출하는 것밖에는 없다고 판단한 거다. 영화는 다양한 형태의 사랑이 있음을 이야기하지만 영화 이면에는 연애라는 사적 영역에도 직급의 횡포가 얼마나 잔인하게 개입될 수 있는지, 결국 누군가는 피해자가 그리고 가해자가 될 수밖에 없는 위험을 내포하고 있는지가 반영돼 있다. 비단 영화뿐만이 아니다. 한참 승승장구하던 유명 아나운서가 자신이 속한 방송국 임원과 부적절한 관계인 사실이 밝혀졌을 때 그는 건사했고 그녀는 떠났다. 이제 아무도 그녀가 무엇을 하는지, 아니 누구였는지조차 기억하지 못한다. 힘의 논리에 의해 움직인 관계는 결국 먹이 사슬의 원리에 의해 무참히 짓밟힐 수 있음을 눈으로 확인한 사례들이리라.

초기 '연애의 목적'을 달성한 남자가 선택하는 길은 한 가지뿐이다. 조직 내 자신의 안위를 지키기 위해 당신을 내치는 것 말이다. 상사의 의도가 담긴 제안을 거절해야 하는 이유가 바로 여기에 있다. 결국 당신은 불명예스럽게 조직을 떠나게 될 가능성이 농후하다. 힘의 원리를 통해 제대로 비명 한 번 지르지 못한 채 무참히 제거될 수 있다는 사실을 기억해야 한다. 사내에 부적절한 관계에 대한 소문이 퍼지면 그는 '그런 일은 없었노라'며 오리발을 내밀고 그녀에게 모든 죄를 뒤집어씌울 거다. 드라마에서 그토록 봐 왔던 뻔하고 뻔한 결론이지만 애석하게도 현실이 바로 드라마 아니던가. 다행인 것은 부하 직원 중 연애의 대상을 찾는 남자 상사들에게는 일정한 공통점이 있다는 점이다. 그들이 초반에 보이는 특징과 당신에게 다가오는 방식을 익히고 경계하자. 처음은 쉽다. 쿨하고 현명하게 그들의 제안을 거절하도록! 주저하다 처음 그 한 번을 시작하면 이제는 멈출 수가 없다. 더 이상 더러운 속임수에 농락당하지 말아야 한다. 문득 이런 말이 떠오른다.

"모든 나쁜 일은 처음 그 한 번이 어렵지. 한 번 하게 되면 그다음부터는 아주 쉽다."

TIP : '연애의 목적'을 꿈꾸는 상사들 대처법

1. 만나고 있는 애인이 있는지 물을 때 Yes를 외쳐라

한 직장에 번듯한 직급을 달고 있는 남자들은 무모한 도전은 하지 않는다. 이를테면 누가 봐도 성희롱이라고 볼 수 있는 음란한 행동을 한다든가 대놓고 불륜의 관계를 요구하는 목숨을 담보로 하는 유혹은 하지 않는단 이야기다. 아무도 눈치 못하게 하지만 은밀하고 전략적인 접근으로 자신의 목적 달성을 위해 노력한다. 만나고 있는 사람이 있는지, 그와 얼마나 사귀었는지 등 지극히 사적인 연애사를 자꾸만 물어 온다면 지금 그는 당신에게 부적절한 접근을 시도하고 있는 중이다. 결혼을 전제로 한 애인이 있다고 밝히고 휴대폰 배경에 그의 사진을 깔아 놓아라. 기초적이지만 필수적인 방어 메시지를 보내자.

2. 과거 연애 이야기가 나오면 얼른 화제를 다른 곳으로 돌려라

남자친구와 깊은 관계였는지를 묻는 질문을 한다면 100% 당신을 성적 대상으로 바라보고 접근하고 있다는 증거다. 아마 결혼에 대한 생각, 연애관 등을 물어 올 거다. 그런 내용으로 대화를 몰아간다면 자연스럽게 화제를 다른 곳으로 돌려라. "과거 남자친구는 집이 전주였는데 확실히 전라도 음식이 맛있더라고요. 전주 떡갈비는 정말 예술이에요. 전라도 음식이 특별한 이유가 정말 궁금해요. 부장님 고향이 어디시죠?" 식으로 전혀 다른 화제로 이야기를 전환하는 거다. 이렇게 화제가 몇 번 전환되면 그는 당신이 기필코 자신이 친 그물을 빠져나가려고 노력하고 있다는 걸 눈치챌 거다.

3. '아내와 별거 중이야'라는 말이 나온다면 본격적으로 거리를 둬라

"지금 결혼 생활은 이혼한 거나 다름없어."
자신의 결혼 생활이 무의미하다는 식의 고백이 나온다면 그가 '연애의 목적'을 선포했다고 받아들여도 무방하다. 유부남들의 작업 대사 1위가 바로 아내와 별거 중이라는 멘트다. 수위가 점점 높아지고 있다는 사인이니 다음 날부터 그와 눈도 마주치지 말고 거리를 두는 느낌을 조금씩 전달할 것! 전체 회식이나 피치 못할 술자리는 1차만 하고 당분간 빠져라.

4. 퇴근 후 시원한 맥주 한 잔 할까?

일대일 데이트는 공손하게 거절하자. 다만 전체 회식 때는 절대 빠지지 말고 적극적으로 참여하자. 공적인 관계일 때는 부하 직원으로서 상사의 요구를 수용하되 사적인 관계로서의 만남은 받아들일 수 없다는 원칙을 초반에 보여 줘야 한다. 만일 노골적으로 묘한 데이트를 청한다면 당신이 데이트를 거절할 수밖에 없는 근거와 이유를 차근차근 설명하는 방식이 제격이다.
"어쩌죠? 제가 요즘 퇴근 후 영어 회화 학원을 다니고 있는데 이번 주는 출석 체크 기간이라 빠지면 환급 지원을 받을 수 없네요. 죄송해요."

5. '키워 주고 싶다'라는 말엔 그저 해맑게 웃어라

아직 직급은 낮지만 성공에 대한 열망이 큰 여자 직원이 그들에게는 최고의 먹잇감이다. 절대 욕망을 드러내지 말자. 그가 당신에게 키워 주고 싶다는 식의 귀가 솔깃한 제안을 해 와도 분명한 이해득실의 문제를 들이밀며 다가오면 무슨 소리인지 모르겠다는 표정으로 해맑게 웃어라. 당신의 여성적 매력이 인사 고과에 어느 정도 도움을 준다면 당신이 취할 수 있는 이익은 챙기되 절대로 선을 넘어선 안 된다. 만인의 연인이 되는 건 오케이. 하지만 누군가의 연인이 되는 게임의 덫에 빠지지 마라.

똑똑한 언니가 들려주는 Secret

상사가 되면 비로소 보이는 것들

얼마 전 인사 담당자들과 친목을 도모하는 자리에 참석한 적이 있다. 인재를 알아보고 알맞은 기준으로 그들을 선발하고 평가라는 일을 업으로 삼고 있는 사람들이다 보니 술 한 잔에도 인재상에 대한 이야기를 안주거리 삼으며 이야기꽃을 피우고 있었다.

"면접자리에서 제일 꼴불견 친구들이 어떤 스타일인지 아세요? 회사에 궁금한 내용 있으면 질문하라고 할 때 퇴근 시간은 언제인지, 주말에 업무가 있는지, 월차는 언제부터 쓸 수 있는지, 인센티브는 몇 % 지급되는지 이런 걸 물어보는 사람이에요. 물론, 궁금하겠지만 우리 입장에서는 일도 하기 전에 자기 권리부터 살뜰히 챙기려는 사람을 보면 딱 싫어져요. 신입 사원 눈치 보여서 어디 야근시키겠어?"

실제로 맹랑했던 스물 중반의 나는 부하 직원의 개인 생활을 존중하지 않은 채 개미처럼 일만 부려 먹는 상사에 대한 불만 표출로 보고 때마다 퉁퉁 부은 얼굴 표정으로 가급적 짧은 답만 하기, 별의별 핑계를 대 야근 모드에서 탈출하기, 회식 때마다 멀찍감치 앉아 말 한마디 안 하기 등 소심한 복수를 감행하곤 했다. 그때는 참 어리석었다. 하나만 알고 둘은 몰랐으니 말이다.

10년 이상의 사회생활을 하며 적지 않은 후배와 부하 직원들을 만나 본 지금 깨달은 것이 있다. 상사의 뇌 구조는 부하 직원과 절대적으로 다르다는 사실이다.

부하 직원들은 어떻게든 자신의 총명함과 영리함을 드러내고 인정받고 싶어 하지만 상사는 자신의 안위를 보존받을 수 있으면서 회사의 발전에 기여할 수 있을 정도로 무난하게 똑똑한 부하 직원을 원한다. 상사는 새로 들어온 부하 직원 하나쯤은 밝은 성격과 뛰어난 사교성으로 사내 분위기 메이커가 돼 주길 바라는데 부하 직원은 괜히 어설프게 나대다가 찍힐까 봐 숨죽여 업무만 익힌다. 상사는 아주 가끔은 잘난 후배가 차린 상에 숟가락만 얹어 편히 가고 싶은 마음이 드는데 부하 직원은 명명백백 옳고 그름을 밝히는 것이 정의라며 상사를 좌불안석하게 만든다. 상사는 '파랑새 증후군'을 앓는 창의적이고 글로벌한 능력을 지닌 후배보다는 사적인 업무도 솔선수범해서 도와주는 향단이 같은 만만한 부하 직원을 희망한다. 가끔 커피 심부름을 도와주고 주말 휴일을 반납하고 보고서를 마무리하고 몸 축나게 만드는 3차 회식까지 따라오는 후배를 보면서 기본 인성을 갖춘 사람, 키워 줘도 될 후배, 스펙보다 태도가 훌륭한 진짜 인재라는 확신을 갖게 된다. 물론, 부하 직원일 때는 미처 몰랐던 사실이긴 하지만 말이다. 상사가 되고 나면 부하 직원 때는 쉽게 간과해 버리던 것, 별것 아니라고 무시해 버리던 것, 선배니까 당연히 해야 한다고 생각했던 것, 반대로 중요하지 않다고 생각해서 몰두하지 않았던 것들이 얼마나 어리석었던 행위인지를 깨닫게 된다.

상사가 돼 보지 않으면 절대 모르는 것들에 대한 단상엔 6개월 계약직으로 보낸 나의 초년 기자 생활이 포함돼 있다. 고약하리만큼 방대한 취재 업무와 혹독한 기사 작성 훈련을 시키던 K부장을 증오하던 그 무렵 나는 다른 기자들보다 월급도 적게 받고 신분도 불안정한 날 이렇게 부려 먹나 싶어서 혼자 울기도 많이 울었다. 좀 보호해 주고 배려해 주면 좋으련만 그는 불쌍하고 여린 나를 참 오지게도 괴롭혔다. 그리고 잊혀졌던 K부장. 팀장 기자 승진을 하던 날 불현듯 그가 떠올랐고 모진 그리움이 밀려왔다. 사실, 그는 언제 어떻게 될지 모르는 계약직 막내 기자에게 되도록 많은 기명 기사를 작성하도록 했고 그 실적을 빌미로 6개월 뒤 정규직 기자로 전환할 수 있는 기회를 제공했던 은인 같은 선배였다. 그러나 그 사실을 깨달은 건 한참 후였다.

마음에 들지 않는 상사 때문에 직장 생활이 힘겹다면, 어쩌면 저렇게 비합리적이고 무식한 결정을 하는지 통 이해가 되지 않는다면, 저런 상사처럼은 절대 되지 말아야지 하는 다짐이 절로 든다면 5년만 더 기다려 보자. 당신이 상사가 된 어느 날 불현듯 그토록 풀리지 않던 궁금함에 대한 답들이 보일 테니 말이다.

CHAPTER 3

속 터지는 직장 생활, 꼼수가 필요하다

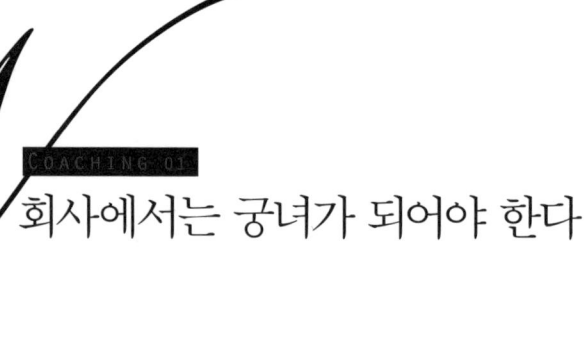

COACHING 01
회사에서는 궁녀가 되어야 한다

커피 한 잔은 보통 열띤 업무로 인해 피곤한 심신을 달래기 위해 선택하는 작은 여유다. 커피 자판기는 항상 바쁜 업무로 지친 사람들이 얼큰하게 풀어진 상태로 즐거운 잡담을 기대하며 삼삼오오 모여든다. 즐거운 잡담의 가장 큰 역할 비중을 차지하는 것은 상사의 뒷담화. 이곳에서 짧지만 강한 상사의 뒷담화가 생성된다.

"오늘 김 차장 패션 봤어? 대체 그런 스타일의 블라우스는 어디서 파는 거야? 돈 주고 입으라고 해도 안 입을 옷들을 참 용케도 잘 사요. 신기해."

"이 부장은 아침부터 사람 불러다가 보고서 내용 가지고 난리를 치네. 아휴 짜증나."

상사의 뒷담화만큼 커피와 어울리는 맛있는 디저트는 없다. 누군가를 한마음으로 신 나게 비난하고 나면 묵은 체증이 쑥 내려가는 것 같기도 하고 왠지 거리감이 느껴지던 동료들에게 묘한 결속력을 느끼기도 한다.

매일 콧소리를 내며 전화를 받은 김 부장을 묘사하며 한바탕 웃음을 쏟아 내는 과정 속에서 한 달치 스트레스가 사라지기도 하니 상사에 대한 뒷담화는 끊기 힘든 마약과도 같다.

  하지만 그럼에도 불구하고 조심해야 한다. 복도 구석에서 몰래 나눈 뒷담화인데도 그들의 귀에 언젠가 전달되기 마련이다. 상사에 대한 뒷담화는 불타는 장작개비와 같아서 작은 불길이 어느새 큰 불길로 활활 타오르게 된다. 작은 한마디에 너도나도 동참하다 보면 어느새 뒷담화 판은 커지고 수위도 감당할 수 없을 정도로 높아진다. 결국 누군가는 그날 뒷담화에 대한 한 장면을 다른 사람에게 전달하고 그 사람의 말은 돌고 돌아 뒷담화의 장본인의 귀에도 들어가게 된다. 물론 우리끼리 나눈 뒷담화가 그의 귀에 들어가게 되는 가장 큰 원인은 귀신도 환장할 것 같은 상사의 타고난 직감이다. 부하 직원들의 표정, 목소리, 출근 태도 등을 보면서 직감적으로 어제 어떤 일이 있었겠구나, 무슨 이야기들을 나눴겠구나 감을 잡을 수 있다. 그 현장에 함께하지는 않았지만 대략적인 내용을 전해들은 상사들은 대충 누가 어떤 말을 했는지 그림을 그릴 수 있는 거다.

  불타는 뒷담화가 위험한 또 다른 이유 중 한참 불길이 타오를 때 자신도 모르는 사이 치명적인 실수를 범할 수 있기 때문이다. 지인 중 한 명은 신용 카드사 고객 관리팀에서 근무한다. 다양한 고객들의 불만 사항을 접수하다 보니 스트레스가 이만저만이 아니다. 한데 같은 부서 내 근무하는 팀장은 하루 종일 외부 미팅만 관여한 채 내부 직원들의 고충에 대해서는 '나 몰라'라 한다. 타부서와 긴밀한 연계 활동을 펼쳐야 하는 사안에 대해서는 알아서 처리하라는 식이다. 대체 팀장이란 사람이 하는 일이 무엇인지 모르겠다는 것이 그녀의 하소연이다.

"그게 정말 팀장이냐? 개나 소나 팀장이야."

그녀는 회식자리에서 팀장에 대한 뒷담화에 열을 올리다 팀 내 동료에게 문자를 보낸다는 걸 깜빡하고 팀장에게 보내는 어이없고 끔찍한 사고를 저질렀다. '팀장'이라는 말을 하도 쏟아 내다 보니 문자 받는 사람을 헷갈려 버린 것이다. 주워 담을 수 없는 치명적인 실수를 저지른 그녀는 밤새 두려움 속에 몸을 떨다 푸석한 얼굴로 출근했다. 팀장이 어제 문자가 무슨 의미냐고 물으면 대답할 그럴싸한 답변을 달달 외우면서 말이다.

'친구가 팀장으로 승진했다는 문자를 보내서 비아냥거리는 답장을 실수로 팀장님께 보내 버렸어요. 어떡해요. 놀라셨죠?'

하지만 팀장은 무슨 영문인지 아무런 미동도 없었다. 묻지도 따지지도 심지어 그녀에게 별다른 눈길조차 주지도 않았다.

"뭐야! 저 인간 내 문자에 별로 신경도 안 쓰고 있었나 보네. 나만 괜히 겁먹고 있었네."

그런데 그 상사, 정말 신경도 안 쓰고 있던 걸까? 천만의 말씀, 만만의 콩떡! 많은 부하 직원들이 상사를 바보 취급한다. 아무리 뒷담화를 신 나게 떨어도, 얼렁뚱땅 일 처리를 하고 대충 보고를 해도, 외근을 일찍 마무리하고 바로 퇴근을 해 버려도, 사무실로 놀러 온 친구와 한바탕 수다를 떨고 외부 업체와 미팅을 한 척해도 상사들은 모를 거라고 생각한다. 하지만 그들은 우리 머리 꼭대기에 앉아 있다. 아무리 설렁설렁한 상사라도 부하 직원의 꼼수까지 다 간파하고 있다는 얘기다. '그게 무슨 팀장이야'라는 문자를 받고도 부하 직원을 따로 불러 자초지종에 대한 설명을 듣지 않는 건 어제 어떤 상황이 연출된 것인지 안 봐도 뻔히 보이기 때문인 거다. 그 속도 모르고 팀장 눈치를 살피며 아부를 하면 상사는 어떤 마음이 생길까. 어제는 열정을 다해 자신을 험담하던 부하 직원이 오늘은 간, 쓸개를 다 빼 줄 것처럼 알랑거리며 보고를 하는 모습만큼 비위에 거슬리는 행동도 없다는 것을 당해 보지 않은 사람은 모르리라.

 상사는 그간 쌓아 온 경력과 능력을 인정받아 회사로부터 일정한 권위를 부여받은 사람이다. 우리가 '…과장, 차장, 부장'이라고 부르는 그 직급의 이름이 바로 회사가 공식적으로 그들에게 부여한 권위인 셈이다. 그런데 부하 직원들이 자신의 권위를 부정하는 혹은 역모를 꾸미는 냄새가 구린 뒷담화를 나누고 있다면 가만있을 상사는 어디에도 있다. 더 이상 귀엽게 봐주고 넘길 수준이 아니기 때문이다. 생명의 위협을 느낀 상사는 비밀리에 칼을 빼어 들게 된다. 부하 직원들이 느끼지 못하게 조용히 *그러나 빠르고 민첩하게* 대응책을 마련하는 것이다. 이를테면 경영진과의 은밀한 접촉을 통해 살생부 역할을 하는 직원들의 리스트를 만든다든가, 자신의 사표를 누기로 원하는 방향의 거래를 성사시킬 수도 있다. 물론 부하 직원에게 칼을 빼어 드는 명분은 회사의 이익과 위배되는 '어떤 것'이 된다. 음모는 단순히 웃고 떠드는 뒷담화와 다르다. 음모론이 지니는 순기능을 예술적으로 발현시킨 '방자전'과 같은 영화도 있지만 기본적으로 실제 인물의 캐릭터에 허구의 스토리를 입혀 주변 사람들이 꾸며 낸 이야기가 실제인 것처럼 착각하게 만들어 버리는 무시무시한 힘을 지니고 있다. 별것 아닌 이야기도 뭔가 신뢰할 만한 작은 단서가 붙으면 진실인 것처럼 왜곡되고 꾸며지는 것이 바로 음모의 핵심이다. 늘 회사의 입장을 먼저 생각하던 착하기만 한 상사를 한순간 거래 업체와 커미션을 나눠 먹는 부정부패한 내부의 적으로 만들 수도 있고 경영진을 모함하는 세력으로 몰락시킬 수도 있다.

아무 생각 없이 던진 음모론을 담은 뒷담화 한마디에 당신의 직장 생명이 위태로워질 수 있다. 뒷담화를 하더라도 오늘 펼쳐진 뒷담화 판에 어느 정도까지 가담할 것인지, 어느 수준까지 나눌 것인지 생각하고 움직이자. 주동자의 이야기에 고개를 끄덕이고 웃음을 보이는 정도가 가장 안전하다. 절대 먼저 나서서 뒷담화 판을 만들지 마라. 물론, 최고의 전략은 단두대로 이끄는 커피 자판기 모임을 끊는 거다. 상사의 오해를 살 행동은 아예 끊어라. 가장 안전한 뒷담화는 가족 혹은 오랜 벗과 나누는 뒷담화다. 암만 떠들어도 그들은 우리 상사의 뒷모습조차 모르는 안심해도 될 사람들이니까 말이다.

TIP: 대체 어제 한 뒷담화 어떻게 돌고 도는 거야!

말이 어디로 돌고 도는지 체크하고 싶다면 아래와 같은 방법으로 사내에서 말이 퍼지는 구조를 알아볼 수 있다.

1. 꾸며 낸 이야기를 친한 동료 한 명에게 비밀을 약속받은 뒤 털어놔라

이를테면 사내 연애나 200% 보너스 지급과 같은 깜찍한 루머를 만들어 내 사실인 것처럼 전달하는 거다. 며칠 내에 그 소문이 어디까지 퍼지는지 관찰해 보자. 그러면 마치 미로 찾기처럼 누가 누구와 친한지, 인맥의 허브는 누구인지 계보가 그려질 것이다.

2. 말이 전달되는 통보를 확보했다면 당신에게 유리한 소문을 내라

승진과 유리한 이야기를 상사에게 들어가게 만들고 싶다면 앞서 확보한 루트를 활용해 이야기를 전달하자. 예를 들어 스카우트 제의, 외부 업체 평판 조회 등과 관련된 이야기 말이다.

3. 뒷담화 내용 전달자로 의심이 되는 사람과 태연하게 차를 마셔라

회식자리나 커피 자판기 앞에서 나눈 상사에 대한 뒷담화 내용을 바로 전달하는 역할자로 의심되는 사람과 차 한 잔 하며 대체 누가 말을 전달하는지 모르겠다. 뒷담화를 나누는 것도 나쁘지만 전달하는 사람도 참 문제 있다 등의 발언을 자연스럽게 던져 보자. 당신은 그를 전혀 의심하지 않는 듯한 눈치로 말이다. 그의 눈빛, 목소리, 표정 등을 잘 살펴보며 그가 스파이가 맞는지 확인해라. 앞으로 절대 그와 상사의 뒷담화를 나누지 말자. 오히려 그 앞에서 상사에 대한 칭찬과 긍정적 이야기만 전달하는 전략을 펼치도록!

COACHING 02
뒷담화에도 꼼수가 필요하다

"동료들과 커피 타임을 가질 때나 술자리에서 뒷담화를 나누게 될 때는 어떻게 해야 할까요? 같이 맞장구를 치며 참여하자니 왠지 찜찜하고 잠자코 듣고만 있자니 너무 따로 노는 것 같아서요."

여성 잡지 코스모폴리탄 주최로 독자 대상 크로스 오버의 커리어 전문가로 참여한 적이 있다. 직장 생활 4년차의 한 여성은 직장 생활에서 가장 고민스러운 문제가 무엇이냐는 질문에 뒷담화에 참여하는 방식에 대해 물었다.

'아니! 직장 생활 좀 해 봤다는 사람이 아직도 그런 문제를 고민하다니 쯧쯧……'

하긴 뒷담화라는 게 발 없이 천릿길을 가는 속성이 있어 괜한 오해와 구설수에 시달릴 수 있으니 잘해도 본전인 게임이나 직장인이라면 똑똑하게 뒷담화를 나누는 기술에 대한 열망이 있을 터다. 많은 직장인들이 보이지 않는 함정이라 불리는 뒷담화를 힘들어한다. 허심탄회하게 다 쏟아붓자니 언젠가 장본인의 귀에 오늘의 뒷담화 내용이 다 들어갈 것 같아 두렵고 별다른 반응 없이 묵묵부답하자니 뭔가 괴리감이 느껴진다. 필요악과 같은 존재가 돼 버린 뒷담화, 얼마나 또 어떻게 해야 현명할까?

그런데 여기서 잠깐, 우리는 왜 뒷담화에 열을 올리는 것인지부터 생각해 볼 필요가 있다. 뒷담화의 본질은 타인에 대한 관심, 시기, 질투에 있다. 뒷담화의 상대보다 더 많은 관심을 받고 싶고 더 인정받고 싶은데 그렇게 되지 않기 때문에 그에 대한 비판과 질타를 일삼으며 모가 난 마음을 스스로 위로하는 것이다. 물론, 전혀 관심의 대상에 두고 싶지 않지만 눈에 거슬리는 짓만 골라서 하는 한마디로 더럽게 싫은 인간에 대한 일방적인 비난일 때도 있다. 하지만 심심풀이 뒷담화가 아닌 일정한 의도를 가진 뒷담화의 경우 대부분 전자에 해당한다. 상대방 때문에 상사의 관심 영역에서 멀어지고 있다는 불안감, 상대방 때문에 권력사의 관심을 독차지하지 못하고 있다는 상실감, 별로 잘난 것도 없는데 자신보다 우월한 지위를 누리는 상대방에 대한 막연한 증오심 등이 바로 뒷담화를 영원히 잠들지 않게 하는 진짜 이유인 셈이다.

때문에 뒷담화의 역할은 다양하다. 의도 없는 심심풀이로 사용되기도 하고 때로는 누군가를 '왕따'시키기 위한 초기 작업으로 활용되기도 하고 원하는 정보를 얻기 위한 경우도 있다. 때론 경쟁자를 위험에 빠뜨리기 위한 사전 작업의 전초 역할을 하고 하나의 희생양을 무기로 조직원의 연대 의식을 강화시키는 역할을 하기도 한다. 사내 장악력이 높은 사람일수록, 빠른 승진을 자랑하는 사람일수록 세련된 뒷담화의 노하우를 자랑하는 까닭이 바로 여기에 있다. 과거 함께 근무했던 지인 중 한 명인 J는 죽을 때까지 한 놈만 패는 스타일의 뒷담화를 자랑했다. 그녀의 뒷담화의 먹잇감은 새로 들어온 경력직 남자 직원 V. 학력, 경력, 외모 어디 하나 빠지지 않는 준수한 동료였음에도 불구하고 그녀의 심기는 나날이 불편해졌다. 한창 바쁜 시간에 불필요한 잡담을 늘어놓고 근무 중에도 쉴 새 없이 주전부리를 소리 내 먹어 정신 사납게 하고 손으로 입을 가리지도 않은 채 재채기를 연거푸 해 위생상 문제를 일으키는 점 등이 J에게 미운털을 산 이유다.

"점심시간에 어쩔 수 없이 식사를 같이 했는데 미쳐 버리는 줄 알았잖아. 어찌나 '후르륵후르륵' 소리를 내고 먹는지 짜증나서 밥맛이 뚝 떨어지더라. 아, 꼴 보기 싫어."

"나도 소리 내 밥 먹는 사람 정말 질색인데 피곤하겠다. 참 지난번에 나한테 천 원만 빌려서 자판기에서 음료수를 천연덕스럽게 뽑아 먹던데 갚을 생각을 안 하네. 아무리 작은 돈이라도 자꾸 그러면 사람이 우스워지는데 말이지."

"같은 남자 입장에서도 V는 딱 싫은 스타일이야. 그러거나 말거나 우리 신경 쓰지 말자고."

J의 디테일한 뒷담화는 일정한 중독성이 있었기에 그녀의 주변 사람들 역시 하나 둘 V의 단점에 대한 정보를 제공하기 시작했다. 단지 심심풀이 뒷담화로 시작했지만 결과적으로 V를 제외한 팀원들은 똘똘 뭉치기 시작

했다. 언제부턴가 그들에게는 V를 함께 험담한 공범 의식과 연대 의식이 싹트며 묘한 동지애가 불타기 시작했다. 결국 V는 조직원들의 텃세와 냉소적 태도에 기가 죽어 입사한 지 7개월 만에 퇴사했다. 한 명의 희생양을 제물로 연대감을 증폭시킨 역할을 한 뒷담화의 사례다.

반면 학교 선배 중 한 명인 K는 정보 교류와 경쟁자 견제 차원의 뒷담화를 즐긴다. 그녀에게 조직원들의 연대감 증폭이나 심심풀이 뒷담화는 관심 밖이다. 일정한 시나리오와 치밀한 준비 과정을 거친 일종의 심리전을 펼친다. 때문에 주변 사람들은 그녀가 뒷담화의 달인이라는 사실조차 인지하지 못한다. 그저 요즘 회사 돌아가는 이야기, 세상 살아가는 이야기 등 일상적인 안부를 묻는 대화를 나눴다고 기억할 뿐이다.

"어떤 내용이라도 부정적인 뒷담화를 자주 하는 사람이라는 인식을 주면 좋을 게 없어요. 그 자리에서는 함께 웃고 떠들며 동참을 해도 등 돌리면 조심해야 할 사람이라고 생각하게 될 테니까요. 대신 상대방도 솔깃할 만한 소재를 바탕으로 공격할 대상의 이야기를 흘리는 게 중요하죠. 상대방이 '그래? 그런 일이 있었구나!' 하는 반응을 보인다면 성공입니다. 그날의 대화를 발판으로 언젠가 '그 사람은 이런 문제가 있어'라는 인식을 하게 되기 때문이에요. 주변 사람들이 내가 견제하는 사람으로부터 서서히 멀어지는 것, 부정적인 평가를 연상하게 되는 게 바로 내 뒷담화의 목적이죠."

선배의 뒷담화는 자연스런 수다를 닮았다. 이를테면 이런 식이다. 먼저 사심 없는 대화라는 인식을 상대방에게 전달하기 위해 자신의 실수담, 요즘 걱정거리 등을 솔직하게 털어놓는다. 신세 한탄을 하기도 하고 최근 부족한 성과에 대한 반성을 하기도 한다. 그리고 자연스럽게 견제하는 세력에 대한 정보를 흘릴 수 있는 대화의 물꼬를 튼다.

"세상 사는 게 참 쉬운 게 없어요. 요즘 P도 무척 피곤해 보이던데 무슨 일이 있는 것 같아요."

"그래요? 출산하고 애들 키우는 게 힘든 거 같던데……"

"하긴 애 둘 키우면서 직장일 하는 게 쉬운가요? 게다가 둘째 애가 아파서 병원 신세를 자주 지니 아무래도 병가도 써야 하고 업무 차질도 생기겠죠. 스트레스가 이만저만이 아닐 거예요."

"둘째가 자주 아프구나. 이번에 맡은 일이 꽤 볼륨감이 있어 보였는데 잘 마칠 수 있을지 걱정되네요."

"그러게요. 여자 인생 참 고달파요. 지나가는 소리로 회사를 그만둘 의사를 내비치기도 하더라고요. 힘들게 쌓은 커리어인데 참 안됐어요."

대화를 살펴보면 어느 한 항목에서도 K의 경쟁자를 직접적으로 공격하고 비난하는 내용은 없다. 다만 그녀의 경쟁자가 처한 불리한 상황을 의도적으로 노출함으로써 상대방에게 '기회를 더 제공해서는 안 되는 인물'로 인식하게끔 유도하고 있다. 물론, K의 숨겨진 사심을 읽어 내는 고수들도 있다. 때문에 뒷담화를 할 때는 의도적으로 당근과 채찍을 줘서 상대방을 교란시키는 전략이 필요하다. 자신과 이해관계가 크게 얽히지 않는 사람에 한해서는 과감하게 칭찬하고 띄워 주는 말도 서슴지 않는 모습을 종종 연출함으로써 정치적 뒷담화를 활용하는 사람이라는 이미지를 갖지 않도록 하는 것이다. 정리하면 뒷담화에도 보이지 않는 법칙이 있다.

첫째, 주고받는 '핑퐁 법칙'을 이용해 대화에 내용에 능동적으로 동참해라.
둘째, 살벌한 뒷담화를 주도하는 인물로 비쳐져서는 안 된다.
셋째, 팀장급 이상이라면 되도록 다양한 사람들과 뒷담화를 나눠라.
넷째, 감정을 희석시킨 채 선한 본성에 반하지 않는 내용으로 접근해라.
다섯째, 최소한의 예의와 형식적 매너로 마무리해라.
여섯째, 누구나 인식하는 이해관계 당사자라면 업무 능력 위주로 공격해라.

뒷담화에 능동석으로 참여하는 사람들은 일정한 목표를 가지고 이야기를 이어 간다. 때문에 주변 사람들이 자신의 이야기에 적극적으로 참여하고 있는지, 설득력 있게 작용하고 있는지 촉각을 곤두세울 수밖에 없다. 아무런 반응 없이 묵묵히 듣고만 있게 되면 스파이 역할을 하려는 건 아닌지, 다른 라인의 사람은 아닌지 의심하게 된다. 적어도 그 자리에서만큼은 같은 생각을 하고 있다는 느낌을 풍기게 맞장구를 쳐 주는 리액션이 필요하다. 더불어 간과해서 안 되는 사실 중 하나는 뒷담화의 은밀한 속성이다. 특별힌 사람, 즉 가까워졌다는 화신이 없는 사람 혹은 신뢰감이 없는 사람, 파급력이 없는 사람에게 뒷담화를 하지 않는다. 누군가 당신에게 의도적인 뒷담화를 전한다면 그것은 당신을 영향력 있는 사람으로 인정한다는 메시지다. 내 의중이 이러하니 당신도 나의 정치적 노선에 동참해 달라는 보이지 않는 요청을 보내는 셈이다. 상대가 후배나 동료가 아닌 직장 상사라면 더더욱 그렇다. 내게 힘을 실어 달라는 부탁을 하는 꽤나 힘이 있는 사람이라는 신호인 것이다. 따라서 직책이 올라갈수록 뒷담화는 부하직원의 충성 맹세를 이끌 수 있는 좋은 장치가 된다.

"어라! 팀장님이 어제는 나랑 따로 밥을 먹으면서 저 자식에 대한 속내를 밝히시더니 오늘은 왜 저 인간과 밥을 먹는 거지? 나를 특별한 존재로 인식하는 줄 알았더니 대체 뭐야?"

부하 직원들은 상사의 별것 아닌 행동에도 촉각을 곤두세우며 미래를 전망한다. 다양한 세력을 당신의 라인으로 포섭하고 싶다면 지능적인 뒷담화를 두루두루 다양하게 나눠라. 우리 둘만의 비밀 이야기가 만들어지는 순간 사람들은 서로를 특별한 존재라고 믿는다.

평사원 시절 나는 무척이나 무지하고 어리석었다. 부장의 오른팔이던 팀장에게 부장을 뒷담화하기도 했고 사적인 감정이 얽힌 동료를 틈이 날 때마다, 기회가 될 때마다 주구장창 씹어댔다. 목적도 까닭도 없는 단지 시간 때우기식 뒷담화를 생산했던 거다. 하지만 그 뒷담화의 부메랑은 고스란히 내게 돌아왔다. 건방지고 의리없는 사원이라는 불명예스런 평판이 조직 내에 돌게 된 것이다. 누구나 인정하는 사이코 상사라 하더라도, 개념을 안드로메다로 보내 버린 무개념의 동료라 하더라도 일방적이고 감정적인 뒷담화는 해롭다. 결국 돌고 돌아 날고픈 당신의 발목을 잡는 사슬이 될 테니까. 영원한 동지도 적도 없는 조직에서 똑똑하게 뒷담화를 나눌 수 있는 사람이야말로 원하는 것을 노련하게 쟁취할 수 있다.

TIP : 뒷담화에 동참할 때 주의해야 할 것들

1. 지금 듣고 있는 내용이 사실인지 허구인지 확인할 것

일정한 의도를 담은 뒷담화의 경우 전달자의 지극히 개인적인 주관이 개입될 가능성이 많다. 뒷담화에서 들은 내용으로 무언가를 판단할 때는 꼭 양쪽의 의견을 함께 들어 봐라.

2. 쿠데타의 서막을 위한 뒷담화는 아닌지 살펴볼 것

때로는 뒷담화가 자신의 승진이나 안전을 방해하는 상사 혹은 동료에 대한 쿠데타를 도모하기 위한 일종의 서막일 수 있다. 사내 정치 활동에서 리스크가 큰 쿠데타에는 가담하지 마라. 애초부터 별다른 관심이 없거나 현재 개인적인 상황으로 마음의 여유가 없다는 식으로 못 박아라.

3. 당신의 속내를 유도하는 게임은 아닌지 고민할 것

어떤 뒷담화는 겉모습과 속이 전혀 다른 양상을 취하고 있다. 표면적으로는 누군가의 이야기지만 속내는 상대방의 반응으로 궁금했던 사안에 대한 심증 확보다. 예를 들어 팀장 앞에서는 욕하면서 뒤로는 아부하는 동료 직원에 대한 뒷담화를 나누면서 상대방이 이 같은 내용을 알고 있는지 혹은 팀장과 따로 나누는 정보 교류는 없는지 확인하는 것이 목적이다.

4. 스파이 앞에서 정보 제공을 하는 꼴은 아닌지 체크할 것

가장 뒤통수 맞는 꼴이 바로 스파이 앞에서 정보 제공만 한 꼴이 되는 뒷담화다. 당신이 그를 어떻게 생각하는지에 대한 정보를 소상히 전달하는 것은 물론, 그동안 당신 주변 사람들이 제공한 정보까지 모조리 뒷담화의 주인공에게 전달할 거다. 그런 과정을 통해 스파이는 충성 맹세를 할 수 있고 뒷담화에 가담한 사람들은 하루아침에 찬밥 신세에 처하는 그야말로 죽 쒀서 개 주는 꼴이 될 테니 허심탄회한 뒷담화를 나눌 때는 신원 조회부터 해라.

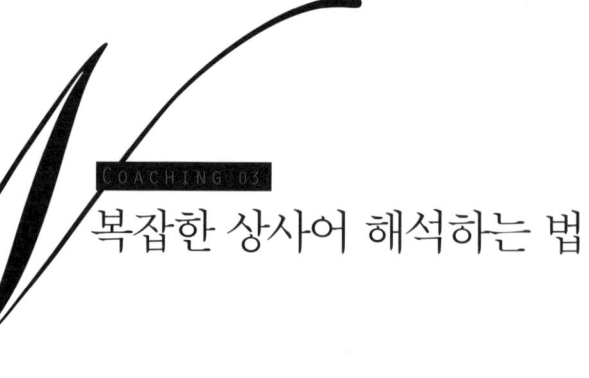

COACHING 03
복잡한 상사어 해석하는 법

"상사들은 어쩜 하나같이 말하는 게 바보 같지? 핵심만 콕 집어서 정확하게 말해 주면 좋으련만 뭔 소린지 모르게 빙빙 돌려 말하니 뭐라고 받아쳐야 할지 모르겠어. 저 머리로 어떻게 승진하고 임원된 건지 대체 모르겠다니까."

기업체에 속한 친구들과 수다를 떠는 날에 어김없이 등장하는 화제는 '상사 흉보기'다. 그중 상당수가 상사의 답답한 대화법에 관한 것이다. 자기가 애매하게 말해 놓고 막상 일을 처리해 보고하면 왜 말귀를 못 알아듣느냐고 화를 낸단다. 정확히 무엇이 문제인지, 다음번 프로그램은 어떻게 하면 좋을지 콕콕 집어서 설명해 주면 좋았을 텐데 왜 애매하게 말해 일을 두 번 하게 만드는지 영 알 수가 없다.

참 상사들은 문제다. 담당자가 일을 정확하게 실행할 수 있도록 깔끔하게 지시를 내려 주면 좋을 텐데 꼭 알 수 없는 말로 에둘러 말을 하니 답답할 노릇이다. 한데 관리자들 역시 속 터지기는 마찬가지란다. 일부 중간 관리자들은 부하 직원들의 '어리석은 대화법' 때문에 골머리를 썩는다고 하소연한다. 가끔씩 사장을 비롯한 간부들이 사무실을 순시하며 이런저런 질문들을 하는데 동문서답하는 경우들도 많고 놀란 토끼눈을 하고 대답을 흐리는 경우도 많아 속을 태운단다. 일부는 임원들이 순시할 시점에 다른 업체를 방문하거나 회의를 소집하는 방법으로 불편한 대화를 회피하는 전략을 펼치기도 한다고. 괜히 말 한번 잘못했다가 상사에게 끌려가 호된 꾸중을 들으니 아예 임원과 대면하는 기회를 차단시키겠다는 심보인 거다.

  그런데 대체 왜 이렇게 상사와 부하 직원 간의 대화가 어려운 걸까? 다른 언어를 쓰는 것도, 다른 나라에서 온 것도 아닌데 말이다. 이들의 대화가 어려운 것은 서로의 입장 차이 탓이다. 참 신기하게도 직급이 높을수록 상사들은 업무와 관련된 명확한 질문을 하지 않는다. 늘 애매한 질문을 던져 뭐라고 답을 해야 할지 헤매게 만든다. 그런데 상사들이 이처럼 똑 부러지는 질문이 아닌 애매모호한 질문을 던지는 데는 이유가 있다. 가만 생각해 보면 정치인들이 대표적인 사례다. 늘 구렁이 담 넘어가듯 애매한 답변으로 기자의 예리한 질문을 피해 간다. 애매모호한 그의 대답에 언론사 기자들은 소설을 써댄다. 최근 상황과 사건 등과의 유기성을 고려해 주관적 해석 기사를 만들어 내는 거다. 이들이 구렁이 담 넘어가는 대화를 시도하는 이유에 대해 〈맥킨지식 보고 대답 기술 44〉의 저자 이호철은 아래와 같이 요약한다.

첫째, 실제 그 사항에 대해 잘 모르기 때문에 일반적인 표현만 할 수 있다. 아랫사람들의 의견을 더 들어 보고 구체적 발언을 하고 싶은 것, 즉 정보 수집을 위한 활동

둘째, 자신이 제시한 의견이 혹시 발생할 수 있는 권위에 대한 치명타를 줄 수 있기 때문에 사전에 자기 보호 차원에서 애매한 메시지 던지기

셋째, 부하의 능력을 시험하기 위한 평가용 질문. 노련한 상사는 애매한 말이나 질문을 통해서 상대의 의식 구조나 사고력, 요약력, 표현력 등을 알아볼 수 있다.

넷째, 최종 의사 결정자들의 명확한 지시가 자칫 독이 될 수 있기 때문에 개방형 질문하기

때문에 상사의 속내를 꿰뚫어 보고 가려운 곳을 '삭삭' 긁어 주는 영민한 답변을 하기 위해서는 먼저 대화가 시작된 배경, 상사의 심리, 최근 회사 내 상황 등을 고려해 분석할 수 있어야 한다. 예를 들어 보자. 식사를 마친 임원이 신호등 앞에 서서 지나가는 말로 "요즘 젊은 여자 직원들은 개성이 강해. 재킷 없이 민소매만 입으니 시원시원해 보이는군."이라고 말했다고 치자. 어떻게 받아쳐야 할까? 실실 웃으면서 "그러게 말입니다. 훨씬 자유롭고 세련돼 보이죠. 호호"라고 대답한다면 어떨까? 임원은 속으로 혀를 끌끌 찰지 모른다. 그냥 지나가는 것처럼 말한 질문에도 분명한 의도가 포함돼 있기 때문이다. 상사의 질문 안에 답이 숨어 있다. 그는 혼잣말로 떠들고 말아도 될 말을 왜 굳이 표현하며 상대방의 의도를 물어봤던 걸까?

"요즘 여자 직원들 옷차림 왜 저래. 기본 매너가 없어. 회사 차원에서 좀 주의를 줘야 할 것 같아."

그는 굳이 표현하지 않아도 부하 직원이 센스 있게 자신의 의도를 알아차리고 원하는 바를 이야기해 주길 원하는 거다. 직접적으로 말하면 고지식해 보이고 잔소리 많은 영감탱이로 알까 봐 눈치를 보고 있는 것뿐이다. 때문에 만일 당신이 인사팀에 속해 있다면 이렇게 대답해야 상사의 만족을 살 수 있다.

"아무리 개성 시대라 해도 오피스 복장이라 하기엔 노출이 심하죠. 분명히 직장 매너라는 게 있는데 말입니다. 직장 에티켓 교육에 복장 예절을 넣어 실시토록 강구해 보겠습니다."

만일 당신이 홍보팀 소속이라면 역할을 달리해 이야기하면 된다.

"좀 문제라고 생각해요. 클라이언트 미팅 때 저런 복장을 하고 간다면 회사 이미지에 타격을 입을 수 있으니 직장 복장과 관련된 내용의 글을 사보에 실어 보면 어떨까 싶습니다."

상사가 원하는 건 한마디로 '개똥같이' 말해도 '찰떡같이' 알아듣는 센스다.

가장 안타까운 경우는 상사의 실문에 딴소리를 하고도 뭐가 문제인지 모른 채 해맑게 예쁜 척하며 웃고 있는 모습을 볼 때다. 예를 들어 볼까? 증권사 지점에 근무하는 I씨. 그녀는 우연히 엘리베이터에서 본사 임원을 만났다. 그가 묻는다.

"요즘 어때요?"

아주 간단한 다섯 글자로 구성된 질문에 갑자기 현기증이 난다. 마음 같아서는 미주알고주알 요즘 사는 이야기를 전하고 싶지만 나를 잘 알지도 못하는 상사의 친밀한 질문에 어쩔 줄을 모르겠다.

"아…… 잘 지내고 있습니다. 음…… 그리고 어제는 팀원들과 삼겹살 회식도 했답니다. 언제 한번 지점에 오세요. 맛있는 삼겹살집 알아요." (방끗)

임원은 어색한 미소를 지으며 서둘러 엘리베이터를 내렸다. 다시 한번 강조하지만 상사가 묻는 질문에 답이 있다. 이름도 정확히 알지 못하는 지점 부하 직원에게 그가 궁금했던 게 뭘까? 주말 데이트가 얼마나 재미있었는지, 지점 회식 메뉴는 무엇인지, 야근을 얼마나 하는지가 궁금할까? 아니다. 그가 지금 궁금한 건 '당신이 일하는 지점이 요즘 무슨 일로 바쁘냐'라는 거다. 즉, "새로 출시된 금융 상품의 프로모션에 좋은 성과를 올리기 위해 팀원 모두 동분서주 하고 있습니다."라는 식의 대답이 나와 줘야 한다는 말이다. 임원들이 자주 묻는 애매모호한 질문에 대한 속뜻과 똑똑한 대답 샘플들을 잠깐 살펴보자.

요즘 어때? (하는 업무가 뭐지?)
엄청 바쁩니다. (x)
어떠한 일을 맡아 진행하고 있습니다 (o)

어떻게 지내? (지시한 일은 잘하고 있나?)
네. 별일 없이 잘 지내고 있습니다. (x)

추천 중인 프로젝트는 이 정도 진행됐습니다. (O)

하는 일은 잘되고? (도와줄 일이 있나?)
그럭저럭 하고 있습니다. (X)
어려운 점은 있었지만 현재 이렇게 대처해 나가고 있습니다. (O)

동문서답에 대한 이야기를 하고 있노라니 문득 10년 전 면접 장면이 떠오른다. 당시 광고 회사 지망생이었던 나는 운 좋게 C기업 최종 면접에 참여할 수 있었다. 회사 대표를 비롯해 임원진이 참석한 최종 면접에서 한 임원이 물었다.

"할머니 댁은 얼마나 자주 방문하십니까?"

"아…… 솔직히 말씀드릴게요. 저희 할머니는 아버지의 새어머니시라 어머니 시집살이도 많이 시키셨고요. 저도 별로 예뻐하지 않으셔서 사이가 좋지 않습니다. 때문에 저도 왕래를 잘 안 해요. 할머니가 아직도 좀 무서워서요."

"흠, 알겠습니다."

면접장을 나오면서 나는 궁금했다. 아니, 면접 질문으로 왜 사적인 질문을 하는지, 왜 우리 할머니와 나의 관계를 물어보는지 별걸 다 궁금해하는 이상한 임원이라고 생각했다. 한데 시간이 지나고 보니 그의 질문의 의도는 따로 있었다. 그가 궁금했던 건 나와 할머니가 얼마나 친한지, 얼마나 자주 방문하는지가 아니라 그 관계 이면에 숨겨진 '윗사람과의 관계' 형성 노하우였다. 광고 회사의 특성상 개성 강하고 자유로운 기질의 젊은 직원들과 보수적인 윗세대 간의 적잖은 충돌로 골치를 썩고 있던 C회사는 '할머니댁 방문 횟수'라는 질문을 통해 나의 윗세대를 대하는 태도를 엿보고 싶었던 것이었다. 그런데 나는 의도 파악도 못한 채 '할머니가 무서워서요'라며 주저리주저리 개인사를 늘어놓았으니 얼마나 답답했을까? 만일 조금만 더 질문의 요지를 고민해 이렇게 대답했다면 어땠을까?

"유감스럽게 자주 방문하지 못합니다. 하지만 저는 외삼촌, 이모들과 자주 식사도 하고 전화 통화를 합니다. 덕분에 요즘 4050세대들의 관심사도 잘 파악하고 있습니다."

모든 커뮤니케이션의 기본은 상대에 대한 이해와 배려다. 상사와의 대화 역시 마찬가지다. 상사와의 대화를 어렵고 힘들고 부담스러운 이야기로만 인지하면 아무리 근사한 대답을 한다 하더라도 하나도 건질 게 없는 딴소리가 될 확률이 높다. 애매하게 돌려서 이야기를 할 수밖에 없는 상사의 입장을 조금만 이해한다면 '머리 나쁜 상사의 대화법'이 아니라 '간접 화법의 달인'이라는 생각의 전환이 일어날지 모른다. 어쩌면 부하 직원 눈치 보느라 마음 편하게 직설 화법 한번 제대로 하지 못하는 안쓰러운 상사에 대한 연민이 들지도 모른다. 상대방 입장에서 질문을 해독하자. 그럼에도 불구하고 무슨 뜻인지 이해가 되지 않는다면 솔직하게 묻고 도움을 청하자. 상사의 한마디조차 놓치지 않으려는 당신을 바라보는 그의 눈빛이 달라질 테니 말이다.

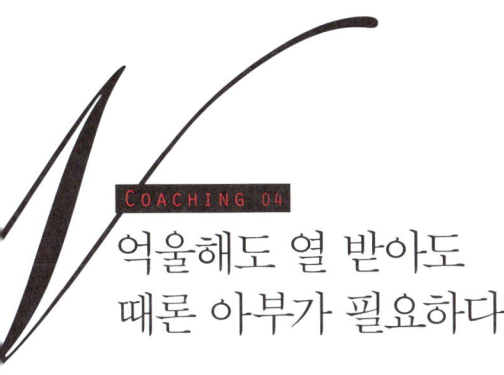

COACHING 04
억울해도 열 받아도 때론 아부가 필요하다

영국의 극작가이자 노벨 문학상 수상자인 조지 버나드쇼는 '아부'에 대해 이런 말을 남겼다.

"당신이 누군가에게 아부한다는 것은 곧 당신이 그를 아부할 만한 가치가 있는 사람이라고 여기기 때문이다."

동서고금을 막론하고 모든 조직에는 권력 구조가 존재했다. 그리고 그에 따른 위계질서가 만들어졌다. 약자는 강자의 힘이 두려워서 혹은 탐이 나서 권력자와의 친분을 원했고 강자는 약자의 복종과 순응을 즐겼다. 이 같은 힘의 구조에서 필수 불가결하게 탄생한 것이 바로 아부다. 일부 사람들은 아부가 본능적인 행위라고 강조하기도 하다. 리처드 스탠걸은 자신의 저서 《아부의 기술》에서 인간의 출세와 생존 전략으로서 아부의 중요성을 피력한 바 있다. 그의 설명에 따르면 인간의 사회 체계는 유인원의 사회 체계와 동일하며 위계 서열은 영장류가 조상에게 물려받은 유전 행위다. 이를 뒷받침하는 행동주의 아동학자들의 실험도 흥미롭다. 이들은 1세밖에 되지 않는 아기들을 대상으로 실험을 벌인 결과 갓난아기들에게도 일정한 위계질서가 형성돼 있다는 사실을 밝혀냈다. 몸집, 기 싸움 등에서 진 아기는 강자 앞에서 자기를 낮추는 행동 양식을 보인 것이다.

이 때문일까? 이성적 사고를 중시했던 서양은 동양보다 '아부'에 관대했다. 르네상스 시대에는 아부에 담긴 인간적 고뇌를 조명했고 근대 시대에 진입하면서부터는 '실수를 그럴듯하게 얼버무리고 완화시키는 행위'라고 아부를 정의하기 시작했다. 한마디로 아부의 역사가 벌써 수천 년이라는 얘기다. 어떤 이는 이야기한다. "능력이 아닌 아부야말로 진정한 실력이다."라고 말이다. 여기서 잠깐 사전적 의미의 아부에 대해 살펴보자. 아부는 남의 비위를 맞추어 알랑거림 또는 자기보다 지위가 높은 사람이나 아쉬운 소리를 해야 할 상대에게 그의 마음을 사기 위해 짐짓 그의 기분을 좋게 할 만한 말이나 행동을 하는 것을 말한다. 한마디로 이해관계가 얽힌 사람의 마음을 사기 위한 달콤한 말이 아부인 셈이다. 아부는 과하면 자신을 우습게 만들고 무능력한 인간처럼 보이게 만들기도 하지만 적재적소에 알맞게 가공된 아부는 상대에 대한 충성과 관심을 가장 부담 없고 세련되게 전하는 소통 방법이 될 수 있다. 그것이 바로 여전히 많은 사람들이 아부의 기술에 대해 고민하는 까닭이다.

그렇다면 상대에게 호감을 살 수 있는 아부는 어떻게 하는 것일까? 목적이 뻔히 보이는 가증스런 아부는 싸구려 같고 음유 시인처럼 빙빙 돌려 간접적으로 전하는 아부는 효과가 떨어지니 참 고민스럽지 않을 수가 없다. 한데 진짜 아부를 잘하는 사람들은 자신이 아부를 하고 있다는 사실을 종종 잊은 듯 보인다. 그저 몸에 꼭 맞는 옷을 입은 것처럼, 배가 고플 때 끼니를 찾는 것처럼, 예쁜 어린아이를 보고 자기도 모르게 하트 눈이 되는 것처럼 매우 자연스럽고 천연덕스럽게 행동한다. 대체 무엇이 이들을 누구도 반하게 하는 아부의 달인으로 만드는 것일까?

"주변 사람들이 날 보고 아부의 달인이라고 부르는 거 알아요. 여자가 참 뻔뻔하게 아부를 잘한대요. 나만 상사의 애정과 관심을 받는 게 부러운 거겠죠. 사람들은 자신이 누리고 싶은 걸 타인이 받을 때 시기하고 질투하고 뒷담화를 하죠. 하지만 전 그런 뒷담화에 신경 쓰지 않아요. 아부가 아닌 상대방이 마땅히 받아야 할 대우를 해 준 것뿐이니까요."

그렇다. 아부의 고급 기술은 상대방에게 맞는 대우를 해 주는 것이다. 직장 선배니까 당연히 나보다 상석에 앉도록 배려하고 직장 상사가 만든 기획안은 확실히 나의 것과는 차원이 다른 것이니까 훌륭하다고 칭찬하고 정신없이 바이어를 만나는 상사를 위해 차와 다과를 준비해 기분 좋게 전하는 행동 모두 상대방의 지금 지위와 능력에 맞는 대우인 거다. 즉, 진정한 아부다. 하지만 아부는 굳이 말로 나타내는 건 아니다. 표정을 담은 몸짓이나 마음을 담은 선물을 하는 행동 등으로도 표현힐 수 있다.

"네 거나 사라. 양주 사느라 이 아까운 시간 다 날리고 있네. 쯧쯧……"

외국 출장이 잦았던 시절 참 궁금한 것이 있었다. 왜 남자 직원들은 면세점에서 선물용 주류를 고르느라 아까운 시간을 다 쏟아붓는 것인지, 정작 여자친구나 자신의 선물은 장만하지 못한 채 고가의 양주들을 만지

작거리고 있는지 참 이해가 되지 않았다. 부서장이 사비로 출장을 보내 준 것도 아닌데 그들을 위한 선물에 아까운 돈을 소비하는 것이 참 실속 없는 행동처럼 보이곤 했다. 대다수의 여자 직원들이 눈여겨보던 화장품, 가방, 액세서리를 장만하기 위해 고군분투하는 모습과는 대조적이었기 때문에 더더욱 그들의 행동은 납득 불가였다. 하지만 시간이 지나면서 그들은 출장길을 고도로 발달된 아부의 기술을 실현하는 장으로 활용하고 있음을 깨달았다. 윗분들의 선물을 하나하나 챙기며 그동안 쑥스러워 대놓고 표현하지 못한 아부를 낭창낭창하게 하고 있었다.

"아! 바로 이거였군. 저 인간이 은근히 부장님의 사랑을 받는 이유가 말이지."

상사와 잘 지내기 위해서는 다각도의 아부가 필요하다는 사실을 깨닫고 바로 적용한 기술은 직장 상사의 '사모님' 챙기기다. 특별한 기념일마다 여성의 섬세한 감수성과 공감 능력으로 '사모님'의 마음을 사로잡을 수 있는 선물 공세를 펼치기 시작했다. 나를 지배하는 것은 상사지만 그를 쥐고 흔드는 것은 바로 사모님이니까. 예를 들면 이렇다. 화이트데이에 심플한 목걸이와 사탕 꾸러미를 포장해 상사에게 전하며 말했다.

"부장님, 오늘 화이트데이인데 따님과 사모님께 선물하세요. 유능한 우리 부장님 일 열심히 하실 수 있도록 배려해 주시는 분들인데 사탕은 제가 챙겨야 할 것 같아서 마련했어요."

다시 생각해도 참 닭살이다. 하지만 중요한 건 작은 사탕 꾸러미 하나로 내 팔자가 활짝 피었다는 사실이다.

여기서 잠깐! 남녀 중 아부가 더 잘 통하는 대상은 누굴까? 단연 남자다. 약간의 허세와 과장을 남성 특유의 훈장이라고 생각하는 그들은 누군가 자신을 띄워 주고 인정하는 말들을 쏟아 내면 뿌듯해한다. 그것을 일종의 충성, 의리, 맹세라고 생각하는 것이다. 이런 남자 상사들에게 가장 잘 먹히는 아부는 본인의 존재감을 인정하는 긍정적인 말과 가족들에게 '나 이런 사람이야'라고 생색낼 수 있는 증거 물품이다. 말로는 이런 거 준비할 시간에 일이나 하라고 쏘아붙일 수도 있지만 은은하게 번지는 입가의 미소는 감출 수 없다. 때문에 성별에 따라 아부의 수위를 조절하는 지혜도 필요하다.

예를 들어 아부의 기술을 실현하고픈 남자 상사가 있다면 회의 시간, 회식자리, 워크숍 등 일상 업무 시간을 통해 수시로 '당신은 내게 최고입니다'라는 메시지를 전달하는 게 좋다. 목표로 삼고 있는 그가 회의 시간에 새로운 아이디어를 제시했거나 자신의 의견을 주장했을 때 고개를 끄덕이며 적극적으로 지지해 주는 식이다. 별것 아닌 상사의 말에도 깔깔깔 박장대소를 하고 말도 안되는 아이디어에도 "아, 그거 좋은데요!"라며 옹호하는 의견을 덧붙이는 거다. 반대로 만일 적대 관계에 있거나 라이벌 관계에 있는 사람이 회의에 참석했다면 훨씬 더 티 나게 충성심을 불태우는 것이 좋다. 상사와 불편한 관계에 있는 사람이 의견을 개진할 때는 딴짓을 하며 '우리 부장님만 최고'라는 무언의 메시지를 보이면 퇴근 시간이 조금씩 앞당겨지는 효과를 느끼게 될 것이다.

여자 상사에게는 '능동적인 아부'보다 '수동적인 아부'부터 시작하는 것이 좋다. 나서서 상대를 부추기며 눈에 보이는 감언이설을 하는 것이 능동적인 아부라면 상대방의 마음을 편안하게 해 주고 사소한 상황에서도 상대방이 우선권을 획득할 수 있도록 배려하는 아부는 '수동적인 아부'다. 표면적으로 확연하게 나타나지 않아도 시간이 지나면서 은근하게 속마음이 전달되는 게 핵심이다. 상사가 공개적인 자리에서 발표를 할 때 충분한 리액션을 보이며 경청하기, 상사에게 점심 식사 메뉴를 결정할 수 있는 권한 넘기기, 타부서 남자 상사와 말다툼이 있을 때 소심하게 거들어 주기, 상사의 출장과 나의 월차가 겹쳐 업무 차질이 생길 때 과감히 월차 포기를 신청하기, 상사의 새로 바뀐 스타일에 즉각적으로 반응하며 긍정적 평가하기 등이 바로 그 예다. 특히 메이크업, 헤어, 의상과 관련된 구체적인 언급을 하며 상대방의 심리적 만족도를 향상시키는 것도 수동적인 아부의 고급 기술 중 하나다.

"새로 바뀐 헤어스타일 정말 멋지세요. 포니테일 스타일로 머리 묶으시니까 훨씬 더 어려 보이세요. 게다가 그레이 컬러 아이섀도랑 블랙 의상이랑도 잘 어울려서 세련된 느낌까지 더하는 것 같아요."

정상적인 여성성과 사회성을 지닌 여자 상사라면 당신의 디테일한 코멘트에 반응할 것이다. 단, 이런 아부를 할 때는 장소와 시간을 따져 봐야 한다. 당신의 아부로 사적인 대화의 물꼬를 틀 수 있도록 직장 내 은밀한 장소를 확보하자. 커피 자판기 앞이나 여직원 휴게실, 흡연실 등이 안성맞춤이다. 사적이고 은밀한 아부를 상사의 책상 앞이나 공식적인 회의실 등에서 한다면 본전도 못 찾고 주변 사람들의 구설수에 오르기 쉽기 때문이다. 사실, 아부란 게 참 실체가 없다. 혹자는 '내가 하면 칭찬, 남이 하면 아부'라고 이야기하기도 하고 또 다른 사람은 일종의 비위 맞추기라고 한다. 다 맞는 말이다. 잘 보이고 싶은 사람의 마음을 사기 위해, 권력을 지닌 자와 좀 더 가까워지기 위해, 강자의 미움을 사지 않기 위해 하는 모든 의도적인 달콤한 커뮤니케이션이 아부가 아닐까 싶다. 칭찬이 순수하고 예쁜 말이라면 아부는 전략적이고도 정치적인 멋진 말이 아닐까?

설득을 넘어 공감을 요구하는 사회에 살고 있는 직장인들에게 아부는 '당신을 매우 중요하고 가치 있는 사람이라고 생각해요. 잘 지내고 싶어요'라는 의도를 속은 좀 보이지만 당당하게 드러내는 작업이다. 그리고 '당신도 나를 그렇게 생각해 주세요'라고 설득하는 과정이기도 하다. 서로에 대한 믿음과 존중이 전제돼 있다면 아부는 상대방의 귀와 우리의 마음 모두를 즐겁게 하는 현명한 인생 처세술인 것이다. 마더 테레사는 "자기를 좋아하는 사람도 필요로 하는 사람도 없다고 느낄 때 오는 고독감은 가난 중의 가난이다."라고 했다. 그대의 상사를 고독하고 가난하게 느끼게 하는 죄를 범하지 말자.

TIP: 사소하지만 하찮지 않은 똑똑한 아부의 기술

1. 딱 한 놈만 골라라

얼마 전 토크쇼 '승승장구'에 출연한 연예계 마당발 이경규는 '예능에 처음 진출한 신입이 프로그램에서 오래 살아남으려면 어떻게 해야 하느냐'라는 질문에 입이 딱 벌어지는 솔루션을 내놨다. 그것은 바로 '한 놈만 찍어 로비'를 하라는 것이다. 그는 물론 자신이 능력이 있어서 스스로의 힘만으로 올라설 수 있다면야 좋겠지만 아직 자신의 입지가 좁고 좀 불안하다고 느낀다면 가장 효과적인 로비를 할 수 있는 대상을 한 명 골라 특단의 아부를 하라고 권한다.
"일단 누구에게 로비를 할지 잘 정해야 합니다. 해당 프로그램 PD에게 로비를 하는 것이 효과적인지, 아니면 CP에게 하는 게 좋은지, 작가인지, 카메라 감독인지, 같이 출연하는 동료들인지 잘 선택해야 합니다. 그럼 얼마 뒤 그 사람이 당신을 중요한 사람으로 여길 것이고 언젠가는 앞에서 끌어 주게 돼 있어요."
아부의 에너지를 분산시키지 말고 한 놈만 골라라. 그리고 정성껏 치대라.

2. 가족을 공략하라 (특히 자식은 백전백승 블랙홀이다)

남들이 잘 하지 않는 말과 행동으로 당신의 아부를 차별화해라. 지인 중 한 명은 커리어 컨설턴트로 업계에 이름을 떨치고 있다. 시간당 받는 비용만 수십만 원. 한데 그녀가 무료 컨설팅으로 열을 올리고 있는 일이 있었으니 그것은 바로 클라이언트의 자제들의 진로 컨설팅이다. 대학 진학 정보부터 성격과 흥미, 적성 등을 고려한 진로 상담까지 자청한다. 때로는 대학 입학에 필요한 학업 계획서, 자기소개서를 대신 작성해 주기도 하고 사전 면접 지도까지 열을 올린다. 그녀는 말한다. 세상에서 가장 효과적인 아부의 기술은 상대의 자식을 잘되게 해 주는 것이라고. 만일 별다른 재능이 없어 이 같은 재능 기부가 힘들다면 칭찬의 기술을 활용해 상대의 마음을 녹이자. 모두가 "부장님 어쩜 이렇게 동안이세요?"라고 아부한다면 당신은 "우연히 자제분을 뵌 적 있는데 연예인 외모 뺨치던 걸요. 외모가 아빠랑 붕어빵이에요. 정말 뿌듯하시겠어요."와 같은 식의 칭찬을 날려라.

3. 부장님을 혼자 식사하게 두지 마라

직장 상사들은 죄다 외롭다. 젊은 후배들은 지들끼리 삼삼오오 모여 식사하고 싶어 하니 점심 식사 자리에 끼기도 괜히 눈치 보인다. 이때 먼저 식사 메뉴를 물어보며 살뜰히 챙긴다면 애정이 샘솟기 마련! 여기에 상사가 좋아하는 메뉴를 먼저 제시하며 유도하는 센스까지 보인다면 당신은 사회생활 종결자다.
"부장님, 점심 드시러 가시죠. 오늘은 시원한 동치미 국수 어떠세요?"

4. 솔직한 건 죄다

삼성 인적성 검사 시험에도 아부의 기술을 묻는 문제가 출제되곤 한다. 예를 들어 '만일 직장 상사가 비현실적인 사업 계획서를 작성하라고 하면 어떻게 할 것인가?'를 묻는다. 많은 학생들이 합리성과 현실성을 고려해 상사의 제안을 거절하고 회사의 이익을 위한 결정을 한다는 답을 선택하지만 진짜 답은 상사의 요구에 군소리 없이 'Yes'를 외치는 거다. 솔직하게 속내를 드러내고 부족한 점을 따지는 것만큼 상대방의 괘씸죄를 부르는 행위도 없다. 모든 사람들은 솔직한 이야기를 두려워한다. 나이가 들수록 더욱 더!

COACHING 05

피가 마르는 연봉 협상엔 '꼼수'가 필요하다

매달 받는 월급으로 한 달을 살아가는 샐러리맨들에게 연봉 협상처럼 난제가 또 있을까? 열심히 일한 만큼 회사가 알아서 착하게 대우해 주면 참 좋으련만 '우리는 한 가족'임을 외치던 회사가 연봉 협상 때만 되면 입장을 달리한다. '회사가 더 성장하면' '올해는 실적 부진으로' 등 이제는 듣기도 지겨운 변명으로 피 같은 연봉을 또 깎으려 든다. 게다가 더 불행한 것은 나보다 한 일도 없고 가방끈이 길지도 않은 동료가 더 많은 연봉을 받는다는 사실을 우연히 알게 되는 일이 종종 일어난다는 사실이다. 어떻게 하면 절대 밀리지 않고 원하는 연봉을 받아 낼 수 있을까 노심초사하고 있는 그대라면 책 앞으로 조용히 몸을 당겨 앉자. 이제부터는 아주 비밀스럽고 숨 막히는 연봉 협상을 위한 꼼수를 짜 볼 테니 말이다.

〈회사가 여자에게 절대 알려 주지 않는 24가지 비밀〉의 저자 지빌레 바이쉔베르크는 자신의 저서에서 연봉 협상을 성사시키는 한 방법으로 '경리부 직원과 친하게 지낼 것'을 은밀하게 제시한다. 이게 대체 무슨 소리인가 싶겠지만 이 방법은 실제로 내가 몇 년 동안 임금 동결을 외치던 직장에서 15% 이상의 연봉 협상을 이뤄 낸 방법이기도 하니까 주목하도록! 경리부 직원들은 절대 혼자만 알고 있어야 하는 엄청난 회사 기밀들을 혼자만 야무지게 알고 있다. 어제 영업부 부장이 룸살롱에서 쓴 비용부터 인사팀 과장의 사내 대출금 신청 명목은 물론이고 당신과 동기들이 가장 궁금해하는 개인별 연봉 내역까지 소상하게 알고 있다. 만일 몇 년째 연봉 협상이 이뤄지지 않고 있다면 혹은 지난해 저지른 멍청한 실수로 합당한 연봉 체결에 실패했다면, 올해 일군 뛰어난 실적으로 제대로 된 보상을 받고 싶다면 경리부 직원을 활용해 목적을 달성할 수 있다. 단, 이 방법은 자칫 그대를 위험에 빠뜨릴 수 있으니 치밀하고 체계적인 전략이 필요하다.

우리가 도모할 프로젝트의 성격을 요약하면 경리부서 직원의 정보를 기반으로 동료가 받는 연봉과 당신의 연봉의 차이의 부당성을 경영진에게 호소하다. 모든 회사의 경영진들은 식원들의 언봉 금액을 일급미밀로 부치고 있기 때문에 이 같은 기밀을 당신이 알고 있다는 것만으로 골머리를 썩게 될 거다. 경영진이 약자가 되는 상황을 만들어 우리가 원하는 것을 취할 예정인 거디. 물론, 이 프로젝트를 위해 취해야 할 몇 단계가 있다

지빌레 바이쉔베르크의 조언을 바탕으로 전략을 소개한다.

1. 우선 경리부 직원 중 한 명을 선택해 깊은 관계를 맺어라

이왕이면 말이 잘 통하는 또래 직원이 좋다. 기회가 될 때마다 작은 선물,

음료수 등을 주며 그녀가 당신에게 관심받고 있다는 사실을 알게 하자. 누군가에게 사랑받고 있다는 감정만큼 사람을 기분 좋게 만드는 일도 없으니까 말이다.

2. 회식자리나 점심시간을 활용해 그녀 옆에 앉아라

이왕이면 사람들과 조금 떨어진 끝자리가 좋다. 실세 옆에 앉으려고 노력하는 대신 친해진 경리부 직원 옆에 앉아 사장 험담, 동료 험담 등 편안하게 그 자리를 즐겨라. 상대방이 편안해졌을 때 당신이 가장 궁금해하는 직급이 비슷한 입사 동기의 연봉 금액에 대한 정보와 관련된 대화를 나눠보자. 물론, 경리부 직원들은 이것이 사내 일급비밀임을 잘 알고 있어 절대 쉽게 발설하지 않는다. 당신이 그녀의 단짝 친구라는 믿음 없이는 말이다. 깊은 친분 관계가 유지됐다면 이때 조심할 것은 자연스럽게 이 같은 대화를 나눌 수 있도록 유도하는 거다. 당신의 의도를 들키면 큰일!

3. 실세 경영진에게 면담을 신청해라

연차가 비슷한 동기보다 한참 낮은 연봉을 받고 있다는 사실을 알게 됐다면 당분간 감정 동요하는 모습을 보이지 말고 무조건 열심히 일하는 모습으로 한 달간 당신을 포장해라. 그리곤 어느 날 믿고 의지해 온 경영진에게 면담을 신청하자. 조언을 구할 것이 있다고 이야기하면 된다. 현재 당신이 어떤 사실을 알아냈고 그래서 기분이 어떤지 솔직하게 말해라. 회사를 누구보다 사랑하고 열심히 일해 왔는데 이런 사실을 안 이상 감정적 동요가 일어 업무에 대한 동기 부여가 되지 않는다며 속상한 마음을 털어놔라.

4. 정보의 출처는 철저히 비밀에 부쳐라

이 전략을 쓸 때는 아무도 다치는 이가 없어야 한다. 경리부 직원과의 친분을 활용하긴 했지만 그녀가 다치는 일은 절대 없어야 한다. 아주 우연한 기회에 누군가 흘린 회사 문서를 봤다는 식으로 둘러대는 것이 좋다. 사장의 귀에 이 같은 소식이 들어가면 어차피 그는 당신의 상사나 경리부서장을 불러 호통을 칠 것이다. 하지만 그는 알고 있다. 이미 엎질러진 물이라는 것을 말이다.

5. 걱정스러운 눈빛과 무기력한 표정으로 업무에 임해라

이 과정을 밟았다면 며칠 동안 무기력한 표정을 지으며 업무에 임해라. 단, 업무에 차질이 있으면 안 된다. 그리고 협상에 대비한 당신의 포트폴리오를 만들어라. 사장은 조만간 당신을 따로 불러 뒤늦게 연봉 인상을 해줌으로써 문제를 해결하려고 할 거다. 회사 기밀이 직원들에게 퍼지는 것을 막고 싶기 때문이다. 그리고 그는 당신이 궁극적으로 원하는 것이 무엇인지 너무나 잘 알고 있다. 물론 이 작업은 심장이 터질 것 같은 두려움을 동반한다. 하지만 성공적으로 연봉 협상이 끝나고 나면 당신에게는 또 다른 보너스가 기다리고 있을지 모른다.

정말 이 기법이 통할까 고개를 갸우뚱거리고 있다면 같은 전략으로 연봉 협상에 성공한 내 사례를 살펴보기 바란다. A직장에서 일할 당시 나는 우연히 경리부서에 필요한 서류를 요청하러 갔다가 우연찮게 직원들의 연봉 금액을 적어 놓은 서류를 보게 됐다. 2년 후배와 동일한 연봉을 받고 있는 것을 본 나는 피가 역류했다.

"이건 정말 부당한 처우야. 게다가 그녀는 올해 나보다 업무 실적도 미비했잖아. 정확한 기준이 무엇인지 알아야겠어."

나는 허리가 반쯤 밟힌 지렁이처럼 꿈틀거렸다. 분노의 감정은 뒤로하고 합당한 대우를 받기 위한 계획을 도모했다. 우선 업계 연봉 수준을 조사했고 최근 연봉 협상에 성공한 사람들의 업무 성과에 대해 조사했다. 그들이 인정받은 부분에 나의 성과도 포함되는지 확인하기 위해서였다. 모든 준비와 조사가 끝나고 사내 멘토로 삼았던 임원에게 한 통의 메일을 보냈다.

"심각한 고민이 있는데 잠시 시간을 내주시겠어요? 조언이 필요합니다."

매우 겸손하고 인간적인 어감이 묻어나는 메일이었다. 아마도 상사는 내 속내나 의도는 감히 상상하지 못했으리라. 나는 대화를 통해 어떤 사실을 알고 있고 그것이 얼마나 치명적인 일이며 그로 인해 얼마나 마음을 다쳤는지 고백했다. 그리고 마지막에 상대방이 가장 알고 싶어 하는 말도 잊지 않았다.

"이 사실은 아무에게도 발설하지 않았어요. 저 혼자 알고 있는 사내 기밀입니다."

결국, 다음 날 사장의 호출이 왔고 뜻한 바를 성취할 수 있었다. 사장실을 나오던 날 그가 내게 던진 말을 잊을 수 없다.

"절대로 이 정보가 다른 조직원들에게 퍼지지 않기를 바랍니다. 그리고 이번 일을 계기로 더욱 업무에 매진할 수 있었으면 합니다."

그렇다. 엄청난 패를 쥐고 있을 때 그들이 내게 바랄 수 있는 일은 단 하나다. 나를 진정시켜 조직원의 동요가 없도록 하는 것 그리고 이번 연봉 인상으로 회사에 애사심을 갖고 더 열심히 성과물을 내도록 하는 것 말이다. 물론, 눈엣가시 같던 직원이 이 같은 일을 도모한다면 어떻게든 내치기 위한 경영진의 정치 꼼수가 펼쳐지겠지만 어느 정도 인정을 받고 있던 직원이라면 그럴 가능성은 낮다.

고백하면 당시 연봉 협상 작전을 도모하며 내 심장은 터질 것처럼 요동쳤고 무서웠다. 혹시 잘리는 것은 아닌지, 괘씸죄가 적용돼 앞으로 회사 생활이 힘들어지는 건 아닌지 불안했다. 그런데 돌아보면 오히려 이 일은 나를 눈여겨보는 인재로 거듭날 수 있게 해 줬다. 경영진들에게 나라는 사람은 그저 시키는 대로 열심히 일만 하는 일개 직원이 아니라 원하는 것은 꼭 쟁취하려고 하는 전략적인 인물이라는 것을, 은근히 강심장을 지닌 인물이라는 것을 의도치 않게 그들에게 홍보하게 된 셈이었다. '이렇게까지 꼼수를 부리며 연봉 협상을 해야 하는 걸까?' 망설이는 사람이 있다면 이것 하나만 이야기하고 싶다. 우리가 생각하는 것 이상으로 회사는 늘 꼼수를 부리고 있다는 것을 말이다. 오늘의 연봉 동결이라는 과제를 통과시키기 위해 숱한 밤을 경영진이 머리 맞대고 엄청난 꼼수를 부려 왔다는 그 사실 말이다. 이제는 우리가 꼼수를 부릴 차례다. 전략적이고 체계적이고 지혜롭게 말이다.

TIP: 똑똑하게 연봉 협상에서 꼼수 부리는 디테일 노하우

1. 연봉 협상일이 다가오면 더 열심히 일하는 척해라

시키지 않은 일도 막 자청해서 하고 야근도 즐겁게 하는 척 연기해라. 회사는 금방금방 잊기 때문에 연봉 협상일 한두 달 전부터 올 한 해 가장 열심히 일한 인재로 어필하자. 연말 방송 연예 시상식 때도 보면 그 무렵 흥행에 성공한 배우들이 유리하다. 암만 연초에 인기를 얻어도 대중들은 쉽게 잊지 않는가.

2. 협상장에서는 유체 이탈 화법을 써라

자신의 생각이고 주장임에도 불구하고 자신의 일이 아닌 것처럼 이야기하는 것도 한 방법이다. 이를테면 이렇다. "이번 협상에서 직원들이 합당하다고 생각하는 연봉 협상 수준은 5% 수준으로 이것이 성사되지 않으면 유감스럽게 생각할 것으로 예측됩니다."라는 식이다. 내 이야기지만 마치 다른 사람의 이야기를 하는 것처럼 들리게 하는 이 화법은 상대방에게 괘씸죄를 일으킬 확률이 낮고 객관적 판단을 내리는 데 다소 혼란을 준다. 정치인은 물론, 대통령까지 즐겨 쓰는 표현이니 알아 두면 유용하다.

3. '조금 생각해 보고 싶다'라고 말해라

회사의 대표와 경영진 혹은 직장 상사에게 가장 중요한 것은 회사의 돈을 사수하는 일이다. 경영진은 늘 '일한 만큼 보수를 해 주겠다'라는 사탕발림을 해대지만 막상 연봉을 인상해야 하는 순간이 오면 자세가 달라진다. 당신이 제시한 액수에 불같은 화를 내며 방을 나가 버리기도 하고 아빠벌 되는 상사가 올해는 여러 가지로 힘드니 이 정도 선에서 타협하자며 짠한 표정을 짓는다. 정말 난감한 상황에서 할 수 있는 일이라고는 떨리는 손으로 계약서에 사인하기다. 하지만 이 같은 짠한 연극은 미리 짜 놓은 극본이라는 것. 어불성설 혹은 더럽게 불쾌한 금액을 제

시한다면 차분한 어조와 그윽한 눈빛으로 "조금 생각해 봐야 할 것 같습니다. 죄송하지만 내일 다시 뵐 수 있을까요?"라고 말하자. 그리고 오늘 하루 뭔가 제대로 결심한 듯한 표정으로 매우 열심히 일해라. 상사는 경영진과 다시 꼼수를 짤 테니까 말이다.

4. 개인 사정을 운운하며 매달리는 건 우습게 보이는 최악의 행위다.

"이번에 대학원에 진학하려고 해서요." "어머니가 편찮으셔서 병원비가 많이 필요한데……" 등 개인적인 사정을 운운하며 연봉 협상에서 감정에 호소하는 역할극을 벌일 계획이라면 당장 접어라. 앞자리에 앉아 있는 상사는 우리 몇 배의 연봉을 받으며 직원들의 인건비를 삭감하는 역할을 하기로 약속한 사람이다. 효과도 못 보고 사람만 우스워진다. 연봉 상승을 주장할 만한 성과가 없었다면 차라리 연차 등을 강조하며 제시된 금액에서 조금만 더 올리도록 조율하는 게 좋다.

5. 연봉 협상자리에서만큼은 겸손하지도 나대지도 마라

상사들은 협상자리에서 말이 없으면 돈 욕심이 없다고 생각한다. 이를 만만하게 여기고 자기 맘대로 연봉을 측정해 버린다. 반면 눈을 부릅뜨고 기대보다 적은 금액에 대드는 직원에게는 괘씸죄가 적용돼 주려던 돈도 삭감해 버릴 수 있다. 먼저 상사가 '생각하는 연봉 수준은 어떻게 되느냐'라고 물으면 냉큼 '얼마예요'라고 답하지 말고 침착하게 반문해라. "회사에서 생각하는 연봉은 어떻게 되죠?"라고 말이다. 이때 중요한 것은 상사가 우물쭈물할 틈을 갖지 못하게 당차고 매서운 눈으로 그를 쳐다보는 일이다. 착한 미소를 띠며 웃고 있다간 순식간에 몇 백이 깎일지 모른다.

COACHING 06

승진을 원한다면
찬밥 신세 동료부터 챙길 것

아픔이 있는 사람들은 그것도 아직 아물지 않은 상처를 가진 사람들은 할 말이 많다. 누가 자신을 배신했는지, 얼마나 억울한지, 어떤 사람들이 개입돼 판을 흔들었는지, 어디서부터 잘못된 건지 할 말도 들려주고픈 말도 많다. 그들에겐 푸념의 일종이지만 승진을 계획하고 있는 사람에게는 무한 정보라는 사실은 알고 있는가.

대형 출판사에 근무하고 있는 J팀장. 그녀는 한때 잘나가는 핵심 멤버였다. 회사 실세인 편집장의 신임을 얻어 중요한 연간 기획물들을 계획했고 그녀가 맡은 기획물들은 탄력적인 광고와 영업으로 좋은 성과물들로 탄생되곤 했다. 신입 사원들 역시 J팀장이 실세임을 깨닫고 그녀에게 줄을 대기 위해 갖은 노력을 마다하지 않았다. J팀장은 여세를 몰아 신입 기획자들의 사내 교육까지 도맡아 하며 자신의 영향력을 확장해 갔다. 그러던 중 편집장과 J팀장이 사소한 일로 갈등 구조를 맺게 됐다. 편집장이 내년 초

출간하기로 한 단행본을 다른 팀장에게 맡기고 다른 출간물을 맡을 것을 요구하자 J팀장이 발끈하며 언성을 높이는 일이 발생한 것이다.

"이번 단행본은 특별히 제 아이디어와 노력이 투입된 작품이라 다른 직원에게 넘기는 건 무리가 있다고 생각합니다. 제 머릿속에서 나온 작품인데 왜 다른 사람이 맡아야 하나요?"

둘은 그 문제를 두고 한참 이야기를 나눴고 화해로 마무리되는 듯 보였다. 하지만 직장 생활에서 상사와 대놓고 맞붙는 행위는 "이제는 낙동강 오리알이 되어도 좋아요."라는 '미친 고백'을 던지는 것과 다름없다. 그들은 소리 없이 조금씩 멀어졌고 현재 J팀장은 흥행을 기대하기 힘든 서적들을 주로 맡는 찬밥 신세가 됐다. 그리고 그 둘 사이를 비집고 떠오르는 샛별로 조명받는 이가 있었으니 그것은 바로 타부서의 A팀장. 있는 듯 마는 듯 맡은 바 일만 충실하게 해낼 줄 알았던 A팀장은 어떻게 편집장의 새로운 오른팔이 될 수 있었던 걸까?

"사람들은 착각을 해. 튀지 않고 얌전히 자기 책상을 지키는 사람들은 욕심도 없고 야망도 없다고 말이야. 하지만 그렇게 사람들이 방심할 때가 비상할 수 있는 최적의 기회거든. 나를 알리려면 최근 권력의 중심에서 밀려나고 있는 인물이 누군지 정확히 읽어야 해. 그리고 상사에게 그 사람이 해 왔던 것, 하지만 부족했던 점을 보완할 수 있는 능력이 내게 있음을 알릴 수 있는 기회를 잡으면 돼. 밀려난 사람에게 모든 답이 있어. 그 사람과 일단 친해지면 앞으로 내가 어떻게 움직여야 이 빈틈을 뚫고 나갈지가 보인다는 말이야."

그렇다. 한때 권력의 중심에 서 있던 사람들에게는 싱싱한 해산물처럼 팔딱거리는 정보들이 가득하다. 회사는 지금 어떤 사업을 구상 중인지, 부서 내 실세와 경영진은 어떤 관계인지, 최근 어떤 일을 도모하다 상사의 눈 밖에 나게 됐는지, 누가 누구와 라인을 결성하고 있는지 반대로 깊은 앙숙의 골을 형성하고 있는지 등 그가 건네주는 정보와 이야기들로 당신은 사내 흐름을 읽을 수 있고 앞으로 어떤 행보를 취해야 하는지 맥을 짚을 수 있다. 얼마 전까지만 해도 촉망받는 인물이었는데 어느 순간 상사의 차가운 눈초리와 질책의 대상이 되고 있는 인물, 소리 없이 은근히 따돌림을 받고 있는 인물이 바로 당신이 승진과 관련된 주옥같은 비밀들을 캐낼 수 있는 주인공인 셈이다. 조직은 썰물, 밀물과 같다. 나가는 이가 있으면 들어오는 이가 있기 마련이고 권력을 놓치는 이가 있으면 새로 잡는 이가 있기 마련이다.

다음은 새롭게 떠오르고 싶은 사람에게 전하는 승진을 위한 비밀 병기다.

1. 속내를 드러내지 말고 무조건 경청해라

한때 실세였으나 하강 기류를 보이고 있는 그녀에게 마음을 써 준다. 먼저 "요즘 저 인간 왜 저래요?"라고 운을 떼도 좋고 차 한 잔 하며 가벼운 이런저런 이야기들을 나눠도 좋다. 어차피 그녀와 인간적으로 친밀한 관계를 형성하는 것이 목적이니 말이다. 그녀가 이야기를 하면 절대적으로 공감하고 경청하며 우리는 남이 아닌 같은 편이라는 동지 의식을 심어 주는 것이 무엇보다 중요하다. 왜 지금 그가 힘든지, 어떤 트러블로 상사의 눈 밖에 났는지 그리하여 상사는 어떤 움직임을 벌이고 있는지, 그의 계획은 무엇인지 세세하게 들을 수 있는 날까지 속내가 드러나는 질문은 금지다.

2. 객관적인 판단을 위해 더 많은 조직원들에게서 정보를 수집해라

그녀가 들려준 이야기 중 치명적이지 않은 몇 가지 소스를 흘리고 주변 사람들의 반응을 살펴라. 물론 그 이야기의 출처가 어디에서 나왔는지 발설하는 건 예의가 아니다. 주변 동료에게 "이런 이야기가 들리던데 알고 있어?"라고 물으며 더 많은 정보를 확보하자. 의외로 우리 주변의 동료들은 회사 돌아가는 사정에 대해 영리하게 잘 알고 있다. 여기서 조심할 것은 당신은 무조건 질문만 던지면 된다. 그리고 "정말이야? 그랬구나."라는 반응만 보이면 충분하다. 이미 확보하고 있는 정보는 최소한으로 제공할 것.

3. 파워 게임에서 밀린 동료를 사람들에게 칭찬해라

칭찬은 고래를 춤추게도 하지만 당신에 대해 가졌던 주변 사람들의 경계심을 허물게 하는 비장의 카드이기도 하다. 지금 파워 게임에서 밀린 동료에 대한 좋은 점이나 긍정적인 부분을 기회가 있을 때마다 칭찬하자. 물론, 진심을 담아서 말이다. 그렇게 하면 사람들은 당신이 그 동료의 자리를 꿰차고 싶어 하는 사람이라고 의심하는 일은 없을 거다. 적재적소에서 착한 척하기만큼 무서운 정글에서 안전하게 살아남는 카드도 드물다.

4. 정보를 수집해 상사에게 새로운 아이디어를 제시해라

정보 수집을 통해 알게 된 내용을 바탕으로 현재 회사에서 가장 관심 가질 만한 사업을 제안하거나 지금은 밀려난 동료가 제대로 하지 못했던 점을 제시하고 어떻게 개선하면 좋을지 은근슬쩍 상사에게 제시하자. 단, 주의해야 할 것은 마치 지나가는 말로 던진 것처럼 은근해야 한다는 것. 그 일에 당신이 관심을 갖고 있다는 것을 알리는 것만으로 충분하다.

5. 미안하지만 잔인한 정치판을 짜야 할 때다

참 안타까운 것은 당신 이외에도 권력의 중심으로 들어오고자 역전을 꿈꾸는 이들이 많다는 사실이다. 때문에 상사의 신의를 산 다음 단계에서 당신이 해야 할 일은 라이벌이 될 수 있거나 당신을 위험에 처하게 할 수 있는 사람을 완전히 밀어 놓는 작업이다. 상사가 미처 보지 못하는 그들의 행동이나, 주변 사람들의 평판 조회나, 과거 일으켰던 잘못 등을 객관적 자세로 틈틈이 기회가 될 때마다 전하는 게 필요하다. 상사의 입장에서는 당신이 최선의 카드로 보일 수 있도록 말이다.

6. 상사의 부름에 기다렸다는 듯이 응하지 마라

"이번 프로젝트 한번 맡아서 주도적으로 해 보는 거 어때?"
쇼맨십이 필요한 단계다. 기다려 왔던 상사의 요청을 받았다 하더라도 생각지도 못했다는 반응을 보여라. "네! 제가 잘해 보겠습니다."가 아니라 "제가요? 부족하지만 한번 준비해 보겠습니다."라는 식의 대답으로 마무리 할 것. 만일 아무리 기다려도 상사가 기대한 제한을 해 오지 않는다면 틈을 엿봐서 "마침 지금 하고 있는 일이 다 마무리되고 있는데 제가 A씨를 좀 도와줄까요?"라고 운을 떼라. 당신이 오히려 인심을 쓰고 희생을 감당하면서 그 일을 도와주는 인물처럼 어필하는 것이 관건이다.

당신은 권력자의 방에 한 발만 들여 놨다. 맡긴 프로젝트를 잘 끝내고 능력과 실력을 인정받으면 이제 권력 게임은 완전히 끝이 난다. 지금부터는 업무가 아닌 권력자가 가장 간지럽게 생각하는 것, 즉 마음을 긁어 줄 때다.

COACHING 07
쿠데타가 일어났을 때 준비해야 할 것

"이번 주는 살 떨리는 한 주가 될 것 같아. 무능한 데다가 사리사욕으로 가득 찬 '미친 마녀'를 우리 손으로 단죄할 거거든. 출판 1팀 전 직원 모두가 편집장 퇴출을 요구하며 사표를 제출하기로 했어. 그녀를 몰아내기 위한 일종의 쇼지. 사장의 오른팔인 이사와도 이미 다 이야기가 돼 있어. 집단으로 사표를 쓰면 일을 할 수 없으니 사장은 편집장 하나를 잃고 우리를 지키려 할 게 뻔하거든. 이번 달 나와야 할 단행본이 무려 네 권이니 다른 선택은 없겠지."

출판사에 근무하는 I는 결연한 표정을 지으며 쿠데타 도모에 대한 계획을 털어놨다. 모든 성과를 가로채고 똑똑한 후배 직원들이 사장 눈에라도 들까 봐 사전에 모든 기회를 차단하며 억지와 감정싸움으로 회사의 암적인 존재로 군림하고 있는 편집장을 제거하기 위한 일종의 쿠데타를 모의한 것이다. '막강한 패'를 쥔 I의 표정은 자신만만해 보였다. 유능하고 똑똑한 자신이 비상하는 데 걸림돌이었던 편집장 P를 쳐내는 데 이만한 작전은 없다고 확신했다. 한데 그녀의 이야기를 듣는데 몇 가지 불안감이 엄습해 왔다. 과거 무능한 상사를 몰아내기 위해 쿠데타에 가담한 기억이 오버랩됐던 탓이다. 청승맞고 주책없는 늙은이처럼 잔소리가 내뱉어졌다.

"너 쿠데타가 얼마나 어려운 건지 아니? 99가지를 완벽하게 준비해도 한 가지를 실수하면 망치는 게 쿠데타야. 권력 이동은 그렇게 쉽게 되지 않는다는 걸 꼭 기억해!"

만일, 당신이 부족한(?) 상사를 몰아내기 위한 쿠데타를 모의하고 있다면 사전에 꼭 확인해야 할 몇 가지가 있다. 아무리 '못난이 상사'라 하더라도 궁지에 몰리면 살아남기 위한 온갖 똑똑한 방법들을 다 동원할 수 있는 초능력이 발휘되기 때문이다.

첫째, 쿠데타 가담자들 중 스파이는 없는가.
둘째, 사장 입장에서 상사 해임이 과연 최선의 선택인가.
셋째, 이 사건이 일어난 후 타부서의 반응까지 예측하고 움직이는 것인가.
넷째, 쿠데타가 실패할 경우 주동자만 위험할 수 있음을 알고 있는가.
다섯째, 당사자가 사진에 이 사실을 전혀 눈치채지 못했는가.

만일 이 중 한 가지라도 확신할 수 없는 상태라면 쿠데타는 위험하다. 궁지에 몰린 P가 더 큰 패를 들이밀며 자신이 살 궁리를 이미 도모했을 가능성이 높기 때문이다. 실제로 사전 준비가 미흡했던 I의 쿠데타는 실패로

끝이 났다. 주동자였던 I의 사표는 일사천리로 처리됐고 몸담고 있는 출판사보다 훨씬 규모가 작은 출판사로 급하게 이직했다. 물론, 상사를 모함하다가 잘렸다는 불명예와 함께 말이다. 쿠데타에 가담했던 다른 조직원들 역시 스스로 직장을 떠나거나, 바득바득 이를 가는 편집장 아래서 죽은 듯 회사 생활을 이어 가는 운명에 처해졌다. 계속 강조하지만 아무리 무능해 보이는 상사라도 그들은 그렇게 호락호락하지 않다. 구렁이 담 넘어가듯이 모든 문제를 얼렁뚱땅 해결하는 묘책을 지니고 있을 수도 있고 주인 곁을 한시도 떠나지 않고 지키는 충성스런 강아지마냥 상사의 신뢰를 100% 샀을 수도 있고 술자리 매력으로 미친 인맥을 과시하는 마당발일 수도 있다. 비록 직무 관련 실력은 직책에 비해 미비하더라도 숨겨진 어떤 위력으로 지금껏 살아남았을 가능성이 크다. 즉, 적잖은 후배 직원들이 자신을 제거하기 위한 쿠데타를 도모하고 있더라도 용케 알고 사전에 일이 실패할 수밖에 없게끔 판을 짜 놨을 수 있다. 아둔해 보이기만 했던 그러나 쿠데타를 뒤엎은 편집장, 그녀의 작전을 한 번 살펴볼까?

"반역을 준비하는 사람들은 서로 동일한 이해관계로 '상사 뒤통수 치기'를 도모한다고 생각하지만 똑같은 이해관계란 있을 수 없어. 쿠데타에 가담하는 이유가 각자 다를 수 있다는 이야기지. 연봉 협상 실패 후 앙심을 품고 가담한 행위일 수도 있고 차기 편집장을 노리며 계획한 만행일 수도 있고 배신자라는 타이틀이 두려워 울며 겨자 먹기로 선택한 행동일 수도 있어. 내 쪽에서 먼저 상대방의 가려운 부분을 긁어 주면 상황은 얼마든지 달라질 수 있거든."

부하 직원들의 구린내 나는 움직임을 간파한 편집장은 얼마 전까지 자신의 라인이었으나 연봉 협상 실패 후 자신에게 등을 돌린 부하 직원 K를 불러 살살 구슬렸다. 아무것도 묻지도 따지지도 않고 그저 '지난번 연봉 협상 때 의견을 수용해 주지 못해 미안하다. 대신, 다음 연봉 협상 시 20% 이상 인상할 수 있도록 힘써 주겠다'라는 파격적인 약속을 했다. 더불어 '너는 내가 가장 아끼는 후배다. 앞으로 네가 이 회사를 키워라'라는 약간의 사탕발림까지 잊지 않았다. 그러자 며칠 뒤 K는 스파이 역할을 자청하며 현재 돌아가고 있는 상황에 대해 소상히 전해 줬다. 언제 쿠데타가 일어날 것인지, 누구와 접선을 하고 있는지 그리고 누가 주동자인지 등에 대해 말이다.

"죄송해요, 편집장님. 저는 가담하고 싶지 않았는데 억지로…… 죄송합니다."

"그래? 그랬단 말이지. 미리 귀띔해 줘서 고마워. (이것들 두고 보자!)"

비록 부하 직원들에게는 신임을 얻지 못했지만 출판사 초창기부터 동고동락하며 회사 초창기 멤버로 사장의 신뢰를 얻고 있던 편집장은 결국 더 큰 카드 패를 들이 밀었다.

"일부 부하 직원들이 연봉, 승진 누락 등의 불만 사항을 품고 노조 결성을 하려는 움직임이 보여요. 근무 태도도 해이해졌고 다들 이직 등 다른 생각을 하고 있는 것 같아요. 제 리더십의 불찰이라고 생각하고 책임지고 물러나겠습니다. 그동안 온 마음을 다해 일해 왔는데 끝까지 책임지지 못해 죄송합니다. 흑흑"

물론, 그녀는 타부서장들과 식사를 하며 동정 여론과 주동자에 대한 괘씸죄 여론을 불러일으키는 과정도 잊지 않았다. 결과적으로 편집장의 사표와 부하 직원들의 사표가 서로 맞붙었다. 다만, 편집장인 그녀가 사전에 사장으로 하여금 미리 고민해 볼 수 있는 시간적 여유를 제공함으로써 자신에게 유리한 고지를 유지할 수 있는 전략을 펼쳤다. 인사권을 쥐고 있는 사장이 다각도에서 어떤 선택이 자신에게 이득인지, 더불어 문제를 해결할 수 있는 차선책은 무엇인지 탐색할 수 있도록 미리 손을 쓴 셈이다. 결국 I를 비롯한 직원들이 결전의 날이라며 쿠데타를 일으켰지만 다들 예상한 일이라는 듯 바람 빠진 풍선처럼 제 기능을 할 수 없었다.

적지 않은 상사들이 고백한다. 믿었던 후배에게 뒤통수를 맞은 적 있다고 자신의 목숨을 위협하는 '부하 직원의 반역'을 경험한 적이 있노라고 말이다. 이처럼 발발거리며 모시던 상사를 내치고 버리고 배신하는 행위가 반복적으로 일어나는 이유는 간단하다. 권력 욕심 탓이다.

별의별 명분과 변명으로 수많은 쿠데타, 부하 직원들의 반역이 일어나지만 결국 핵심은 상사에게 이양된 '권력 빼앗기'란 이야기다. 때문에 부하 직원에게 뒤통수를 맞고 피를 흘리지 않으려면 막강한 권력을 쥐고 있어야 한다. 부하 직원들이 단합해 움직이더라도 꿈쩍하지 않을 수 있을 만큼의 더 강력한 힘이 있어야 말만 들어도 가슴 서늘한 부하 직원의 반역을 피할 수 있다. 만일 부하 직원들의 크고 작은 배신 행위가 이어진다면 당신의 사내 수명이 다한 것은 아닌지 확인해 봐야 한다. 부하 직원들로부터 불편한 기류를 감지했다면 재빨리 조치를 취해야 한다. 먼저, 부하 직원들

사이에서 세력을 결집시키는 자가 누구인지 잘 관찰해라. 그녀가 당신의 권력을 빼앗아 가기 전에 지켜야 하기 때문이다. 그가 가장 신임하고 의지하는 사람이 누구인지 관찰한 뒤 그 주인공을 당신의 사람으로 만들어라. 모든 부하 직원들에게 일일이 마음을 얻기 위해 에너지를 소진할 필요는 없다. 사람들이 모이고 붙고 커지는 연결 고리를 파헤쳐 그들의 마음을 얻으면 된다. 위로는 인사권을 쥐고 있는 키맨(key man)과 긴밀한 유대 관계를 유지해야 한다. 언제 있을지 모를 위기 상황에서 '튼튼한 동아줄'을 제공받기 위해서.

조심해야 할 것은 부하 직원에게 제대로 뒤통수를 맞았다 하더라도 상처받은 모습을 드러내지 않는 거다. 잘 지내던 후배에게 뒤통수 맞고 위기 상황에 봉착하면 자존심이 상하고 불안하고 슬프다. 당연한 이치다. 하지만 벌거 벗겨진 모습을 그대로 노출하는 것은 위험하다.

코칭 회사 팀장으로 일하는 C. 그녀는 얼마 전 중국 출장을 다녀오면서 후배들에게 제대로 뒤통수를 맞는 일명 '험한 꼴'을 당했다. 사장의 총애를 얻어 승승장구하던 그녀를 시기한 후배들이 합심해 사장 면담을 신청해 C를 내쳐 줄 것을 요청한 것이다.

"주동자는 힌 살 위 후배 U였어요. 연상임에도 불구하고 직급이 낮았던 것에 콤플렉스를 느끼던 U는 때마침 얼마 전 일 처리를 제대로 못해 혼나서 성이 나 있는 후배와 결탁해 세력을 확장했죠. 후배들의 성과를 중간에서 가로채는 것은 비일비재하고 비인간적 언행은 물론 술김에 입에 담지 못할 욕지거리를 하며 언어 폭력을 서슴지 않는다는 등 말도 안되는 거짓

말을 고했더군요. 출장을 다녀와 보니 사무실 분위기가 어찌나 썰렁하던지…… 등줄기에서 오싹한 식은땀이 흐르더라고요."

후배들이 작당하고 몰아내기를 시도하는 상황에서 C의 입지는 날이 갈수록 좁아졌다. 이직을 할까 생각도 했지만 그동안의 공헌을 생각해 사장이 직접 밀어낼 리는 없다는 믿음으로 때를 기다렸다. 묵묵히 맡은 바 일을 수행하며 자신의 우호 세력을 확장시켜 나갔다. 부하 직원 중 자신을 잘 따르던 후배에게 매일 점심을 사 주며 자신의 버팀목 역할을 부탁했고 타부서 임원들과 긴밀한 관계를 형성하며 자신의 결백을 입증시켜 나갔다. 부서장과 따로 술 한 잔 하며 자신의 심정을 호소하기도 했다. 그러던 어느 날 사장으로부터 문자가 왔다.

"당분간 튀지 말고 묵묵히 업무에 충실할 것. 나머지는 내가 막아 주겠음."

야심차게 상사 몰아내기 쿠데타를 주도했음에도 불구하고 별다른 움직임이 나타나지 않자 주동자들은 조금씩 지쳐 가기 시작했다. 시간이 더 지나자 오히려 자신들이 화해의 손길을 내밀었다.

"선배, 그동안 오해해서 죄송해요."

"아냐. 앞으로 나 좀 많이 도와줘."

그녀는 말한다. 직장 생활에서 영원한 아군도 적군도 없다고. 자신의 뒤통수를 쳤던 후배에 대한 앙심이 다 사라진 건 아니지만 이번 사건으로 리더십과 대인 관계 점수에 타격을 입은 이상 당분간 우호적 관계를 지속할 계획이다.

역사적으로 모든 나라에는 쿠데타가 존재했다. 부하의 반역으로 새로운 나라가 탄생되기도 했고 권력에 눈이 먼 자들의 목숨을 담보로 한 참혹한 정치 싸움으로 끝이 나기도 했다. 하지만 눈여겨봐야 할 사실은 왕권이 건재하고 나라가 태평성대일 때는 피비린내가 진동하는 무모한 쿠데타가 감히 일어나지 않았다는 점이다. 감히 빼앗아 보고플 만큼 상대방이 만만하게 판단될 때, 먼저 치지 않고서는 생존을 보장받을 수 있는 불안한 상황일 때 사람들은 목을 내놓고 반역을 주도한다. 만일 누군가 쿠데타를 준비하고 있다면 그것은 힘을 가운데 두고 빼앗으려 하는 사람이나 빼앗길 사람 모두 위태로운 상태라는 암시다. 모두가 벼랑 끝으로 내몰리기 전인 지금 평화로운 힘의 분배를 조율해야 할 시점은 아닐까.

COACHING 08
바쁘다는 말의 속사정

요즘은 "바쁘죠?"라고 묻는 안부 인사가 최고의 칭찬인 것 같다는 생각이 든다. 오랜만에 인사를 나누는 동료에게도 "요즘 많이 바쁘지?"라고 묻고 막역한 친구와 안부를 나눌 때도 "무척 바쁘게 지낸다는 이야기 들었어." 라며 운을 뗀다. '바쁘다'라는 말 이면에는 24시간이 부족할 만큼 할 일이 많은 중요한 사람이라는 뜻이 숨어 있고 사회에서 인정하는 '잘나가는 인물'이라는 확인의 메시지가 숨어 있기 때문이다. 때문에 많은 사람들이 바쁜 척 행동한다. 잠시라도 한가롭게 보이면, 시간적 여유가 넘치는 것처럼 보이면 '별 볼일 없는 사람'으로 낙인찍힐까 두렵기 때문이다.

그런데 참 재미있는 것은 바쁘다는 말은 사내 정치에서 가장 빈번하게 사용되는 말인 동시에 가장 난해한 말이다. 상황에 따라, 직급에 따라, 관계에 따라 전혀 다른 의도로 사용될 수 있기 때문이다. 만일 누군가 당신에게 바쁘다는 말을 해 온다면 그 말 이면에 숨겨진 속뜻을 제대로 파악

할 수 있어야 한다. 그 메시지를 제대로 파악하는 날 둘 간의 미묘하게 얽힌 이해관계를 제대로 바라볼 수 있다.

중견 기업 총무팀에서 근무하는 D. 그녀는 얼마 전 대리 직급을 달았다. 입사한 지 6년이 넘었지만 진급 적체 현상이 심해 얼마 전에야 비로소 빛나는 대리 타이틀을 얻었다. 더불어 신입 사원도 채용해 그녀를 보필할 듯직한(?) 부하 직원도 생겼다. 제대로 각이 나오는 대리가 된 것이다. 한데 그녀가 대리가 되고 나자 늘 '바쁘다'라는 말을 달고 사는 게 아닌가. 부하 직원이 보기엔 그다지 바빠 보이지 않는데도 뭐가 그렇게 일이 많은지, 짜증 섞인 바쁘다는 말을 입에 달고 사는지 도통 이해가 되지 않는다. D가 전하는 바쁘다는 말의 메시지는 대체 무엇일까? 바쁘다는 말의 정치적 기능은 크게 네 가지로 요약될 수 있다.

첫째, "지금 업무를 당신이 좀 해 줬으면 해." (권위를 이용한 불합리한 지시)
둘째, "당신을 위해 나는 충성을 다하고 있습니다." (상사를 향한 간접적 아부)
셋째, "솔직히 난 당신이 우스워요." (별다른 이해관계가 없음을 전하는 무시)
넷째, "날 더 건드리지 말아요." (추가 업무를 배치받기 싫다는 자기방어)

"답답해 죽겠어요. 상사 복도 중요하지만 부하 직원이 잘 들어와야 직장 생활이 편한데 새로 들어온 신입 사원은 착하기만 했지 눈치가 없어요. 할 일이 없으면 상사일을 알아서 도와주는 센스가 있어야 하는데 메신저를 하거나 조용히 시간을 죽이고 있으니 말이죠. 그럴 거면 내 일이나 좀 해 주지 말이에요. 하지만 대놓고 '야! 너 나 좀 도와줘'라고 이야기하기도 좀 껄끄럽더라고요. '아이구 바빠 죽겠네'라고 말하면 그녀가 좀 알아들을까 해서 짜증과 분노의 바쁘다는 말을 버릇처럼 달고 사네요."

여자들은 군대를 전역한 남자들처럼 서열에 익숙하지가 않다. 아무리 자신의 부하 직원이라 할지라도 상사의 권위를 앞세우며 명령조의 말을 하기가 참 어렵다. 직접적으로 지시하고 명령하면 간단할 일을 간접적으로 돌려서 '나 너의 상사야'라고 옹알거린다. 눈치 빠른 부하 직원 같으면 용케 알아듣고 바로 시정 조치를 취하겠지만 순도 100%의 순수하기만 한 부하 직원이라면 '우리 대리님 오늘따라 참 바쁘네.'라고 생각할 거다. 한마디로 D가 부하 직원 앞에서 자주 사용한 바쁘다는 말은 자신의 일을 기피하고자 한 의도로 사용된 말이다. 의도적으로 일이 너무 많은 척함으로써 '하고 싶지 않은' 업무를 떠맡기고 싶다는 메시지를 피력한 거다. 보통 이런 식의 바쁘다는 말은 상사가 부하 직원에게 혹은 같은 직급의 동료라도 실질적으로 더 큰 파워를 지닌 사람이 자신의 직급을 무기로 불합리한 지시를 간접적으로 내리고플 때 사용한다.

반면, 아부의 한 측면으로 바쁘다는 말을 활용할 수도 있다. 잘 보이고픈 대상에게 달콤함 말과 행동을 직접적으로 전달할 수도 있겠지만 '당신을 위해 이렇게 내가 충성하고 있습니다'라는 메시지를 담은 여러 형태의 몸짓으로 간접적인 아부를 지속적으로 행할 수도 있다. 바로 표시가 나지는 않지만 은은하게 지속되는 비간접적인 아부는 때로는 그 어떤 감언이설의 아부보다 강력하다. 하지만 내 앞에서 늘 바빠 보이는 모습을 연출한 부하 직원에게 상사는 출처를 알 수 없는 '애잔한 충성심'을 느끼곤 했다. 실제로 '바쁘다'라는 말을 즐겨 쓰는 사람들 중 일부는 상사에게 자신이 회사를 위해 혹은 상사를 위해 얼마나 충성스럽게 열심히 일하고 있는지를 보여 주기 위한 속임수로 바쁘다는 말을 활용하곤 한다. 그들에게 '바쁘다'라는 말은 그러니까 '당신에게 잘 보이고 싶어요' '당신을 위해 나는 존재해요'라는 강한 아부성 발언을 담은 일종의 정치적 쇼인 셈이다. 참 아이러니하게도 많은 상사들이 자신의 부하 직원이 정신없이 바쁜 모습을 보면 뿌듯함을 느낀다고 하니 실제로 이보다 더 좋은 아부가 어디 있을까 싶다.

또 다른 기능은 상대방에 대한 '간접적 무시'다. 당신의 제안에 관심 없다 혹은 당신에게 관심 없다는 뜻으로 사용될 수 있다. 예를 들어 볼까? 식품 제조 회사에 근무하는 O는 얼마 전 승진에서 물 먹었다. 동기 중 두 명은 과장으로 승진했는데 입사 시기가 동일한 그녀는 두드러지는 성과를 보이지 못했다는 점과 상사들에게 받은 인사 고과가 상대적으로 낮았다는 점 등을 이유로 진급 심사에서 탈락됐다. 아직 기회는 몇 번 더 남아 있기에 크게 신경을 쓰지 않으려 노력하고 있다. 그런데 진급에 탈락한 뒤 동기의 태도에 미묘한 변화를 감지하고 마음이 쓰인다.

"나른한 오후인데 우리 잠깐 커피 한 잔 할까?"

"앗 미안! 지금 좀 바빠."

번번이 바쁘다는 핑계로 티타임 데이트를 거절당하고 나니 여러 가지 의문이 든다.

'승진 후 정말 차 한 잔 같이 못할 정도로 바빠진 걸까? 아님 과장 승진한 거 유세하는 걸까? 그것도 아님 내가 싫어진 걸까?'

좀 마음 아프지만 정확하게 상황을 진단하면 그녀는 이제 O에게 더 이상 관심이 없어진 거다. 차 한 잔을 할 만큼 동기애가 강한 것도 아니고 애써 '호호하하' 하며 얻을 정치적 이득이 있어 보이지도 않고 남들은 모르는 사내 비밀 정보를 그녀가 손에 쥐고 있을 리도 만무하고 한마디로 시간 아깝다는 뜻이다. 아마 그녀의 속내는 이럴 거다.

"내가 보기엔 넌 다음 승진 심사 때도 탈락될 것 같아. 우린 이제 노는 물이 다르다고!"

마지막으로 '바쁘다'라는 말의 또 다른 기능은 상대방의 동정심을 자극해 자신을 보호하기 위한 수단이다. 만일 상사가 추가로 떨어진 일을 해결하기 위해 부하 직원들을 노려보다 당신을 호명했다면 어떻게 반응할까? 아마도 바쁘다고 호들갑을 떨며 발을 뺄 거다.

"부장님, 저 지난번 배치된 일 마무리하느라 정신이 하나도 없어요. 지금은 너무 바쁜데요."

물론, 정말 눈코 뜰 새 없이 바빠서 새로운 일을 추가로 진행하기가 불가능한 상황일 수도 있다. 하지만 당신의 마음 한구석에서는 이런 말을 외치고 있을지 모른다.

"왜 하필이면 나니? 다른 애 좀 시켜라. 나 좀 쉬고 싶다."

오만상을 찌푸리며 바쁜 척을 하는 부하 직원의 모습 앞에서 상사들은 순간적으로 나약해진다. 자신을 위해 충성을 바치며 열심히 일하고 있는 직원에게 가혹한 지시를 내리는 것 같아 미안해지고 나쁜 상사의 역할을 자처하는 것 같아 뜨끔해진다. 때문에 바쁘다며 요란을 떠는 부하 직원 대신 상대적으로 유순하고 착해 보이는 부하 직원에게 일을 떠넘길 거다. 상사는 당신의 '바빠 죽겠다'라는 속뜻을 본능적으로 이해했기 때문이다. 이 밖에도 바쁘다는 말에 숨겨진 메시지는 헤아릴 수 없을 만큼 다양하다. 바쁜지 여부를 묻고 바쁘다는 대답을 하는 사람들 간의 이해관계, 서열관계, 대화를 나누게 된 계기, 상황 등에 따라 전혀 다른 의미를 내포할 수 있는 탓이다.

얼마 전 나는 갑의 관계에 있는 한 거래처 직원에게 한 통의 전화를 받았다. 그녀는 다짜고짜 내게 물었다.

"요즘 많이 바쁘시죠?"

그녀의 말투, 호흡, 전화를 건 시간 등의 온갖 요소들을 종합해 순간 집중력과 통찰력을 발휘해 대답했다.

"아니에요. 다들 바쁜데 저는 한가하네요."

"어머, 다행이네요. 이번에 저희 기관에서 진행하는 프로그램 기획에 참여해 주실 수 있는지 여쭤 보려 했거든요."

그렇다. 만일 내가 그때 '바쁘다'라는 말이 가진 미덕을 발휘해 "네, 정신없이 바쁘네요."라고 대답했다면 결정권을 쥐고 있는 갑인 그녀는 순간적으로 "뭘 좀 여쭤 보려고 했는데 바쁘시면 일정이 안될 것 같네요."라며 아예 제안조차 하지 않았을지 모른다. 그녀의 '바쁘냐'라는 질문 안에는 자신에게 맹목적인 순종(?)이 가능한 환경이 되는지 여부를 확인하는 도구였을 것이다.

　누군가 당신에게 '바쁘냐'라고 물어온다면 아무 생각 없이 '바빠요'를 외치는 대신 그 질문 속에 담겨진 의도를 파악해 대응하자. 혹시 바쁘다는 핑계로 비겁한 게임을 벌이고 있다면 무조건 당하고 있을 필요는 없다. '너만 바쁘냐. 나도 바쁘다'라고 대차게 응대할 필요가 있을 때도 있다. 만일 당신이 그녀의 속마음만 제대로 파악하고 있다면 말이다.

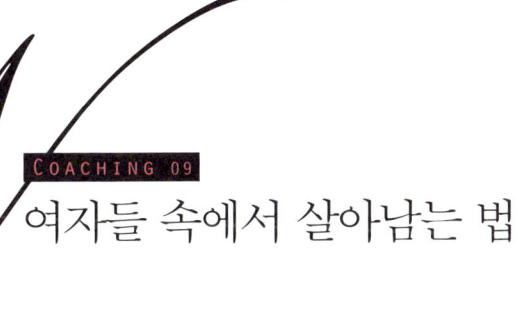

COACHING 09
여자들 속에서 살아남는 법

"내가 뭘 그렇게 잘못했어? 내가 그렇게 만만해? 난 그저 열심히 하려고 한 것뿐이라고!"

그토록 명랑하고 까불기 좋아하던 A는 대학 병원에서 간호사로 직장 생활을 시작한 지 6개월 만에 웃음을 잃었다. 얼굴 가득 돌던 생기가 사라지더니 이내 말이 줄어들었고 심리 상담 치료를 권유하고 싶을 만큼 예민하고 신경질적인 사람으로 변해 갔다. 누구나 처음 시작하는 직장 생활이 쉬울 리 없겠지만 A의 상태는 좀 심각해 보였다. 며칠 전에는 친구들끼리 수다를 떨다가 꺼이꺼이 목 놓아 울기까지 하는 게 아닌가.

"날 괴롭히는 특별한 이유도 없어. 바로 위 사수는 그냥 내가 재수 없다며 말마다 꼬투리를 잡고 말도 안되는 누명을 씌워 괴롭혀. 며칠 전에는 구비해 둔 약품이 없어졌다며 오후 3시에 퇴근한 나를 밤 12시에 병원으로 불러냈어. 주위 사람들에게 나를 얼마나 씹었는지 주임간호사나 수간호사 모두 경계하는 눈치야. 어떻게 해야 할지 모르겠어. 매일매일 눈을 뜨는 게 두렵고 무서워."

 대체 그녀는 왜 이토록 미운털이 박혀서 매일 아침 눈 뜨는 일이 고역일 정도로 고생을 하는 걸까? 문제는 바로 간호사 특유의 조직 문화를 제대로 이해하지 못한 데 있었다. 간호사 조직은 여자 군대로 불릴 정도로 살벌한 서열 중심의 문화와 여성 비율이 95%가 넘는 대표적인 여초 집단이다. 말도 많고 탈도 많은 그 조직의 특수성을 이해하지 못한 채로 신입 간호사 생활을 하다 완전히 찍혀 버린 것이다. 실제로 특수한 간호사 조직 문화에 적응하지 못해 퇴사하는 신규 간호사 비율이 30%를 넘는다. 현직 간호사들의 조언에 따르면 신입 간호사 시절 절대 하지 말아야 할 일곱 가지 룰이 있다고 한다. 잠깐 간호사의 세계를 엿보도록 할까?

 첫째, 말대답이나 말대꾸는 자살 행위다.
 둘째, 진한 메이크업이나 여성스런 헤어스타일은 '묻지 마 테러'를 당하는 지름길이다.
 셋째, 업무 보고 때 거짓말하다 들키면 영원히 찍힌다.
 넷째, 남자 의사들과 거리를 둬라. 스캔들이 돌면 곧 음지 발령 통보 온다.
 다섯째, 주제에 환자랑 싸우면 '선배님, 나를 괴롭혀 주세요'를 자청하는 꼴이다.
 여섯째, 학연 중심의 문화에 버틸 내공을 키워라.
 일곱째, 수간호사나 간호부장에게 아부하다 들키면 집단 따돌림을 각오해야 한다.

간호사 조직에서 통용되는 룰이긴 하지만 여성이 대다수인 여초 조직에서는 대부분 통용될 만한 이야기들이다. 여성들이 모인 집단에는 남성 집단에서는 나타나지 않는 독특한 문화와 질서가 형성되기 때문이다. 가장 대표적인 특징이 바로 '말이 많다'는 것이다. 여자들은 타인에게 관심이 많다. 관계 중심적인 성향 탓에 남들이 어떤 옷을 입고 어떤 말을 하며 어떤 생각을 하며 살아가고 있는지 늘 관심이 많다. 동료가 못 보던 옷을 입고 출근하면 어디 브랜드인지, 얼마 주고 샀는지, 어디서 구매했는지까지 알아야 직성이 풀리며 태생적으로 남의 이야기를 하는 걸 즐거워한다. 그러다 보니 한 마디 말은 백 마디 말로 부풀려지기 일쑤고 비밀스럽게 나눈 대화가 쥐도 새도 모르게 천리에 퍼져 있는 경우들이 많다. 시기, 질투의 대상으로 몰려 근거 없는 비난과 루머에 시달려야 하는 상황도 비일비재하고 남성 직원들과의 스캔들로 '호박씨 잘 까는 대표 주자'로 낙인찍히는 상황도 발생한다.

내 친구 중 한 명은 현재 후배 따돌리기 프로젝트를 선동하고 있다. 예쁘장한 생김새와 타고난 애교 기술로 남자 직원들의 사랑을 한 몸에 받고 있으나 건방진 태도로 딱 밥맛인 D후배를 괴롭히기 위해 별의별 작전을 다 펼치고 있는 중이다. 그녀가 실행하고 있는 방법을 살펴보면 먼저 자신과 같은 라인의 상사, 동료, 후배들과 카르텔을 형성해 D에 대한 부정적 인식 전파하기, 호칭이나 말투 등으로 그녀를 무시하는 분위기 풍기기, 말을 붙이면 바쁜 척하며 은근히 묵살하기 등 다양하고 치밀하다. 가장 주력하고 있는 전략은 언뜻 타당하고 정확해 보이는 증거들을 들이대며 주변 사람들에게 그녀가 왜 따돌림을 받아 마땅한지 설득하는 일이다.

"D가 전에 다녔다는 회사에 아는 사람이 있는데 좀 평판이 별로였더라고요. 남자 상사랑 스캔들도 있었고 동료들과 다투는 일도 잦아서 부서장이 아주 골치를 썩었대요. 게다가 우리한테는 자신의 기업 경력이 2년 남짓 있는 것처럼 말했잖아요. 그런데 제가 알아보니까 계약직으로 1년 남짓 있던 게 다래요. 참 애가 맹랑하죠?"

눈을 번뜩이며 D를 씹어대는 그녀 앞에서 이의를 제기하기는 힘들었을 터다. 이로써 그 자리에 함께 있던 사람들은 암묵적으로 비공식적으로 D를 밀어내는 동맹에 가담하는 맹세를 하게 된 꼴이 됐다.

어찌 보면 여자들이 우글거리는 조직에서 살아남기 위해서는 아니 평화롭게 생존하기 위해서는 직장 생활 안정기에 접어들 때까지 미운털 박히지 않고 별다른 스캔들에 휘말리지 않고 조직원들의 관계 속으로 들어가는 게 관건이다. 여자들이 많은 조직 내에서 이렇게 미운털이 제대로 박히면 인격 모독 발언을 즐기는 남자 부장 밑에서 일하는 것보다 더 죽을 맛이니까 말이다. 그렇다면 대체 어떻게 해야 미운털 하나 박히는 일 없이 조직원들의 사랑과 관심을 한 몸에 받으며 행복하게 직장 생활을 할 수 있을까? 만일 그대가 바로 직장 내 은근한 따돌림이나 적극적 모함 세력에 의해 머리털이 다 빠져 나갈 지경인 상황이라면 몇 가지 팁을 제시하니 다음과 같이 행동해 보도록 하자.

TIP: 은근한 따돌림에서 벗어나는 방법

1. 첫째도 둘째도 셋째도 튀지 말 것

모난 돌이 정 맞는다고 했다. 너무 튀거나 예쁘거나 스타일리시하거나 폭발적인 인기를 자랑하는 여자들은 정 맞기 딱인 대상이다. 개인적으로 정말 밥맛인 신입 사원 중 하나는 이제 막 대학을 졸업한 신분이면서도 명품 백과 신발로 치장하고 다니는 유형이다. 트렌드에 민감하고 자기 투자에 열정적인 신세대 여성으로 보이기는커녕 기본기도 없으면서 과시하고 과장하고 싶은 욕구가 강한 유형으로 찍히기 십상이다. 일부러 촌스러울 필요는 없지만 각종 호기심과 의혹을 불러일으키는 과한 복장과 메이크업은 자살 행위다. 빨리 인정받고 똑똑해 보이기 위해 나서서 중책을 맡으려 하거나 과한 의욕을 불태우는 것도 오해와 불신을 사기 쉽다. 아무리 아름다워 보이고 싶고 유능한 인재로 어필하고 싶더라도 이제 막 직장 생활을 시작한 신참내기라면, 이직한 지 얼마 되지 않은 뉴 페이스라면 침착. 조금 촌스럽게 보이도록, 조금 부족해 보이도록, 그리하여 아무도 당신을 경계하고 두려운 대상으로 인식하지 않도록 몸을 낮추자. 그대의 능력이 검증될 때까지 특유의 발랄함과 싹싹함으로 동지들을 만들 때까지 말이다.

2. 나쁜 소문을 퍼뜨린 당사자를 찾아냈다면 적반하장으로 '고맙다'라고 인사해라

"어, 그래. 당신이 바로 나를 모함하는 악의 축이로구나!"라고 생각하고 같이 맞수를 둘 생각은 잠시 접고 괴롭겠지만 착한 척하는 자세가 필요하다. 절대 부르르 떨며 진위 여부를 따지며 캐물으려고 하면 안 된다. 그 대신 그 당사자를 찾아가 "우연히 제 소문에 대해 들었어요. 다른 사람들이 저를 그렇게 생각하는 줄 몰랐는데…… 고맙습니다. 그런 의도로 행동한 건 아닌데 앞으로 정말 조심해야겠다는 생각이 들었어요."라고 이야기하자. 상대방은 순간 당황하며 그대를 험담하고 다닌 자신에 대한 변명을 늘어놓을 것이다. 그것만으로도 앞으로 재생산될 루머와 따돌림은 줄어들 거다.

3. 권력자의 마음속으로 파고들어라

학창 시절부터 늘 튀고 잦은 구설수에 시달리는 타입이었다면 입사 후 조직 내 여성 권력자의 오른팔이 되기 위해 필사적으로 움직여라. 강력한 지지 세력이 존재해야 당신을 지켜보는 수많은 눈과 입으로부터 자유로울 수 있다. 갈구고 싶고 밀어내고 싶고 헐뜯고 싶지만 막강한 세력이 뒤를 돌봐주고 있으니 자신의 정치적 안전을 위해서라도 함부로 나설 수 없다. 내가 아는 사람 중 한 명은 직장 상사가 급한 일이 생길 때마다 일찍 퇴근해 상사의 아이들을 돌봐주며 마음을 샀다. 어린아이 둘을 둔 워킹맘의 가장 아쉬운 부분이 무엇인지 일찌감치 알고 쥐도 새도 모르게 그녀의 베이비시터가 된 것이다. 비록 직장 내에서는 실수도 많고 눈에 뛰는 실적을 올리지도 못했지만 권력자의 마음을 산 그녀는 상사의 아늑한 보호 아래 조금씩 승승장구할 수 있었다. 물론, 타조직원들은 늘 고개를 갸우뚱거리며 궁금해했다.
"팀장님은 대체 저 인간 왜 이렇게 예뻐하는 건데?"
오른팔이 되는 더 자세한 방법은 뒷장에서 따로 설명할 테니 참고하도록.

4. 사람으로 온 위기는 사람으로 타파해라

만일 이미 현재 조직원들에게 미운털이 단단히 박혔다면 새로 거듭날 수 있는 기회가 올 때를 기다려라. 가장 좋은 터닝 포인트의 예는 신입 사원들이 대거 입사하는 시즌이나 클라이언트 사의 중요한 인물과 사적인 인맥 형성 등이 될 수 있다. 당신을 지지하고 따르는 세력이 형성되면, 한 계급 내 리더로 인정받게 되면 피라미드 구조의 조직 사회에서는 보다 효과적인 인력 관리를 위해 많은 팔로우들을 거느린 키맨을 주시할 수밖에 없는 법이다. 비록 감정적으로는 미운털이 남아 있다 하더라도 정치적 이해관계를 위해서 일시적인 화해를 청할 수밖에 없다. 그 일시적인 화해를 기회로 삼아 조금씩 자신의 입지를 강화시켜라. 중요한 프로젝트를 수행하는데 결정적인 파워를 과시할 수 있는 인맥을 소유하고 있거나 실제적인 정보를 공급할 수 있는 인적 네트워크가 있는 사람 역시 마찬가지다. 쓰면 뱉고 달면 삼키는 사내 정치의 원리상 지금 당장의 이익을 위해 당신에게 손을 내밀 수밖에 없다. 사람에 의해 난관에 봉착해 있다면 사람으로 위기를 극복해라.

COACHING 10
총무를 자청하면 승진이 보인다

"승진은 직장인들의 목표죠. 하지만 갈수록 치열해지니 참 생존하기 힘들어요."

얼마 전 취업 포털 '커리어'가 직장인 573명을 대상으로 사내 정치와 관련된 설문 조사를 벌인 결과 권력을 얻기 위한 가장 기본적인 조건으로 전체 26%가 '인적 네트워크'를 꼽아 1위를 차지했다. 그다음으로 실제 업무 능력 및 전문성(25.5%), 좋은 이미지와 평판(21.3%), 자신감 넘치는 말과 행동(12.7%), 출신 학교 및 집안 배경 등 스펙(14.4%) 순이었다. 설문 결과를 정리하면 업무 능력과 평판, 학벌 다 중요하지만 뭐니뭐니 해도 사내 정치의 핵심 요소는 밀어주고 당겨 줄 수 있는 사람들과의 네트워크란 이야기다. 직장 내 파워 게임에서 승리하기 위해 필요한 기술을 묻는 질문에 대한 답변 역시 비슷하다. 남성들은 '동시다발적 권력 전선 구축-영향력 널리 확장(21.6%)'이 필요하다고 답했고 여성들은 '햇볕 정책-적을 동지로 만드는 능력(24.6%)'이 파워 게임에서 승리하기 위한 필요 자질이라고 답했다.

실세를 비롯해 조직 내 다양한 사람들과 두루두루 친하게 지내며 영향력을 확장시키는 일이야말로 안정적인 인사 고과를 확보하고 안전한 승진 커리어를 획득하는 길이 되겠다. 하지만 어렸을 때부터 내성적이던 성격이 하루아침에 외향적으로 변할 리 만무하고 속이 뻔히 보이는 목적을 위해 인적 네트워크를 맺기란 다 식어 빠진 삼겹살 두루치기를 꾸역꾸역 먹어대는 일보다 역겹게 느껴질지 모른다.

하지만 숨은 비책이 있으니 그것은 바로 '총무 자청하기'다. 대기업 등 큰 조직엔 총무부 이외에 각 부서나 지점마다 살림을 꾸리는 이른바 공식 총무들이 있다. 주된 업무로는 각종 공과금 집행하기, 조직원 경조사 챙기기, 대청소 일정 잡기, 비품 구매하기, 생일 케이크 주문하기, 야유회 장소 섭외하기, 회식 장소 물색하기, 야식 메뉴 주문하기 등이 있다. 법원에도 '밥총무'가 있단다. 재판장·우배석·좌배석 판사로 이루어진 합의 재판부엔 점심값 실비가 나오는데 이를 관리하고 식사 장소를 잡는 일을 한다. 지법에선 보통 우배석, 고법에선 좌배석 판사가 총무다.

"우배석이 좌배석보다 높은데 지법 좌배석은 법원에 들어온 지 얼마 안 됐을 수도 있어 우배석이 총무를 맡고 고법은 10년 이상 된 판사들이 가니까 막내가 맡는 것 같아요."

한때 총무직을 수행했던 박상만 서울 가정 법원 판사가 한 신문 인터뷰에서 고백한 말이다.

한마디로 총무직은 궂은일, 힘든 일을 총괄하는 책임자로 조직 내 사회적 파워가 미비한 약자가 주로 담당한다. 때문에 많은 사람들이 울며 겨자 먹기 심정으로 총무직을 수행한다.

"회식 일정 한번 잡으려면 얼마나 손이 많이 가는지 아세요? 조직원들이 가장 편한 날짜 잡기 위해 설문 조사 해야지, 매번 새로운 메뉴를 선보이기 위해 동네 식당들을 죄다 꾀고 있어야 하지, 빚쟁이처럼 회비 걷어야 하지, 경비로 뭘 좀 사기라도 하면 그 많은 영수증 꼬박꼬박 모아서 보고 해야지, 남자친구 생일 챙기기도 바쁜데 대리부터 부장까지 생일 케이크 사다 날라야지 정말 손이 많이 가요. 게다가 사람들이 서로 얼마나 취향이 다른지 아세요. 회식 메뉴 한번 잡으려면 육식 좋아하는 부장 눈치 봐야지, 얼마 전 채식주의 선언한 팀장 눈치 봐야지…… 하루 빨리 막내 직원이 들어와서 지긋지긋한 총무 업무를 넘겨줬으면 좋겠어요."

J전기회사 회계팀에서 근무하는 Y씨는 총무직을 맡게 된 것에 대한 볼멘소리를 쏟아 낸다. 그녀의 짜증과 불만의 감정 속에는 '만만한 게 나야?'라는 분노의 의문도 포함돼 있다. 대다수의 여자 직장인들이 Y처럼 혹여나 잔손 많이 가는 총무직이라도 맡게 될까 전전긍긍한다. 그러나 이런 행동은 전략적인 사내 정치 관점에서 볼 때 너무나 미련스럽고 안타까운 행동이 아닐 수 없다. 총무직을 맡으면 귀찮긴 하지만, 더 바빠지긴 하겠지만 더 많은 사람들에게 효과적으로 나를 알리고 다가갈 수 있는 절호의 기회이기 때문이다. 총무라는 직함을 이용해 팀원들의 생일을 챙기며 정성껏 케이크와 과일을 마련해 생일 파티를 주최하다 보면 본의 아니게 조직원들의 생일을 줄줄 외우게 된다. 즉, 누구보다 먼저 반갑게 조직원들

의 대소사를 챙길 수 있는 권한을 부여받게 되는 거다. 경비로 차린 생일상이지만 조금만 영특하게 군다면 모든 공은 총무인 당신이 돌려받을 수 있단 이야기다.

사실, 많은 조직원들의 생일을 일일이 챙기기 부담스럽다 보니 대부분의 사람들이 서로 알고도 모른 척 대충 넘기는 '쿨한 태도'를 보인다. 그러나 1년에 한 번밖에 없는 특별한 생일날 동료라고 생각했던 조직원들의 냉랭하고 썰렁한 태도를 보면 서운함이 켜켜이 쌓인다. 그때가 바로 총무가 빛을 발할 순간이다.

"팀장님, 생신 축하해요. 팀장님 생일 케이크는 평소 좋아하시는 티라미수로 준비했어요. 과일도 팀장님 품격에 어울리는 스트로베리 앤 키위! 해피 버스데이 투 유!"

얼마나 깜찍하고 센스 있는 아부이자 정치적 액션이란 말인가. 야유회나 세미나를 진행해야 하는 상황도 그렇다. '총무 본능'을 평계로 팀 내 고위직부터 말단직까지 언제든 부담 없이 전화를 걸어 이야기를 나눌 수 있다. 준비할 사항과 사전에 확인해야 할 사항들을 물으며 평소 전하고 싶었던 이야기나 궁금했던 정보들에 대해서도 은근슬쩍 물어볼 수 있다. 총무란 직책을 달고 있는 한 인적 네트워크 확장과 긍정적 이미지 메이킹 형성을 위한 정치 전략을 의심할 사람은 없다. 특히나 여자 직원이 총무 본능을 평계로 회사일, 그것도 잡무에 열정적으로 임하는 모습을 어필하게 되면 상사는 떡잎부터 다른 여직원이라며 눈여겨볼지 모른다. 승진을 위한 최고의 영업, 공공의 적을 만들지 않고 독야청청 비상할 수 있는 브랜드

마케팅 전략이 바로 총무직 잘 수행하기인 셈이다.

돌아보면 내게도 지난했던 총무 시절이 존재했다. 여성 매체 신입 기자 시절 어찌어찌하다 총무가 됐다. 기억을 정확히 더듬어 보면 조세 저항이 가장 적은 취재비가 정산되는 날 각출해 팀 내 회식을 기획하는 일을 한 번 맡게 된 것이 자연스럽게 총무 타이틀을 안겨 주게 됐다. 동의나 사전 양해도 없이 맡겨진 총무직을 수행하면서 나는 자주 골이 나곤 했다. 그러나 총무 경력 4년차쯤에 접어들면서 내가 묘한 권력의 중심에 서 있음을 깨닫게 됐다. 의미 없는 잡무라고는 하지만 공적인 업무를 제외하고 사적인 업무는 모두 내 손을 거치게 되니 계급과 상관없이 조직원들이 내게 개인적으로 요청하는 일들이 많아지는 게 아닌가.

우리 회사의 경우 매월 특종상을 받는 기자를 선발해 약간의 금일봉과 선물을 전달했다. 물론 선물을 구입하는 일은 총무인 내 몫이었다. 지극히 사적인 감정을 바탕으로 호감 관계에 있는 동료가 상을 타는 날엔 평소 그가 좋아하는 물품을 정성껏 장만해 선물했고 별로 말도 섞기 싫은 동료가 상을 타는 날엔 근처 농협에 들러 축산물 상품권을 몇 장 주곤 했다. 그러다 보니 회사 경비로 지급받는 선물, 이왕이면 마음에 드는 것을 받고픈 조직원들은 내게 로비 아닌 로비를 하기 시작했고 개인적인 속내를 전하기도 했다. 친근한 수다와 따뜻한 차로 마음을 표현한 것이다.

상사의 경우에도 크게 다르지 않았다. 생일상을 차리는 일도 내 몫이다 보니 상사들 간에는 보이지 않는 신경전이 발생하곤 했다. 특히 라이벌 관계에 있는 상사의 생일엔 푸짐한 생일상을 차려 주고 화기애애한 분위기를 띄워 주면서 자신의 생일엔 썰렁하고 찬바람 '쌩쌩' 부는 생일상이 차려질까 봐 은근히 마음을 쓰는 소심한 모습을 보이곤 하더라.

"부장님! 내일 생신이시죠. 다들 참석할 수 있게 점심 먹고 바로 티타임 겸 생일 파티하려고 해요. 드시고 싶은 디저트 메뉴 있으시면 말씀 주세요."

나는 나름의 총무 파워를 발휘해 상사들의 가려운 곳을 먼저 긁어 주기 시작했고 그 대가로 크고 작은 기회를 남몰래 수여받곤 했다. 그리고 아무도 쉽게 범접할 수 없는 나만의 권력을 확장해 나갔다.

물론, 모든 총무들이 일정한 기득권을 확보하는 것은 아니다. 총무도 총무하기 나름이기 때문이다. 하기 싫은 데 억지로 하는 듯한 냄새를 풍기거나, 대단한 벼슬이라도 지내는 것처럼 거드름을 부리거나, 총무직을 수행하는 데 많은 노동력을 소모하면서도 생색 한 번 부릴 줄 모르고 본전도 못 찾는 총무들도 있다. 하지만 이왕 시작한 회사 생활, 건강하고 전략적인 사내 정치를 시작하고 싶다면 남들 다 꺼리는 총무직부터 자청해 보면 어떨까 싶다. 회사도 사람들이 모여 사는 조직이다. 사람은 작은 것에 마음 상하고 사소한 것에 큰 감동을 받는다. 별것 아닌 것에 상대방의 마음을 얻기도 하고 반대로 잃기도 한다. 여기에 총무직을 자청해야 하는 사내 정치의 이유가 숨겨져 있다.

TIP: 총무, 이럴 땐 정말 때려치우고 싶어요!

1. 여기 음식 맛이 별론데 누가 섭외했어?

발품 팔아가며 어렵사리 유명한 맛집으로 회식자리를 섭외하면 불만을 쏟아 내는 사람이 어디나 꼭 한 명은 있다. '맛이 없네' '양이 적네' '너무 시끄럽네' 등 불만을 쏟아 내는 조직원을 볼 때면 울화가 치민다. 무슨 부귀영화를 누리고자 이런 고생을 했나 억울함이 밀려온다.

2. 오늘 생일 파티 언제 할 거예요?

한창 바빠 죽겠는데 할 일 다 끝내고 피둥피둥 노는 동료가 생일 파티 운운하면 정말 머리에서 연기가 난다. 총무가 머슴이냐고 따지고픈 마음이 들기도 하지만 총무직을 맡은 이상 아무리 바빠도 완성해야 할 임무들이 있으니 한숨만 는다.

3. 워크숍, MT를 가도 총무는 팀원들 눈치 보느라 놀지도 못해

총무들에게는 이른바 직업병이 있다. 이른바 '노심초사 총무병'이다. 모두가 편안하게 즐기고 노는 상황에서도 마음을 놓을 수가 없다. 자신이 섭외한 장소, 음식, 서비스 등과 관련해 팀원들이 보이는 반응에 자신도 모르게 촉각을 곤두세우게 되기 때문이다. 왜 이런 스트레스까지 받아야 하는지 가끔 억울하다.

4. 뭐야, 공금이 비잖아 (사비 털어 회비 채울 때)

하늘을 우러러 한 점 부끄럼 없이 투명한 회계 업무를 진행했음에도 불구하고 꼭 이런 사건이 일어난다. 일순간 공금을 탐하는 부정한 직원이라는 의심의 눈초리를 받거나 공금 관리 하나 제대로 못하는 사람 취급을 받을 때, 심지어 사비 털어 비용을 메워야 할 때 총무는 너무나 서럽다.

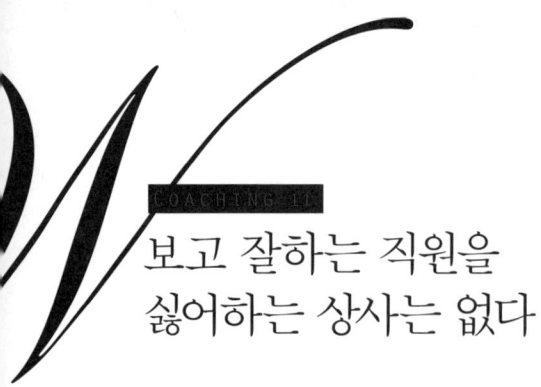

COACHING 11
보고 잘하는 직원을 싫어하는 상사는 없다

"아부와 보고만 잘해도 살아남는다."
직장 생활을 막 시작할 때 술자리에서 선배들이 자주 들려줬던 이야기 중 하나는 직장 생활을 잘하기 위해서 꼭 필요한 것 중 하나가 바로 아부와 보고라는 조언이었다. 상사의 기분을 맞추고 마음을 얻기 위한 전략적 액션인 '아부'가 꼭 필요하다는 것은 이해가 되지만 일상적으로 주고받는 보고와 얼마나 차이가 난다고 보고를 잘해야 한다는 것인지 궁금해하곤 했다. 무조건 진행 상황을 상사에게 자주 보고하라는 것인지, 보고 시 말투나 태도가 중요하다는 것인지, 보고 타이밍을 잘 맞춰 진행해야 효과적이라는 말인지 제대로 이해가 되지 않았다. 실제로 많은 상사들은 보고 잘하는 부하 직원이 그렇게 예쁠 수가 없다고 말한다. 일반적으로 보고를 잘한다는 것은 아래 세 가지 요소를 포함한다.

첫째, 핵심 내용을 빨리 정확하게 전달하는 능력

둘째, 상사의 스타일에 따라 보고 스타일을 달리 적용할 수 있는 능력

셋째, 최고의 보고 타이밍을 잡는 능력

세 가지 요소가 모두 중요하지만 비즈니스 보고 영역에서 가장 핵심적 역할을 하는 것은 바로 첫 번째 내용이다. 보고의 목적이 바로 결론 전달이기 때문이다. 따라서 상사에게 보고를 진행할 때는 결론부터 말하는 습관을 훈련해야 한다. 물론, 보고자 처지에서 본다면 결론만 말하는 게 쉽지 않다. 계약 성사까지 얼마나 난관이 많았는지 그것들을 얼마나 열심히 제거하고 처리했는지 말하고 인정받고 위로받고 싶은 마음이 들겠지만 지금 당신을 바라보고 있는 상사가 궁금한 것은 오로지 지금까지의 결과물이다. 현재까지 일 처리가 어떻게 되고 있는지, 어떤 검토와 지원이 필요한지, 얼마나 성과를 올렸는지 일목요연하게 전달하면 된다.

"제가 가장 싫어하는 보고 유형이 어떤 건지 아세요? 정작 중요한 말은 맨 뒤에 하고 불필요한 말들로 말의 요지를 흐리는 스타일이에요. 특히 무능한 직원일수록 마이너스 정보를 누락시킨 채 보고하거나 상황의 심각성을 제대로 설명하지 않고 대충 넘어가요. 중간 보고의 의미가 뭐예요? 좋은 소식인지 나쁜 소식인지 정확하게 보고를 해서 사전에 긴박한 도움을 지원하든지, 아니면 재판단을 하든지 상사가 상황을 진두지휘할 수 있도록 해야 하는 건데 대충 얼버무리고 넘어가서 나중에 시한폭탄 같은 일을 터뜨리죠. 더 이상 손을 쓸 수도 없는 상태에서 '결국 안됐다'라는 선전 포

고를 해요. 상사 입장에서 정말 '원수' 같은 인간이 따로 없어요."

보고의 본질은 잊고 순간의 위기감을 벗어나기 위해 본질을 흐리는 내용을 첨부한다든가, 사실이 아닌 내용을 사실처럼 전달한다든가, 부정적인 결론을 포함한 마이너스 정보를 누락한다든가 하는 꼼수가 바로 상사들이 가장 질색하는 보고 스타일이다. 보고의 핵심 기능을 마스터했다면 이제는 상사 유형별 효과적인 보고 커뮤니케이션 노하우 터득이다. 상사마다 어찌나 스타일이 다르고 선호하는 보고 방식이 다른지 상사에 대한 정확한 파악 없이는 비생산적인 보고서 테두리 너비 확인과 오탈자 체크만 반복하다 최종 보고서를 제출하게 될지도 모른다.

이 장에서는 에릭 번의 TA(Transactional Analysis) 교류 분석 성격 이론에 따라 상사의 유형을 다섯 가지로 진단하고자 한다. 에릭 번에 따르면 우리의 자아 상태는 크게 다섯 가지로 나눌 수 있다. 누군가를 통제하려 하고 권위를 내세우는 CP, 배려 깊고 이해심 넘치는 NP, 현실적이고 이성적인 A, 감정적이고 충동적인 FC, 순응적이고 의존적인 AC가 그것이다. 자, 그렇다면 우리는 아니 우리의 직장 상사는 어떤 유형에 속하는지 한번 살펴볼까? (팁으로 제시된 TA 교류 분석 진단지 검사를 진행해 보세요.)

1. 까라면 까 독불장군 CP형

이 스타일은 독단적이고 자기중심적이다. 타인에 대한 배려나 인내심이 부족하다. 때문에 이런 스타일의 상사를 모시고 있을 경우에는 무조건 그에게 맞추는 것이 상책이다. 보고를 할 때도 상대방이 빨리 알기 쉽게 결과부터 일목요연하게 보고하는 게 현명하다. 왜냐하면 CP형들은 자신이 원하는 이야기가 서두에 나오지 않으면 소리를 '꽥' 지르며 "답답하게 굴지 말고 본론만 말해."라고 일침을 가하거나 당신을 위아래로 훑으며 뭔가 대단히 못마땅한 표정으로 화를 내기 십상이기 때문이다. 따라서 두괄식의 간단명료한 보고 방식을 연마해야 한다. 나머지 내용은 그의 질문에 응하는 답변으로 보충하면 된다. 예를 들면 "1주간의 영업 결과는 수주가 1건, 결론 대기 4건, 상담 진행 중인 안건이 5건입니다." 식으로 결론만 간단하게 전달하자. 그가 알아서 자신이 궁금한 점들을 묻기 시작할 거다.

독불장군 CP형 상사가 선호하는 보고를 잘하기 위한 팁을 하나 소개하면 입에 '첫째, 둘째, 셋째' 등 수사를 자주 이용하는 방법이다. 많은 내용을 간결하게 정리할 수 있는 비결이다.

2. '그래서 그랬구나' 공감박사 NP형

상대에 대한 배려, 인내심이 강한 인자한 NP형의 경우에는 마치 이야기를 하듯 과정과 결론을 유기적으로 연결해 보고하는 방식도 괜찮다.

"1주일 동안 70개소를 방문하여 영업 활동을 했는데 결과는 예상보다 저조했습니다. 실제로 상담이 진행되었던 것은 10건에 불과하고 나머지 30건은 흥미는 보여 주었지만 구입할 의향은 나타내지 않았습니다. 안타깝게도 결국 10개의 상담 건 중 수주가 확정된 건 단지 한 건 뿐입니다. 나머지는 대기 4건, 상담 진행 중 안건이 5개로 정리됩니다."

이 유형은 공감 능력이 강하기 때문에 당신이 보고하는 모습이 조금 답답하더라도 인내심을 발휘해 과정과 결과 모두 주의 깊게 들으려고 노력한다.

한 가지 더! NP형의 상사들은 상대방에 대한 배려가 뛰어나기 때문에 단도직입적으로 상황에 대한 보고를 묻기보다 우회적으로 보고 필요성을 이야기하거나 자연스럽게 "잘돼 가고 있지?"라고 물을 확률이 높다. 이때는 중간보고가 듣고 싶다는 신호이니 중간보고 타이밍을 바로 잡도록.

3. '합리적 설득'만이 OK A형

똑똑한 A형은 비논리, 비합리적 보고를 가장 싫어한다. 이 유형이 상사라면 중간보고라도 보고 형식에 필요한 완벽한 구비 서류를 준비하는 것이 유리하다. 그렇지 않으면 자칫 이성적이고 논리적인 A형 상사에게 면박을 받거나 무시당할 확률이 높다. 개인의 생각이나 의견 따위는 중요하지 않다. 지금 당신이 활용하고 있는 자료가 얼마나 권위 있는 집단에서 신뢰할 만한 표본 집단을 대상으로 한 설문 조사인지 등에만 주목한다. 이를테면 부하 직원이 "신제품 관련 스토리텔링 기법 활용 광고를 도입해야 인기를 얻을 것 같습니다."라고 제안한다면 A형의 상사는 다짜고짜 "누가 그래?"라고 물을 거다. 그리곤 "관련 증거 자료들 수집했어? 각국의 예시와 관련 논문, 리서치 자료 수집해 와."라고 요청할지 모른다. 때문에 A형 상사에게 중간보고를 할 때는 남의 의견과 자신의 의견을 확실히 구별해 보고하고 자신의 생각을 개진할 때는 객관적 증거 자료를 토대로 설득하는 것이 요령이다.

4. 종잡을 수 없는 어린아이 FC형

어린아이 같은 기질이 강한 FC형이 상사라면 관계와 정서를 기반으로 보고 타이밍과 내용을 조절하는 요령도 좋다. 감정적이고 풍부한 감성의 소유자인 이들에게는 무엇을 보고하는 것보다 때론 어떻게 보고하느냐에 따라 피드백이 전혀 달라질 수 있다. 때문에 보고 타이밍을 결정할 때 상사의 기분, 감정, 지금 하고 있는 일 등을 총체적으로 고려해 결정하자. 자칫 방금 전 일정 때문에 꼬여 있는 감정이 당신에게 다 쏟아질 수 있으니 말이다.

"기준 씨, 이리 와 봐! 내가 지난번 작성하라고 한 제안서 어떻게 되고 있어?"

"아, 아직 마무리 중입니다."

"마무리하라고 한 지가 언젠데 아직도 끙끙거리고 있어. 회사가 우스워? 그런 식으로 일할 거면 일찌감치 짐 싸서 다른 데 알아봐. 사람이 느려 터져서 말이야."

FC형의 상사들은 감정적이고 충동적인 탓에 자신의 감정 상태에 따라 보고를 기분 좋게 받을 수도 있고 반대로 제대로 듣지도 않고 화를 펄펄 내며 '다시 하라'고 생트집을 잡을 수도 있다. 때문에 이 같은 유형의 상사를 모시고 있는 사람이라면 그가 제시한 마감일보다 이르게 일을 마무리한 뒤 상사의 감정 상태가 청청할 때 보고 타이밍을 노리는 게 현명하다. 똑같은 콘텐츠임에도 불구하고 어떤 날은 날벼락을 맞기도 하고 어떤 날은 만개한 아몬드꽃처럼 정신없이 쏟아지는 칭찬 세례를 받을 수도 있다.

5. 한번 삐치면 무서운 AC형

AC형의 상사는 일반적으로 자신의 의견을 개진하기보다 상대방에게 맞춘 채 속내를 잘 드러내지 않는 특징이 있다. 소심하지만 인내심이 고도로 발달한 이들은 부하 직원에게 불만족스러운 점이 발견되면 자신의 감정을 솔직하게 표현하지 못한 채 꿍하게 담아 놓는다. 그러다 보고서 오타나 띄어쓰기가 발견되면 이를 핑계로 그동안 쌓아 놨던 감정을 분출한다. 때문에 AC형이 상사라면 수시로 보고를 하며 상사의 기분과 의견을 살피는 것이 중요하다. 이들의 가장 큰 단점은 부하 직원이 보고를 누락한 채 자신 멋대로 일을 처리한다는 생각이 들면 괘씸죄를 적용해 인사 평가 등에 불리한 점수를 줄 수 있다. 상사가 퇴근한 후에도 업무를 처리하다 어려운 점이 있다면 문자 메시지 등을 이용해 현재 상황을 살짝 귀띔하는 것이 현명한 처사인 셈이다.

절대 잊지 말아야 할 것은 아무리 사소한 문제라 하더라도 지금 일어나는 일들에 대한 사실을 있는 그대로 그것이 부정적인 결과든 반대로 긍정적이든 상사에게 보고하고 공유하는 습관을 길러야 한다는 사실이다. 이 보고 과정을 통해 내성적이고 수동 성향이 높은 AC형 상사는 상사답게 개입할 기회를 잡을 수 있기 때문이다.

"팀장님, 이번 보고서 규격은 어떻게 할까 논의차 전화드렸어요. 글자 크기도 정해 주시면 거기에 맞춰 내일 오전에 보고드리겠습니다."

너무 쪼잔한 보고 아니냐고? 그렇지 않다. 별걸 다 기억하는 AC형 상사는 쪼잔한 보고를 받을 때 제대로 된 보고를 받았다고 흐뭇해한다. 상사의 마음을 사로잡는 효과 만점의 매력적인 보고법을 찾고 있다면 당신의 상사 유형부터 분석해 보길 바란다. 상사에게 함박웃음을 선물할 수 있는 보고란 결국 상사의 마음을 훔치는 것을 말할 테니까 말이다.

TIP: 나는 어떤 유형? (TA 교류 분석 검사지 첨부)

이 검사는 자아 상태의 구조를 알아보려는 것입니다. 아래의 문항을 읽고 너무 깊게 생각하지 말고 현재 자신을 나타내는 정도를 보기에서 골라 해당되는 것의 점수를 아래 흰 공란에 기입하세요. 자신이 이상적으로 바라는 것에 답하지 말고 전체 문항을 15분 안에 해야 정확도가 높습니다.

출처: 한국교류분석심리연구회(www.promania.org)

구분	항목	응답
1	다른 사람을 헐뜯기보다 칭찬이나 격려를 잘하는 편이다.	
2	대화나 강의에서 격언, 속담을 잘 인용한다.	
3	'법이 없어도 살아갈 수 있는 사람'이라는 소리를 자주 듣는다.	
4	행동이나 말이 활발하고 자유로운 것을 좋아한다.	
5	말이나 행동을 냉정하고 침착하게 하므로 안정된 분위기를 느낀다.	
6	'내가 말하는 대로 하면 된다'라는 식으로 말한다.	
7	상냥하고 부드러우며 애정이 깃들어 있는 대화나 태도를 취한다.	
8	텔레비전, 영화 등을 보면서 마음이 약해 눈물을 잘 흘리는 편이다.	
9	육하원칙에 따라 사리를 따지거나 설명하는 편이다.	
10	호기심이 강하고 기발한(창의적) 착상을 잘한다.	
11	말을 할 때 부모님이나 선생님 등 상대방의 안색을 자주 살핀다.	
12	직장 내외의 외부 활동이나 사회봉사 활동에 참가하기를 좋아한다.	
13	사회의 윤리, 도덕, 규칙 등을 중시하고 준수한다.	
14	다른 사람으로부터 부탁을 받으면 거절하지 못한다.	
15	문제 발생 시 원인을 반드시 파악하고 향후에 대처 방안을 생각한다.	
16	자신을 개성이 강하고 제멋대로라고 생각한다.	
17	다른 사람의 마음에 들고 싶어 무지 신경 쓴다.	
18	부모나 상사가 시키는 대로 군말 없이 하는 편이다.	
19	손해가 되는 일은 안하며 금전적인 이익이나 기타 이익이 되는 일을 중시하고 참여 여부를 결정한다.	
20	일을 능률적, 효율적으로 잘 처리해 간다.	

구분	항목	응답				
21	매사에 결정이나 행동에 조심스럽고 소극적인 편이다.					
22	대화에서 감정적으로 되지 않고 이성적으로 풀어 간다.					
23	상대방의 이야기를 잘 경청하고 공감하는 편이다.					
24	책임감이 강하고 약속 시간을 칼같이 지킨다.					
25	부하나 아이의 실패에 대해 관대하고 격려한다.					
26	의리와 인정에 끌려서 아이나 부하, 동료 등 누군가를 마음에 걸려 한다.					
27	신이 나면 흥분되어 실수를 종종하고 개념 없이 행동한다는 소리를 듣는다.					
28	아이나 부하를 엄격하게 다루고 교육시킨다.					
29	생각하고 있는 바를 입 밖으로 내지 못하는 성격이다.					
30	친구나 동료, 아이들이나 부하에게 신체적 접촉과 같은 스킨십을 잘하는 편이다.					
31	상대의 말을 가로막고 자신의 생각을 말한다.					
32	분위기를 주도하는 유머가 있으며 장난기가 넘친다.					
33	어떤 일이나 사실에 근거해서 말하고 판단한다.					
34	상대의 실수를 지적하고 정정해 줘야 속이 시원하다.					
35	열등감이 심한 편이고 자신의 감정을 억눌러 버리는 편이다.					
36	오락이나 술 등 음식물을 만족할 때까지 취한다.					
37	미래의 일을 냉정하고 예리하게 예측하고 행동한다.					
38	욕심나는 것을 가지지 않고는 못 배긴다.					
39	자신의 생각을 관철하기보다 타협하는 경우가 많다.					
40	동정심이나 배려심이 강하고 아이나 타인을 돌봐 주기를 좋아한다.					
41	어떤 결정을 내릴 때 사실을 말하거나 반대 의견을 자주 듣는다.					
42	중얼중얼 하는 목소리로 말하거나 우물쭈물 사양하는 편이다.					
43	답답하고 생각 없는 친구나 아이를 보면 무시하고 정신 차리라고 충고한다.					
44	기쁨이나 화를 내는 등 감정 상태를 직접적으로 표현하고 뒤끝이 없다.					
45	풀이 죽어 있는 사람이나 슬픔에 빠져 있는 사람에게 다가가 위로하거나 북돋워 주기를 즐겨 한다.					
46	현상을 잘 관찰, 분석하고 합리적으로 의사 결정을 한다.					
47	'…해도 괜찮을까요?' '…할 생각입니다.' '이젠 됐습니다.' '어차피 저 따위는…' 등의 말을 쓴다.					
48	"와, 멋있다!" "굉장하군!" "아하!" 등의 감탄사를 자주 쓰며 농담을 잘한다.					
49	'당연히 …해야 한다' '…하지 않으면 안 된다'라는 식의 말투를 잘 쓴다.					
50	권리를 주장하기 전에 자신에게 주어진 의무를 다한다.					
분석	합계					
	유형	CP	NP	A	FC	AC

- 언제나 그렇다(매우 긍정 5점), 자주 그렇다(약간 긍정 4점), 그저 그렇다(보통 3점), 좀처럼 그렇지 않다(약간 부정 2점), 거의 그렇지 않다(매우 부정 1점)
- 흰 컬러로 표시된 항목에 점수를 쓴 뒤 세로로 총합을 계산하세요. 가장 높은 점수로 기재되는 유형이 자신이 속한 유형입니다.

COACHING 12

성희롱이 취미인 그에게
'깜찍하게' 경고할 것

"이전 회사는 작은 회사였는데 여자를 쉽게 생각하는 문화가 있었어요. 심지어 우리 부서장은 회식 때 술만 마시면 여직원 다리를 만져요. 삼십대 싱글 여자 대리에게 주로 그랬는데 그 대리가 퇴직한 이후로는 저한테도 가끔 그래요. 어떻게 해야 좋을까요?"

여자 직장인들의 고충을 토로하는 한 카페에 올라온 글이다. 이 글을 보고 '오 마이 갓 아직도 이런 미친놈이 있단 말이야?'라는 생각에 몸을 떨었다. 하지만 세상엔 별의별 남자 상사들이 있고 모든 조직에 여직원 고충 위원회나 여성 노동조합 같은 별도의 기구가 존재하는 것도 아니니 지금 이 순간에도 여직원을 성적 노리개로 여기며 망언과 저질 행동을 일삼는 남자 상사들이 있을 거다. 대체 이런 정신 나간 놈들은 어떻게 대응해야 좋을까? 면전에 대고 이건 명백한 성희롱이라며 직언을 하자니 앞으로 당할 직장 생활의 불이익이 두렵고 그냥 아무렇지 않은 듯 웃고 있으려니

'이렇게까지 직장 생활을 해야 하나' 하는 생각에 자존감이 바닥을 친다.

여기서 잠깐 성희롱의 개념을 살펴보면 성희롱은 직장 등에서 상대방 의사에 반하는 성과 관련된 언동으로서 불쾌하고 굴욕적인 느낌을 갖게 하거나 이를 조건으로 고용상의 불이익 등 유무형의 피해를 주는 행위를 말한다. 노동법상 성희롱과 형법상 성범죄를 구분하는 차이가 있는데 노동법상 성희롱을 기준으로 본다면 성희롱을 분간하는 기준은 절대적으로 피해자의 입장으로 당사자가 '어, 이건 성적 굴욕감을 주는 언행인데!'라고 느끼면 성희롱인 거다. 가해자가 고의로 했는지, 실수로 했는지 의도 따위는 성희롱 성립에 불필요하다. 직장 내 성희롱을 대응하는 방법에 대해 전문가들은 몇 가지 방법을 추천한다.

첫째, 성희롱 행위가 일어난 순간 거부 의사를 분명히 밝히고 적극적인 태도로 행위 중지를 요구할 것
둘째, 회사 내 고충 처리 기관에 신고할 것
셋째, 문제를 사내에서 해결하지 못할 경우 성희롱 행위가 일어난 날로부터 3개월 이내 고용 평등 위원회에 조정 신청할 것
넷째, 국가 인권 위원회에 진정할 것

하지만 문제는 이 같은 단계가 성희롱 행위에 대처하는 정석이라 할지라도 소심한 직장 여성들에게는 좀처럼 실행하기 힘든 거대한 작업이라는 데 있다. 게다가 자칫 일을 크게 만들어 더 많은 피해자를 배출할 수도 있

고 가해자의 정치 싸움과 복수로 인해 2차 피해를 일으킬 수도 있다. 실제로 많은 여성 피해자들이 가해자의 형사 처분을 원할 경우 '명예 훼손'을 이유로 역고소당하는 경우가 허다하다. 사실, 성희롱을 즐겨 하는 놈이라면 이런 대응에도 눈 하나 깜짝 안 하고 오히려 큰소리를 치며 '난 그저 널 챙겨 준 것밖에 없다'라고 으르렁거릴 계몽이 불가능한 인간일 확률도 높다. 어린 여자 직원의 공격에 복수의 칼날을 갈고 있을 게 뻔하다.

"네가 감히 나를 곤경에 빠트려? 어디 앞으로 두고 보자. 너 같은 거 하나 잘라 내는 건 일도 아니라는 걸 보여 주지."

다음 사례가 바로 그런 경우다. 대학 후배 중 한 명은 졸업 후 A해운회사에 입사했다. 그런데 입사 후 몇 개월 지나지 않아 부서장이 회식자리에서 만취가 돼 여직원들을 자신의 다리에 올려놓고 진한 키스를 하고 심지어 가슴까지 만지며 성행위를 연상시키는 성희롱 장면을 목격했다. 그녀는 다행히 그와 멀찌감치 떨어져 있어 직접적인 피해를 당하지는 않았지만 그 환경에 처해 있다는 것만으로 수치스럽고 굴욕감을 느꼈다. 다음 날 아침 회사 인트라넷에는 어제 부서장의 행위를 고발하는 글이 올라왔고 사내 고충 처리 위원회 담당자가 부서장을 호출해 진상을 조사하기 시작했다. 그녀는 '저 인간 제대로 혼쭐이 나겠구나. 쌤통이다' 싶은 마음이 들었지만 이내 예기치 못한 상황이 일어났다. 앙심을 품은 부서장이 회식자리에 있던 여직원들을 한 명 한 명 불러 마지 취조를 하듯 "네가 그랬냐? 네가 아니면 누가 그랬냐?"를 하루 종일 반복적으로 물으며 신고자 색출을 위한 고문 아닌 고문을 진행한 것이다.

"하루 종일 고문에 시달리다 보니 가해자보다 피해자가 원망스러웠어요. 괜히 일을 크게 만들어서 별 상관도 없는 여직원들까지 곤경에 처하게 만들었잖아요."

모두가 성희롱의 피해자였음에도 불구하고 오히려 정석대로 일을 처리한 여직원을 책망하는 묘한 기류가 형성됐고 결국 이 사건은 별것 아닌 일로 마무리됐다. 그리고 처음 사건을 고발한 그녀는 조직 내 왕따가 됐다. 정말 안타까운 엔딩이 아닐 수 없다. 그녀는 용감했지만 정치적으론 현명하지 못했다. 사내 감시 부서에 바로 사건을 고발하기 전에 당시 피해자였던 여직원들에게 동의를 구하는 작업부터 했어야 했다. 우리 모두가 피해자인 만큼 똘똘 뭉쳐 가해자를 어떻게 응징하고 처벌할 것인지 서명을 받거나 구두 합의부터 이뤄 냈어야 했다. 그래야 어떤 불이익이 있더라도 '같은 배를 탄 공동 운명체'라는 연대를 이어 갈 수 있기 때문이다.

상사들이 가장 두려워하는 것은 부하 직원들이 똘똘 뭉쳐 한 편이 되는 거다. 개인 대 개인으로 맞붙을 때는 상사의 권위와 힘으로 짓밟을 수 있지만 단체로 덤비면 이겨 낼 방도가 없다. 성희롱을 당하고 있다면 개별 싸움을 벌이는 대신 단체 투쟁으로 판을 만들어라. 대신 당신이 주동자가 되는 건 위험하다. 조직의 권력자가 이 사건을 계기로 자신의 조직 장악력을 재정비하려고 한다면 주동자만 본보기로 잘려 나갈 가능성이 높기 때문이다. 만일 상대적으로 경미한 성희롱이 반복적으로 일어나고 있다면 바로 대처하자. 큰 싸움으로 만드는 대신 초반에 문제의 싹을 잘라 내는 편이 때론 현명할 수 있다는 얘기다. 이를테면 이렇다.

"차장님, 이 술이 맛있는 건 제 입술이 닿아서가 아니라 지금 회식 분위기가 좋아서예요. 남들이 들으면 차장님이 성희롱 발언한 걸로 오해하겠어요. 자, 오늘을 위해 건배!"

상대방에게 당황스럽고 불쾌한 감정을 불러일으키기보다는 '아차 실수했구나' 싶은 깨달음을 주는 깜찍한 지적은 큰 리스크를 감수하지 않고도 상황을 개선할 수 있다. 물론, 전공법은 아니다. 강조했지만 전공법은 그 자리에서 성희롱적 발언을 공론화하며 공개 사과를 받는 거다. 하지만 이런 행동은 그 상사만큼이나 내가 조직 내 영향력이 있을 때, 다른 회사에서 지속적인 러브콜이 오고 있을 때, 잘려도 무방할 때가 현실적으로 가능하다. 더럽고 치사하고 황당무계해도 일정 부분 참고 융통성 있게 움직여야 하는 것이 바로 사내 정치의 핵심이기 때문이다. 문득 한때 내 똥배를 농담의 화두로 올리며 웃고 떠들던 B과장이 생각난다. 두 근은 족히 넘을 것 같은 자신의 똥배나 잘 관리할 것이지 귀엽게 잡히는 내 똥배를 보고 가슴보다 똥배가 크다는 둥, 매력 포인트라는 둥 어이없는 성희롱을 즐겨했던 그는 언젠가부터 그 저질스런 언행을 멈췄다. 아마 나의 재치 넘치되 무서운 지적의 말을 듣고부터일 게다.

"과장님은 역시 럭셔리해요. 요즘은 성적인 농담 잘못하면 5백만 원 벌금 내는 시대인데 역시 남다르시네요."

마음 같아선 당장 감옥에라도 보내고 싶겠지만 어리석고 멍청한 그에게 새로 거듭날 수 있는 기회를 줘 보자. 그토록 봐주고 기다려 줬는데도 영 변신할 기미가 보이지 않는다면 이제는 정석의 스텝을 밟을 차례다.

TIP : 소름 끼치는 성희롱, 사전에 방지하는 노하우

잠깐, 퀴즈! 성희롱이 가장 빈번하게 발생하는 조직은 어디일까?

① 대부분의 직원이 남성이고 여성이 극소수인 조직
② 남녀 비율이 비슷한 직장
③ 여성의 성비가 더 높은 조직

상식적으로는 ①-②-③의 순서대로 성희롱이 발생하는 비율이 많을 것이라고 생각하지만 실제는 ②-③-① 순으로 조사됐다. 〈일과 직업〉이라는 책에 따르면 미국에서 수많은 업종의 크고 작은 직장에서 조사원들이 잠입해 6개월간 성희롱 실태를 관찰했는데 남녀 비율이 비슷한 직장일수록 여성에 대한 성희롱을 문제의식 없이 반복하고 있는 것으로 드러났다. 남자들은 남녀 비율이 비슷할수록 여성을 사회적 약자가 아닌 '여성' 그 자체로 보는 성향이 높아진다. 하지만 여성이 조직 내 극소수일 경우 대다수의 남성들은 무의식적으로 배려해야 하는 소수자라고 인식한다. 때문에 말과 행동을 조심하게 되는 것이다. 반면에 남자들은 동물적인 본능으로 여자가 다수인 조직에 들어가게 되면 강자의 우위를 더 확고히 하고 싶은 욕망에 시달린다. 다수의 여자들 사이에서 자신의 입지를 강화하기 위해 더욱 서글고 강한 모습으로 여직원들을 대하는 특수성이 나타난다. 여기에 성희롱이 일어날 수 있는 확률을 낮추는 비결이 숨어 있다.

1. 남녀 비율이 비슷한 조직에서는?

당신을 '보호받아야 하는 사회적 약자'로 어필해라. 언젠가 아이를 낳을 여성, 즉 모성권이 보호받아야 될 여성임을 은연중에 강조하는 대화를 하는 게 효과적이다. 예를 들면 자궁 경부암 검사를 주기적으로 하고 있다거나, 유방암 방지 운동을 하고 있다는 등의 이야기를 건강 검진 시즌이 돌아왔을 때 자연스럽게 흘리는 식 말이다.

2. 여성 비율이 더 높은 조직이라면?

남자 상사가 상대적 위축감을 느껴 남성성을 드러내는 언행을 하기 전에 먼저 배려하라. 남자가 절대 다수인 조직이라면 '소수자를 배려'하는 행동을 먼저 보여라. 이를테면 회식 메뉴를 그에게 선택하게 하고 대화의 주도권을 먼저 넘기자. 자신들보다 이해심, 배려심 높은 고등 동물이라는 생각이 들도록 말이다. '레스토랑 점심 회식' 이런 것만 외치다가는 '역시 여자들이란······.' 이란 생각으로 성차별적 발언이 나갈 수도 있다는 걸 기억해라.

3. 남성이 다수이고 여성이 극소수인 조직에서는?

괜히 외롭다고 여자들끼리 떼를 지어 다니지 말고 조직 내 소수자임을 인정하고 당당하게 배려를 부탁해라. 여직원들이 몰려다닐수록 남성들은 만만한 약자의 몸부림으로 인식한다. 특히 워크숍, MT 등의 행사에 혼자 참석하게 됐다면 혼자 쓸 수 있는 공간을 사전에 부탁하는 등 소수자로서 마땅히 배려받아야 할 것들에 적극적으로 움직이도록!

똑똑한 언니가 들려주는
Secret

승진을 부르는
회식자리 퀸카 되는 비결

교육 컨설팅 업체인 L사에는 정말 매력 만점의 '대리님'이 있다. 프로그램을 같이 기획하고 강의 섭외 건으로 자주 만나면서 몇 번 회식을 함께하면서 나는 그의 '팬클럽 회장'이 돼 버렸다. 연예인 외모를 지녔다거나 요즘 웬만한 남자들은 다 지닌 식스팩 근육 몸매의 소유자라고 상상하면 오산이다. 평범한 외모 그리고 조금 아쉬운 근육을 지닌 대한민국 대표 평범남이다. 그런데도 지금껏 만난 어떤 유명인보다 나쁜 남자와 야생남의 오묘한 조화를 선보인 영화 '범죄와의 전쟁' 속 하정우보다 더 치명적인 매력을 지니고 있다. 대체 이유가 뭐냐고? 그는 개그콘서트 개그맨들보다도 몇 배는 유머러스하고 쾌활한 분위기 속에서 타인을 높이고 자신은 낮추는 엄청난 개인기를 지닌 '보석 같은 남자'다.

임신, 출산 그리고 경력 단절을 경험한 후 쉽사리 사람들의 이목을 집중시키지 못했던 여직원 U에게는 '우리 어머니'라는 별칭으로 부르며 그녀의 존재감을 부각시켰고 입사한 지 얼마 안되는 수줍은 막내 신입 사원에게는 '짝퉁 김태희'라는 애칭으로 인지도를 상승시키는 역할을 했다. 그뿐만이 아니다. 종교적 이유, 체력적 이유 등으로 술 마시기를 거부하며 회식자리 분위기를 망치는 사람들에게는 '백기사'를 자청하며 대신 들이켜 솔선수범의 미덕(?)을 발휘해 연신 유쾌한 분위기를 조성했다. 벌칙으로 누가 노래라고 부를 참이면 '군대 박수' 요령을 조직원들에게 숙지시켜 열렬한 호응과 박수갈채를 이끌어 냈다. 무대 위 주인공이 된 순간 오롯이 주목받고 환호받고 싶어하는 인간의 욕망을 그가 채워 주고 있었다. 그러나 그는 주인공 역할을 자청하지 않는다. 그저 누군가의 서포터로, 팀의 도우미로 회식자리 분위기를 좌지우지하고 있었다. 그가 있음으로 모두가 함께 빛날 수 있는 힘, 그것이 바로 '대리님'이 회식자리 킹카가 될 수 있었던 비결인 동시에 타부서로 빼앗길 수 없는 까닭인 셈이다.

성공을 갈구하는 많은 직장인들이 '회식자리 퀸카'가 되는 비결을 궁금해한다. 회식은 업무의 연장이자 숨겨 놨던 매력과 정치력을 회식에서 은밀히 발산할 수 있는 절호의 찬스를 100% 활용하기 위해서다. 하지만 회식자리 퀸카의 의미를 잘못 해석한 나머지 부담스런 섹시 댄스를 춘다거나, 체질에 맞지도 않는 술을 무리하게 들이마시며 엄청난 주량을 과시한다거나, 듣기 거북할 만큼 애교 섞인 목소리로 한물간 트로트를 열창하는 실수를 범한다. 그뿐인가. 제대로 튀기 위해 회식 전날부터 화려한 의상과 과감한 망사 스타킹을 코디해 놓기도 하고 부서장과 자주 대화할 수 있는 맞은편 자리 선점을 위한 여러 가지 전략도 모색해 본다. 조직원들에게 깨알웃음을 선물할 수 있는 재미있는 이야기를 인터넷으로 찾아보기도 한다. 그러나 애석하게도 '회식자리 퀸카'란 타인들의 시선을 한 몸에 사로잡는 여인을 뜻하지 않는다. 오히려 미처 드러내지 못했던 인간적인 면모, 유기적인 공동체 생활을 하는 데 필수적인 자질과 소양을 갖춘 인재라는 재발견을 이끌어 내는 여자와 더 가까울지 모르겠다. 내가 반한 그 '대리님'처럼 말이다.

회식자리에서 이미지 변신을 꾀하고 싶다면, 업무 시 보여 줬던 까칠하고 'B사감'과 같은 완벽주의 성격과 정반대 모습의 나로 피력하고 싶다면 기억할 게 있다. 나의 새로운 면모를 어필하기 전에 당신의 옆자리 사람들의 숨겨진 매력부터 발견하기 위해 노력해야 한다는 것이다. 어리바리하게 보이던 김 대리를 '미친 존재감'의 '야성남'으로 띄워 주는 순간, 모두가 깍쟁이라고 멀리하던 오 팀장을 '국민 허당녀'로 만들어 주는 순간 사람들은 당신을 다른 눈으로 바라보게 된다.

"저 친구 끼도 넘치고 무엇보다 넉넉한 인심 한번 끝내주는데."

한때 과장된 몸짓으로 꼭 '메뚜기' 같은 웃음을 선보이던 개그맨 유재석이 어느 순간 스튜디오 전체를 웃음 만발로 이끌어 내는 '국민 MC'로 자리매김할 수 있었던 그 이유처럼 당신도 뜨겁게 뜰지 모른다. 나를 낮추고 상대방을 높여 줄 때 사람들은 당신에게 '진짜 주인공'이 될 수 있는 자리를 기꺼이 내줄 수 있다. 회식자리에서 형성한 인기와 애정이 업무 공간까지 고스란히 따라올 것이다. 눈높이를 낮추고 조직원들과 함께하고자 할 때 회식자리뿐만 아니라 사내 최고 스타로 대우받을 수 있다는 진리, 다시 한 번 기억하길 바라며 〈멈추면 비로소 보이는 것들〉의 저자 혜민 스님의 조언으로 '똑똑한 언니가 들려주는 secret'을 마무리하고자 한다.

"나를 낮추면 세상이 나를 높여 주고 나를 높이면 세상이 나를 낮춥니다. 깨달음의 정상에 올랐을 때 비로소 알게 됩니다. 그 정상이 낮아지면 원래부터 내 이웃과 눈높이였다는 것을."

CHAPTER 4
정치를 위한
여자들만의 생존법

COACHING 01

대한민국에서
여자 직장인으로 산다는 건

대한민국에서 여자 직장인으로 산다는 것은 세 가지 굴레와 싸우며 평생 끝나지 않는 전쟁을 치러야 함을 의미한다. '여자니까, 여자라서, 여자인데' 라는 세 가지 족쇄를 차고 마라톤 경기를 완주해야 하는 인생에 진입한 것과 다름없다고 할까? 허리가 휠 것 같은 엄청난 등록금을 부담하고 죽어라 학점 관리하고 방학도 반납하고 각종 인턴, 아르바이트 생활을 하며 여기까지 왔는데 막상 조직은 내가 여자 직장인이라는 이유 하나로 시큰둥할 때가 많다. 하루가 멀다 하고 쏟아지는 '알파걸' 소식과 각종 고시의 상위 점수를 휩쓰는 여성 인재들의 뉴스에도 불구하고 '여자니까 조직 적응력이 떨어지고 여자라서 감정적으로 일을 처리하고 결국 결혼과 출산이라는 장애물을 해결하지 못하는 게 여자다'라고 쉽게 낙인찍힌다.

"여성들이 가장 선호하는 직군은 인사, 마케팅, 해외 영업 등이죠. 하지만 냉정히 말해서 이런 직군의 결정권자들은 여성 인재를 잘 뽑지 않아요. 간단하죠. 투자 대비 효율성이 떨어지거든요. 해외 영업의 경우 출장을 가더라도 여자가 한 명이라도 껴 있으면 숙박 등의 문제 때문에 출장비가 두 배로 들어요. 그런 비용을 모두 감수하고 채용하면 결혼하고 출산하고 잦은 휴직을 써대죠. 전문가가 필요한 영역에서 마땅히 대체할 인력도 구하기 힘든데 말이에요. 그게 우리가 여성을 꺼리는 가장 큰 이유죠."

최근 한국 여성 민우회가 상담 사례를 바탕으로 발표한 자료에 따르면 2011년 한 해 동안 접수된 상담 내용 중 임신·출산과 관련한 해고 및 불이익 상담이 전체 17%를 자치했다. 이 항목은 2010년 14.9%에서 1년 만에 2%p 이상 늘어난 것으로 시대의 변화와 상관없이 임신과 출산이 여자 직장인들에게 얼마나 큰 장애물인지 보여 준다.

대표적인 상담 내용들은 육아 휴직 등 양립 지원 조치와 관련된 상담, 배치·승진 차별과 성차별적 인사를 포함한 고용상 성차별 상담 등을 꼽을 수 있다. 여성의 임신을 빌미로 연봉 협상 대상자에서 제외시킨다든지, 승진 대상자에 포함시키지 않는다든지, 자발적으로 퇴사를 권하는 문화를 만든다든지 하는 치사하고 못된 꼼수들이 일어나고 있다. 실제로 접수된 상담 사례를 보면 이렇다.

"임신 사실을 상사에게 알렸는데 오히려 노동 강도를 점점 높이며 임신부로서는 감당하기 어려운 일을 시켰어요. 잘 해내지 못하면 그걸 빌미로 인사 고과에 낮은 점수를 줬죠."

"출산 휴가를 쓰고 있는 중에 과거 저지른 실수를 이유로 부당하게 팀장직을 해지하고 인사 이동을 했다는 통보를 받았어요. 정말 황당하고 말이 막히더군요. 마치 제가 출산 휴가를 쓸 때만을 기다린 것 같았어요."

"전 사원에 인상된 월급을 지급하면서 육아 휴직 복귀 여성에 대해서만 동결시키는 식으로 차별했어요. 이의를 제기하자 '당신은 놀다 왔잖아'라는 식의 태도를 보이더라고요."

참 안타깝다. 분노와 절망감이 가슴에 켜켜이 쌓인다. 하지만 냉정하게 돌아볼 것은 이 같은 성차별이 사라지지 않고 하나의 관습처럼 전해 내려오는 근본적인 까닭에 대한 생각이다. 일종의 소모품처럼 사용하다 이내 내버려지거나 싼 맛에 구입했다 후회하는 중국산 공산품과 같은 대우를 받는 현실은 대체 무엇 때문에 일어나는 걸까? 기업이 여자 근로자에게 갖고 있는 선입견은 크게 다섯 가지다.

첫째, 직업 의식이 부족하다.

둘째, 야근이나 출장이 어렵다.

셋째, 결혼, 출산의 문제를 이유로 쉽게 직장을 그만둔다.

넷째, 팀보다는 자신 위주의 사고와 행동을 한다.

다섯째, 리더십 부재로 임원을 맡길 만한 사람이 없다.

여전히 많은 기업들이 이야기한다. 여성들은 직업 의식이 부족하고 야근이나 출장도 어렵고 힘들면 결혼하거나 그만둘 가능성이 높고 출산하면 더더욱 업무에 지장 있고 머지않아 그만둘 리스크를 안고 인재를 채용해야 한다고 말이다. 때론 능력 위주의 선발 방식으로 여성 인재를 대거 채용했지만 관리자 대상에선 망설임 없이 제외시킨다.

"채용은 실력 위주로 공평하게 이뤄집니다. 단, 관리자를 맡기에는 여자가 좀 불리한 면이 있습니다. 아무래도 결혼을 하고 출산을 하다 보면 회사일보다 가정일에 신경을 뺏기기 마련이니…… 저희 기업 역시 아직 여자 관리자를 한 명도 배출하지 못하고 있네요."

모 IT기업 CEO의 고백이다. 건설업과 같이 힘과 육체적 노동이 부각되는 업종은 더욱 열악하다. 남성 우월주의가 팽배해 객관적 잣대 없이 여성의 능력을 평가 절하하고 여성의 업계 진출 자체가 쉽지 않다. 한국 여성건설인 협회가 '여성 건설인 활용 방안' 연구를 위해 지난해 건설 관련 기관에 근무하는 건설인 680명을 대상으로 설문 조사한 결과는 이 같은 현상을 그대로 반영하고 있다. 여성 건설인들이 느끼는 어려움으로 근무 스케줄이 36.3%로 가장 많았고 남성 위주 조직 문화가 33.3%, 여성 차별 대우(승진, 임금 등)가 11.8%로 나타났다. 때문에 상당수의 여자들이 중도에 일을 포기하고 가정으로 돌아간다. 한 여성 건설인은 '여성이 건설 기업 CEO가 되는 데 가장 큰 걸림돌이 되는 것도 바로 여성에 대한 근거 없는 선입견으로 인해 판로 개척(공사 수주)이 어려운 탓'이라고 한탄했다. 대체 누구의 탓이란 말인가. 누구의 문제 때문에 여성을 꺼리고 여성이 성장하지 못하고 여성이기 때문에 꿈을 접어야 하는 문화가 재생산되는 것인가.

얼마 전 신문을 보다 정말 깜짝 놀랄 만한 기사를 봤다. 20~30대 미혼 여성 절반 가까이가 취업 대신 결혼을 선택할 의향이 있는 것으로 조사됐다는 것이다. 안정된 삶을 살 수 있고 취업 스트레스에서 벗어날 수 있기 때문이란다. 실제로 모 대학에 한 학기 교양 강좌를 나갔을 때 설문 조사를 해 본 결과도 크게 다르지 않았다. 50%가량의 여학생들이 결혼을 하면 직장 생활은 더 이상 하고 싶지 않을 것이라고 답한 거다. 어쩌면 OECD 국가 중 여성 취업률이 늘 하위인 우리나라의 문제는 취업 중심에 있는 20~30대 여성들의 이런 생각에 있지는 않을까 생각해 볼 필요가 있다.

여성 인재에 대한 기업의 선입견이 여성의 성장을 발목 잡는다면 그들의 선입견이 잘못된 것이라는 믿음을 심어 주는 방법밖에는 없다. 일반적으로 선입견은 개인들의 경험과 지식 범위 내에서 그럴 것이라 판단하고 결정하는 것을 말한다. 한마디로 경험하기 전에 '그럴 것이다'라고 생각해 버리는 것이 바로 선입견인 셈이다. 특히나 가부장 사회 구조 속에서 오랜 기간 형성된 기업의 선입견은 한순간에 쉽게 바뀌지 않겠지만 변화된 여성들의 직업 의식과 일을 대하는 태도 등을 통해 조금씩 바뀌어 나갈 수 있다. 예를 들면 미혼 시절 누구보다 뛰어난 능력과 애사심으로 없어서는 안 되는 인물로 인정받았다든가, 출산 휴가를 쓰는 동안에도 틈틈이 회사 관련 업무를 돕는다든가, 출산 휴가 복귀 후에도 야근 업무를 전혀 꺼리지 않는다든가, 함께 팀워크를 향상시키는 능력이 탁월해 주변의 부러움을 산다든가 하는 흔들리지 않는 직장인으로서의 정체성을 구축해야 한다. 그것만이 여전히 약자인 여자 직장인들이 루비콘강을 건너는 유일한 방법이다. 문득 모 대학 교수로 재직 중인 한 여자 변호사의 말로 이 장을 마친다.

"우리나라 여자에게 적당한 시기란 없어. 공부하기 적당한 시기, 결혼하기 적당한 시기, 애 낳기 좋은 시기. 여자에게 그런 시기란 영영 오지 않아. 다만 지금 닥친 상황에서 최대한 투쟁하고 걱정하지 않으려고 노력하는 수밖에. 그러니 더 열심히 살기 위해 노력해야 해."

TIP : 아직도 서글픈 여자 직장인, 이렇게 인정받자

1. 보고 잘하는 능력을 연마해라

상사가 궁금해서 물어보기 전에 보고해라. 마감일 며칠 전에 중간보고를 하고 어떤 점을 보완하면 좋을지, 어떤 점이 현재 걸림돌로 작용하고 있는지 등을 보고하자. 만일 현재 진행 중인 일이 부정적인 결과를 낳고 있다면 더더욱 빨리 상사에게 문제점을 보고해 의논해야 한다. 이때 자신이 생각하는 해결책이나 대안까지 함께 제시하도록 하자. 많은 여자들은 긍정적인 결과만을 보고하고 싶어 하고 일이 잘 진행되지 않을 경우 해결책보다는 변명거리를 만들 궁리를 한다. 수습이 어려워지는 상황에 이르기 전에 상사에게 도움을 청하자. 별것 아닌 것 같지만 다른 여성들과 차별성을 꾀할 수 있는 강력한 방법이다.

2. 직장 내 여성 연대 네트워크를 구축해라

사회적 약자가 가장 빨리 그리고 강하게 힘을 키울 수 있는 방법은 자신과 비슷한 상황에 놓인 사람들과 연대를 맺어 세력을 확장하는 일이다. 동기가 있는 사람들이라면 여자 동기들과 주기적인 모임을 통해 세력을 확장하고 자신이 속한 직업의 노동조합의 여성 위원회 등에 가입해 활동하는 것도 좋다. 동종 업계 여자들과 교류할 수 있는 네트워크를 꾸려 임원직을 맡는 것도 당신의 파워를 키우는 지름길이다.

3. 술자리에선 여자가 아닌 남자가 되어라

많은 여자들은 남자보다 술이 약한 편이며 술자리 자체를 불편하게 느낀다. 하지만 회사의 회식자리, 술자리는 비공식적인 회의 시간이나 다름없다. 허심탄회한 이야기, 중요한 정보, 상사의 속마음 등을 엿볼 수 있는 자리다. 일정한 주량을 만들고 남자 직원들과 다름없이 술자리를 즐기는 모습을 연출하는 것만으로 당신은 다른 여자 직원들과 다르다는 평가를 들을 수 있다.

4. 출산 휴가 보고를 할 때 인수인계부터 정리해라

출산은 분명 축하받아 마땅한 일이지만 업무 차질이 불가피한 기업 입장에서는 무조건 축하할 수만은 없는 애타는 일이기도 하다. 미운털 박히는 일 없이 '무사하게' 출산 휴가를 다녀오기 위해서는 개인의 출산 일정에만 열을 올리지 말고 출산 휴가 들어가기 두 달 전부터는 인수인계를 어떻게 할 것인지, 비상 연락망은 어떻게 구축할 것인지, 현재 인수인계는 어느 정도 완성됐는지 정도를 상사에게 소상하게 보고해라. 급한 전화나 용건은 출산 후 한 달 뒤부터 전화로 업무 처리가 가능하다는 귀띔까지 해 준다면 금상첨화다.

5. 결혼 & 출산 휴가 이후 처음 세 달이 중요하다

조직은 아줌마가 된 당신을 주시하고 있다. 사소한 외모 변화부터 별것 아닌 행동 하나까지 주변 사람들이 당신의 변화를 읽기 위해 촉각을 곤두세우고 있다. 달콤한 신혼의 재미, 육아의 감동에 빠져 절대 아줌마처럼 행동하면 안 된다. 당신의 라이벌들은 이때를 놓치지 않고 자신의 성장 기회로 삼을 거다. 복직 후 3개월은 가족의 도움을 받아 미친 듯이 일하고 어느 때보다 집중적으로 업무를 처리하자.

COACHING 02
니들이 워킹맘을 알아?

"자! 오늘 월례 전체 회식 알죠? 다들 일곱 시까지 회사 정문 앞 '털보네'로 집합하세요."

과거에는 회식 공지가 내려오면 계획 중인 다이어트에 무리가 갈까 노심초사했지만 지금은 이른 아침 두고 온 아이가 마음에 걸려 고기 생각만 해도 체할 것만 같다. 어린이집은 일곱 시면 문을 닫고 친정엄마도 몸살감기로 아이를 봐줄 수가 없단다. 남편에게 도움을 청하려 전화를 거니 회의 중이라고 급하게 전화를 끊는다.

"선배, 저는 아무래도 오늘 회식에 참여하기 힘들 것 같아요. 아이 때문에……."

"전체 회식은 웬만하면 참석하지 그래. 아이 핑계로 자꾸 빠지면 팀워크에 저해되는 행동을 한다고 미운털 박히기 쉬운 거 알잖아. 인사 고과 시즌도 곧 돌아오는데 말이야."

하는 수 없이 옆 동네 사는 동생 내외에게 아이를 부탁하고 회식자리에 참석한다. 왁자지껄 떠드는 소리가 귀에 들어오지 않지만 애써 관심도 없는 화제에 끼어든다. 한 시간 남짓 지나자 전화벨이 울린다. 아이가 열이 나기 시작하니 빨리 돌아오라는 동생의 문자다.

"부장님, 죄송해요. 집에 급한 일이 생겨서 저는 먼저 들어갈게요."

"벌써 일어난다고? 식사 마치고 같이 의논할 거리도 있는데 좀 더 있다 가지."

"애가 좀 아파서요……"

"뭐 그렇게 급한 일이면 그렇게 하든가!"

집으로 돌아오는 길, 무슨 부귀영화를 누리겠다고 이렇게 힘들게 사나 싶어서 눈물이 주르륵 흐른다. 한때는 촉망받는 신입 사원이었는데, 동기들보다 대리 승진도 빨리 했는데 어쩌다 찬밥 신세가 됐는지 모든 게 원망스럽기만 하다. 100미터 달리기를 하듯 부리나케 집에 돌아오니 아이는 펄펄 끓는 몸으로 엄마를 보자마자 안긴 채 떨어지지 않는다. 옷을 갈아입을 틈도 없이 아이를 씻기고 약을 먹이고 재우자 열두 시가 훌쩍이다.

많은 워킹맘들이 이렇게 산다. 회사라는 공간은 엄마인 나나 골드미스인 그녀나 동일한 서울에 올려놓고 평가하는 눈 물도 피도 없는 곳이니까 말이다. 때문에 워킹맘들이 선택할 수 있는 건 두 가지다. 아이는 멀찌감치 밀어 두고 싱글 여성들과 다를 바 없는 리듬으로 직장 생활을 하든지 혹은 인사 고과 따위는 일찌감치 포기하고 대충 월급이나 축내는 생활을 하든지 말이다. 아, 또 한 가지 선택이 있긴 하다. 지금까지 커리어가 아깝

긴 하지만 가족을 위해 내일 당장 사표를 들이미는 것이다. 당신 혹은 그대 주변의 워킹맘은 어떤 유형에 속하는가.

사회가 인정하는 '성공한 여성'들의 삶을 들여다보면 한 가지 공통점이 있다. 양육이 짐이 되지 않을 만큼 절대적 조력자가 있었다는 것이다. 친정어머니 혹은 시어머니가 마치 자신들이 아이를 낳아 키우는 것처럼 혼신의 힘을 기울여 양육을 담당한다. 때문에 엄마가 된 그녀들은 출산을 했다는 사실조차 잊을 만큼 마음 놓고 일에만 열중할 수 있다. 무늬만 엄마가 되는 셈이다. 어쨌거나 이렇게 운이 좋은 그녀들은 공정한 게임을 할 수 있다. 조직은 이런 그녀들을 자기 관리가 뛰어나고 프로 의식이 투철한 인재라며 칭찬한다. 언론은 워킹맘도 남자들과 다를 것 없이 경쟁할 수 있는 사회가 도래했다며 떠든다. 회사의 입장에서 본다면 투자와 결과가 일치되는 이해관계가 맞아 떨어지는 인재들이다. 하지만 워킹맘 그녀 개인의 삶의 측면에서 본다면 이 같은 구조는 여성 정체성을 부정하는 일종의 폭력과도 같은 가혹한 행위일지 모른다.

페미니즘에 새로운 깊이를 부여했다고 평가받는 여성 철학자 뤼스 이리가라이는 남녀가 평등해야 한다는 것 자체가 여성에게는 불평등하다고 비판한다. 다른 생명체와 함께 공존하는 경험을 체험한 여성들은 남성들은 죽었다 깨어나도 체험할 수 없는 여성 감수성이 싹튼다. 이리가라이는 이렇게 설명한다. 우리 몸은 감기 바이러스와 같은 작은 생명체만 침입해도 열이 나고 기침을 하고 콧물을 흘려대며 강렬하게 저항할 정도로 민감하다. 하지만 예외적 경우가 딱 하나 있는데 그것이 바로 임신이다. 자궁 속의 태아 역시 우리 몸에 침입하는 이물질과 유사하게 경험된다. 하지만 엄마가 된 여자는 이런 이물질로 인식되는 남과 10개월이나 동고동락한다. 그리고 다른 생명체에 대한 감정을 공유하고 온전히 받아들이고 싶은 욕망이 생성되는 거다. 그것이 바로 여성 감수성이다. 그런데 이를 무시하고 동일 노동, 동일 임금, 동일 경쟁이라는 슬로건을 내다는 것 자체가 엄마가 된 여자에게는 자신의 감정과 감수성을 부정하는 작업을 강요하는 것이라는 얘기다. 엄마와 매일 아침 이별하고 느끼는 아이의 허전함, 외로움, 아픔, 불안함과 그에 상응하는 죄책감을 몸과 마음으로 받아들이는 워킹맘의 감수성을 무시하고 회사에서는 여자가 아닌 근로자의 입장만 취하라는 것은 뼈가 으스러지는 고문에도 아픈 척해서는 안 된다는 말도 안 되는 명령을 내리는 것과 다름없을지 모른다.

우리 옆자리 워킹맘들은 매일 아침 명투성이인 몸으로 전쟁을 한다. 엄살을 피웠다가는 전쟁터에 적합한 인재가 아니라는 명분으로 바로 아웃될 테니 아픈 척도 못한다. 한번 밀려나면 다시 올라오기 힘든 정지 특성상 워킹맘이 할 수 있는 건 없다. 아이가 '이제는 혼자 있고 싶어요'라는 말이 입 밖으로 나올 때까지 멈출 수 없는 전쟁을 계속하는 수밖에. 한 가지 방법이 있다면 그것은 바로 회사와 동료들이 잠시 동안만이라도 참혹한 정치 싸움을 그녀들을 위해 멈춰 주는 것이다. 아니, 잠시만 정치 소용돌이 속에서 배제해 주는 거다. 물에 젖은 모래주머니를 차고 달리기를 하는 일이 얼마나 힘든지, 아무런 장애물 없이 달리기만 하면 되는 사람들과 얼마나 다른 환경에서 달리는 것인지 먼저 이해하고 잠시만 기다려 주는 미덕을 발휘해 주는 일은 힘들어 보이지만 영 불가능한 일만도 아니다. 이미 많은 기업들이 여성 친화 기업을 표방하며 제도적으로 이들을 보호해 주는 역할을 하고 있으니 말이다. 생산 효율성 측면에서는 비합리적 결정이겠지만 어쩌면 우리가 이렇게 살아갈 수 있는 가장 기본적인 임무를 수행하고 있는 그들이니 몇 년간만 워킹맘들을 사내 정치판에서 제외해 주면 어떨까 싶다.

물론, 전제 조건은 있다. 기다려 준 만큼, 양보해 준 만큼 다시 전쟁터로 나가야 할 때 워킹맘 그녀들 스스로 뚜렷한 목적의식과 고마움으로 무장해 죽을 만큼 열심히 싸우는 것이다. 자신을 지지해 준 동료들에게 받은 성원만큼, 일정한 시간만큼 충성하고 지지해 주는 것, 기다려 줬더니 좋은 이직 기회가 왔다며 뒤통수치고 나가지 않는 것, 남자의 의리보다 여자의 약속이 얼마나 강하고 아름다운 것인지 보여 주는 것. 어쩌면 그것이 우리가 앞으로 이뤄 나가야 할 가장 '착한 정치'일지도 모르겠다.

TIP: 가족 친화 기업 인증 기업, 어디어디 있을까?

가족 친화 기업 인증이란 근로자가 일과 가정생활을 조화롭게 병행할 수 있도록 가족 친화 제도를 모범적으로 운영하고 있는 기업에 대해 정부가 심사를 통해 인증하는 제도를 말한다. 한마디로 가족과 일 모두 질적 균형을 이룰 수 있도록 기업이 나서서 다양한 복지 혜택과 제도를 마련하고 있는 '착한 기업' 선발 제도라고 할 수 있다. 가족 친화 기업 선정은 근로자의 건강 관리, 생애 주기별 지원, 본인 및 배우자 출산 지원, 자녀 양육과 교육 지원, 탄력 근무 시간제, 재택근무 등 근무 환경 유연성, 가족 간호 지원, 가족 관계 증진과 여가 생활, 결혼 장려와 가족 경조사 지원, 가족 친화 사회 공헌 등의 각 선정 요소별 점수를 합산해 결정한다. 때문에 가족 친화 기업에 선발된 기업에 근무하는 여성 근로자들의 경우 임신, 출산, 육아와 관련된 어려움을 제도적으로 지원받을 수 있다.

지난 2008년 여성 가족부에서 시행한 가족 친화 기업 인증 제도는 현재 4회에 걸쳐 진행되고 있다. 지난 2011년 선발된 기업으로는 (주)경동도시가스, (주)광주은행, (주)농수산홈쇼핑, (주)대웅제약, (주)바텍, (주)세아에삽, (주)세아제강, (주)엔투비, (주)한독약품, (주)한솔홈데코, LG생명과학, (주)교보생명보험, (주)동아오츠카, (주)롯데쇼핑, (주)메리츠화재해상보험, (주)삼성화재해상보험, (주)서비스에이스, (주)에스엘, 유한킴벌리, 존슨콘트롤즈, (주)오토모티브코리아, (주)포스코, (주)지에스네오텍, (주)코오롱인더스트리 등이 있다. 현재까지 인증 기업은 공공기관 66곳을 포함해 대기업, 중소기업 157곳에 불과하다.

COACHING 03
미운털 안 박히고 임신하기

"출산 휴가 쓴 지 얼마나 됐다고 또 육아 휴직 운운해? 대체 나머지 사람들은 일을 어떻게 하라는 거야? 그렇게 애가 눈에 밟히면 사표를 쓰고 집에서 애나 보든가!"

"말씀 정말 서운하게 하시네요. 임신이 욕먹을 짓인가요?"

"회사 입장에서 생각해 보라고! 연년생으로 임신을 하면 어떡하라는 거야?"

임신, 출산과 관련된 고민을 나누는 여성 커뮤니티에 올라온 사연이다. 정부에서는 저출산을 극복해야 한다면서 보상 보육까지 실시하며 한 자녀 이상 낳기를 적극적으로 권장하고 있는데 실제로 직장 여성들은 임신만큼 회사 눈치가 보이는 일도 없다고 토로한다. 더럽고 치사해서 어디 애 낳고 키울 수 있냐는 거다. 그런데 사실 기업의 효율성 입장에서만 본다면 보면 임신부는 모두 '유죄'다. 임신을 한 그날부터 맥을 못 추더니 모성 보호를 이유로 회사의 온갖 잡일과 야근 등에서 발을 뺀다. 그뿐만이 아니다. 애 낳고 오면 잘하겠지 했더니 이게 웬걸? 출산 휴가도 모자라서 육아 휴가를 신청하겠다며 으름장을 놓기도 하고 출산하고 적응 좀 하나 싶었더니 다시 임신했다며 휴직 연장을 운운한다. 이쯤 되면 서로 참 난감해진다. 여성 친화적인 조직 문화를 자랑하는 기업일지라도 팀원들이 돌아가며 임신을 하면 임신 질병이 부서를 덮친 것마냥 걱정한다. 출산 후 육아 휴직이라는 이름으로 임신한 여직원들의 공백이 이어지기 때문이다. 이로써 업무에 지장이 생기고 직장 내 관계에도 불편함이 발생한다. 회사도, 동료들도 그리고 당사자도 어떤 선택이 정답인지 헷갈리기 시작하는 거다.

"회사는 회사라고요. 누가 동료의 대소사 때문에 자신을 희생하고 싶겠어요. 담당자가 한번 바뀔 때마다 얼마나 고생하는지 아세요? 워킹맘들이 착각하고 있는데 임신은 절대 유세 떨 거리가 아니에요. 조직 입장에서 본다면 동료들에게 미안한 일이죠."

공기업 연구직에 근무하는 W의 고백이다. 그녀는 옆자리 동료가 둘째 임신 소식을 알렸을 때 정말 뒷목 잡고 쓰러질 뻔했다고 말한다. 임신 초기 때는 입덧 때문에, 말기 때는 조기 출산의 위험을 핑계로 떨거지 일이 모두 그녀의 차지가 됐고 출산 휴가 기간 동안에는 빨리 적응하지 못하는 계약직 직원 때문에 얼마나 속 터지는 일이 많았는데 또 그걸 자기보고 하라는 건지 울화가 치밀었기 때문이다. W는 연구직의 경우 대체 인력을 구하기도 어렵기 때문에 동료가 출산 휴가를 가면 연구실 타직원들이 조금씩 일을 나눠 갖는 등 고통을 분담하게 된다고 말했다.

"이쯤 되면 저도 어쩔 도리가 없어요. 부장님께 면담을 신청해서 그녀를 다른 부서로 보내 달라고 부탁드리는 수밖에 말이에요."

누구나 겪는 생애 주기의 한 부분인데도 '동료의 대소사는 곧 나의 민폐'라는 공식이 생겼다. 임신, 출산 등의 이유로 조직 내 미운털이 박히지 않으려면, 밀려나지 않으려면, 손해 하나 안 보고 육아 휴직을 쓰고 싶다면 몇 가지 요령이 필요하다.

1. 계획 임신으로 적당한 타이밍 노리기

승진 후 몇 개월 내 임신을 하면 조직 내 기반이 조금 잡혔을 때인 만큼 남들 눈치 보지 않고 당당하게 집으로 돌아갈 수 있다. 대리, 과장, 팀장 등의 직급으로 승진한 뒤 일이 손에 익을 때쯤인 3개월 뒤 임신을 하고 10개월 뒤 출산을 하면 유리하다. 출산을 하기 전까지는 인사 고과에 누가 될 만한 공백이 일 년간 발생하지 않았기 때문이다. 더욱이 얼마 전 승진을 했기 때문에 승진 대상 도마 위에 올라갈 일도 없다. 또한 승진 직후에 임신을 한 만큼 주변 사람들의 무한 축하도 받을 수 있으니 이 얼마나 '똑똑한 임신'이란 말인가. 비정규직 여성이라면 참 서글픈 현실이긴 하지만 정규직이 된 후 임신 계획을 세우는 것이 현실적으로 유리하다. 정규직으로 전환하려는 찰나 임신을 할 경우 기업은 계산기를 두드릴 수밖에 없기 때문이다.

2. 육아 휴직 중에도 회사와 긴밀하게 연락 취하기

상당수의 여성들이 출산 휴가를 마치 동굴 속 겨울잠을 자는 것으로 착각한다. 휴가 내내 연락 한 번 하지 않고 안부 전화도 생략한 채 지루한 '엄마 놀이'만 하는 것이다. 메신저와 휴대폰 등을 활용해 업무에 계속 관여하고 있다는 느낌을 주도록 하자. 비록 휴직기이긴 하지만 이 분야만큼은 '내 손을 떠나지 않았다'라는 메시지를 전달해야 육아 휴직 후 복귀했을 때 여러모로 어색함이 없다.

3. 복귀 3주 전에 회사에 미리 인사 가기

간단한 간식거리를 준비해 휴가 기간에 업무를 대신 맡아 준 동료에게 감사의 마음을 전하는 동시에 그동안 일이 어떤 식으로 운영됐는지를 탐색하자. 업무를 맡아 준 준담당자와 따로 티타임을 하며 그동안 그녀와 가장 친하게 지낸 동료, 갈등을 빚은 동료, 따로 당부의 말을 전하거나 특별히 잘해 준 내부 조직원은 없었는지도 점검해라. 이 작업은 사실 매우 중요하다. 출산 휴가 기간을 틈타 변화된 사내 움직임을 감지하기 위한 사전 작업이기 때문이다. 안타깝지만 평판이 좋지 않았을 경우 이때를 틈타 인사이동을 꾀하는 경우들도 있기 때문에 복귀 전 사내 정치 구도를 확인하고 대처 방안을 강구해야 한다. 육아 휴직 중 해직은 불가능하지만 타부서 이동은 가능하니 만일 부서 이동을 원치 않는다면 인사 권한이 있는 상사와 상사의 결정에 영향을 줄 수 있는 동료들의 마음을 살 수 있는 특단의 조치가 필요하다.

4. 출산 휴가를 들어가기 전까지 차별화 꾀하기

조직원들이 당신을 대체 불가능한 사람, 우리 부서에 꼭 남아 있어야 하는 사람으로 인식해 '그녀를 위해서라면 그 정도의 불편함은 감수해야 한다'라는 동의를 끌어낼 수 있게 만드는 액션이 필요한 것이다. 예를 들어 보자. 잘 알고 지내는 교육 컨설팅 업체 대표인 L은 아기 엄마가 된 전 회계팀 직원 H가 돌아오기를 학수고대하고 있다. 이미 출산 휴가 후 회사에 사표를 제출한 상태이지만 사표 처리를 무기한 연기하고 있다. 1년째 공석이다. 현재는 다른 직원이 H의 역할을 대신하고 있지만 그녀만 돌아온다면 언제든 환영이라는 의사를 여러 번 개진해 50명의 전 직원들이 그녀를 여전히 한 식구로 인지하고 있다. 대체 그녀의 치명적인 매력은 무엇이었을까?

"회사를 운영하는 대표 입장에서 가장 신경이 쓰이는 부서가 어디인 줄 아십니까? 회계 파트예요. 저희처럼 50명 남짓의 회사에서는 회계 파트 직원이 총무직까지 담당하게 되죠. 대표가 가장 중요하게 생각하는 직원이 누구인지 아세요? 바로 회계 총무 담당이랍니다. 입에 자물쇠를 잠근 것 같은 절대 뒤통수칠 일이 없을 우직하고 신뢰감이 드는 내 식구 같은 사람이 필요해요. 사업을 하다 보면 둘만 공유하게 되는 비밀이 생기기 때문이죠. J는 200% 신뢰와 믿음이 가는 직원이었어요. 어디 가서 그런 친구 만나기 힘들죠. 오죽하면 디자인팀으로 입사한 친구를 제가 설득의 설득을 거쳐 회계팀으로 보냈을까요? 물론, 연봉을 두 배 올려 준다는 조건으로 말입니다."

그렇다. J의 강점은 두 배의 연봉을 지불할 만큼 대표가 신임할 수 있는 바른 인성과 성실한 태도를 갖춘 것이었다. 목에 칼이 들어와도 대표와 신의를 지키기 위해 '모른다' 할 수 있는, 충성심은 아무에게나 존재하는 덕목이 아니었던 거다. J처럼 출산 후에도 여왕 대접을 받으며 직장에 복귀하는 방법은 바로 타인이 대체할 수 없는 어떤 점을 만드는 것이다. 누구든지 잘할 수 있는 일, 인수인계를 받아 금방 익힐 수 있는 일, 어느 정도 숙달만 되면 전임자나 후임자나 큰 차이가 없는 일은 강점이 될 수 없다. 핵심 프로젝트를 진행한 다경력 보유자라든가, 부서 내 업무 허브 역할을 하든가, 영문 번역 업무의 달인이라든가, 회식자리마다 분위기를 띄우는 유쾌한 감초 역할을 한다든가, 임원을 보필하는 직무의 경우 굳이 말하지 않아도 눈빛만으로 필요한 것을 챙겨 줄 수 있는 센스라든가 하는 것들 말이다. 같은 일을 하더라도 그 사람이 아니면 금방 아쉬움이 느껴지고 업무 성과상의 차이가 발생하고 심지어 업무 차질이 발생할 때 조직원들은 당신을 기꺼이 기다려 줄 것이다.

5. 양심껏 육아 휴직 사용하기

조직 내 존재하는 제도라는 이유로 굳이 필요하지 않은데 개인적 이익을 위해 사용하는 것은 자제하는 자세가 필요하다. 고등학교 친구 K는 출산 휴가 3개월을 쓰고 바로 복직했다. 육아 휴직 6개월을 붙여 사용할 수 있었지만 서둘러 복직했다. 딴 궁궁이가 있었던 탓이다.

"남편이 내년쯤 해외 주재원으로 발령 날 것 같아. 그때 육아 휴직을 신청하고 따라갈 거야. 한 1년쯤 있을 생각이니까 6개월 육아 휴직 쓰고 다시 임신해서 출산 휴가 당겨 쓸 거야. 그리고 휴가 다 쓰면 회사 그만두려고. 원래는 올해 그만두려고 했는데 출산 휴가 기간 동안 지원금 받아야지. 연차 수에 따라 퇴직금도 달라지니 버틸 대로 버티다가 그만둘 거야. 어때 머리 진짜 좋지?"

K는 퇴사 날짜까지 고려해 치밀한 육아 휴직 플랜을 세워 놓고 있었지만 하나는 알고 둘은 모르는 처사다. 만일 다시 일을 하고 싶어졌을 때 이토록 얌체짓을 한 그녀를 회사는 다시 받아 줄 리 없다. 국가와 기업이 지원하는 제도와 취지를 악용해서는 안 된다. 얌체처럼 육아 휴직을 쓰는 당신을 보며 회사는 마음을 굳힐지도 모른다. 돌아오더라도 한직으로 보내든가, 스스로 떠나게끔 손을 써야겠다고 말이다. 회사는 영리를 목적으로 운영되는 냉정하고 합리적인 조직이라는 점을 다시 한 번 명심한다면 똑똑하게 육아 휴직을 사용하는 요령이 정리될 것 같다. 즐거운 임신과 행복한 출산을 위해서는 함께 일하는 동료들의 진심 어린 지지와 축하가 동행되어야 한다. 그들의 마음을 얻기 위해서는 우린 어떤 것들을 미리 행해야 할까. 상대방의 마음을 사는 것, 그렇다. 진심만큼 좋은 사내 정치의 도구는 없다.

TIP: 출산 후 성공적인 복귀를 위한 '가족보다 고마운 남 구하기' 이모저모

1. 복귀 3주 전부터 베이비시터와 함께 생활할 것

출산 휴가 전 가장 신경 써야 할 점은 육아 문제를 해결하는 것이다. 마음 놓고 아기를 맡길 대상을 찾지 못하면 직장 복귀를 제때 할 수 없을 뿐만 아니라 영영 돌아가지 않겠다는 결심을 하게 될지도 모른다. 친정 혹은 시댁 부모 등 혈연 집단이 돌봐 주면 좋겠지만 상황이 여의치 않을 경우 직장 복귀 3주 전부터 베이비시터와 함께 생활하며 아이에게 적응할 수 있는 기회를 줘야 한다.

2. 임신 후기부터 어린이집 발품을 팔 것

해피헬퍼(www.happyhelper), 고운빛 베이비시터(www.babysitter114.com), 베이비시터 코리아(www.babysitter-korea.com), 아가야(www.agaya.org) 등 베이비시터 파견 업체를 통해 베이비시터를 소개받거나 영유아 전문 어린이집을 방문해 아이 맡길 곳을 물색해야 한다. 3개월 미만의 영유아의 경우 등록할 수 있는 어린이집이 지극히 제한적이다. 임신 출산 카페인 '지후맘'을 통해 쪽지를 주고받으며 베이비시터를 추천받거나 지역별 어린이집 특징 정보를 모으는 것도 좋은 방법이다. 현재 최근 만 3세까지 무상 보육이 실시되면서 어린이집 대기 시간이 평균 3~6개월 이상 소모되고 있으니 임신 7개월부터 알아보도록 하자.

3. 중국 교포 VS 필리핀 육아 도우미 장단점 분석

중국 교포 육아 도우미의 경우 대부분 출산 경험이 있는 여성들이기 때문에 풍부한 양육 노하우가 있는 것이 장점이다. 더불어 우리와 같은 언어를 쓰고 비슷한 정서를 갖고 있기 때문에 애착 형성이 중요한 만 1세 이전의 아이를 맡기는 데 심리적 저항감이 적다. 단, 언어와 문화의 유사성으로 고용주와 고용자의 관계가 전도되는 상황이 발생하기도 하고 청소, 음식 조리 등에 있어 위생 관념이 떨어져 불만이 형성될 수 있다. 반면, 필리핀 육아 도우미의 경우 필리핀 내 4년제 대학을 졸업한 젊은 여성들이 많아 영어의 자연스런 습득과 교육적 관점의 보육이 가능하다. 민족성이 낙천적이고 긍정적이라 만 2세 아이의 경우 친구처럼 놀아 주는 데 유리하다. 다만 필리핀 국적의 소유자는 법적으로 육아 도우미로 근로할 수 없게 돼 있어 현재 모두 불법 근로자라고 볼 수 있다. 신고 접수 시 고용주에게도 책임이 있다. 한국 음식에 익숙지 못하기 때문에 모든 음식 조리 시 조리법을 알려 줘야 하는 불편함도 있다.

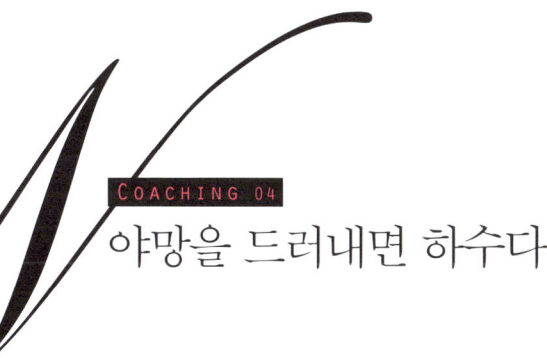

COACHING 04
야망을 드러내면 하수다

"간절히 바라고 원하면 이루어진다."

한때 베스트셀러였던 〈시크릿〉이라는 책의 구절이다. 이미 머릿속으로 막연히 상상하는 것과 생각했던 바를 글로 옮기고 말로 하는 것이 얼마나 다른가에 대한 이야기는 여러 학자들의 이론에서 검증된 바 있다. 심리학자 스티븐 헤이스는 대학생들을 대상으로 목표 공개 여부에 따른 성적의 변화에 대해 실험했다. 첫 번째 집단은 자기가 받고 싶은 목표 점수를 다른 학생들에게 공개하도록 했다. 두 번째 집단은 목표 점수를 마음속으로만 생각하게 했다. 세 번째 집단은 목표 점수에 대한 어떤 요청도 하지 않았다. 실험 결과, 결심을 공개한 집단이 다른 두 집단보다 현저하게 높은 점수를 받았다. 결심을 마음속에 간직한 집단은 아예 결심을 하지 않은 집단과 통계적인 차이가 없었다.

심리학자 모튼 도이치의 실험 역시 비슷한 결과를 입증한다. 그는 대학생들에게 직선을 보여 주면서 길이를 추정하게 했다. 첫 번째 집단은 추정치를 종이에 적어 제출하게 했다. 두 번째 집단은 추정 결과를 화이트보드에 적은 다음 남들이 보기 전에 지우게 했다. 세 번째 집단은 마음속으로만 생각하게 했다. 그런 다음 실험자는 모든 참가자들에게 추정치가 잘못됐다고 말해 주면서 학생들의 태도가 어떻게 달라지는지 확인했다. 실험결과는 극적이었다. 추정치를 마음속으로만 간직했던 사람들은 주저하지 않고 자기의 생각을 수정했다. 반면, 추정치를 글로 써서 사람들에게 공개했던 학생들은 자기 생각을 끝까지 고수했다. 마음속으로 생각하는 것과 공개적으로 사람들 앞에서 자신의 생각이나 목표를 이야기하는 것이 얼마나 다른지를 보여 주는 실험이다.

그 때문일까? 점점 더 많은 사람들이 자신의 꿈을 구체화하고 상상하고 자신의 꿈을 사람들 앞에서 발표하는 시간을 공유하고 있다. 사실, 목표를 구체화하고 그것을 실현하고자 하는 의지를 긍정적인 에너지로 불태우자는 이론은 훌륭하다. 그러나 안타깝게도 사내 정치에서 '시크릿 법칙'은 없다. 만일 당신이 소원 성취 노하우를 알려 주는 이들 계발서의 이론처럼 희망하는 일과 실현하고픈 목표들을 동네방네 떠들고 다닌다면 예상치 못한 참혹한 결과를 맞이할지도 모른다. 누군가 당신의 구체적인 목표와 아름다운 상상을 자신의 것처럼 빼앗거나, 자신에게 유리한 방향으로 악용하는 방법을 재빠르게 생산해 낼 것이기 때문이다.

"저는 '꿈녀'라는 애칭을 갖고 있을 만큼 꿈꾸는 걸 좋아해요. 회사에 소속돼 있지만 전공과 지금의 커리어를 발판으로 언젠가 실현하고픈 꿈의 목록들을 적어 보기도 하고 주말마다 비슷한 꿈을 꾸는 사람들끼리 모여 보다 구체적인 방향과 계획들을 수립하기도 했죠. 회사에서도 마찬가지였어요. 팀원들과 모여 이야기를 나눌 때 미래의 꿈에 대한 대화가 나오면 서슴지 않고 포부를 밝혔죠. 그런데 예상치 못한 일이 일어났어요. 언젠가부터 한 팀원이 제 꿈이 마치 자신의 꿈인 것처럼 이야기하며 사람들에게 자신의 브랜드를 만들어 가더라고요. 한번은 송년회 자리에서 모든 임직원들이 모여 있을 때 제 꿈을 자신의 꿈인 것처럼 이야기해서 임원 중 한 분이 '그 훌륭한 아이디어를 회사에서도 도입할 수 있는 방법이 없는지 검토해 봐요'라고까지 칭찬해 주시더라고요. 어찌나 화가 나든지 거의 울 뻔했어요. 한순간 저는 오랫동안 소망했던 일을 도둑맞아 버렸지요."

K전자회사 인사팀에서 근무하는 I는 이날 이후 사내에서 꿈에 대한 포부를 밝히는 것은 어리석은 짓이라고 정의 내렸다. 종이 한 장처럼 얇은 이해관계 때문에 오랜 동료가 적으로 돌아서기도 하는 사내 정치판에서는 개인의 꿈은 얼마든지 무참히 흥정할 수 있는 별것 아닌 일이 되기 때문이다. 오랜 시간 공들여 출시한 특허 상품인 꿈이라 할지라도 누군가에겐 그저 사내 장악력을 높이는 데 유리한 가벼운 정보일 뿐이다. 때문에 훗날 당신이 하고 싶은 일, 꼭 실현하고자 하는 목표, 이루고 싶은 기분 좋은 상상들은 그대만의 비밀 창고에 꾹꾹 눌러 담아 간직하는 것이 현명하다. 절대 "내 꿈은 이거예요."라고 공개 선언하지 말라는 얘기다. 우리의 구체적인 비전과 계획들이 발설되는 순간, 아무런 표정 변화 없이 듣고 있던 누군가가 머지않은 미래에 그 이야기를 실행할 진짜 주인공이 돼 있을지

모르기 때문이다.

　그렇다. 이해관계가 첨예하게 얽힌 사람들끼리는 경쟁에서 이기고 지는 것 외에는 다른 결과물이 없는 사람들끼리는 꿈마저도 얼마든지 훔칠 수 있다. 아니 어쩌면 흔적 없이 가장 쉽게 훔칠 수 있는 게 당신의 가슴속 꿈일지 모른다. '우연찮게 닮은꼴의 꿈을 꾸게 된 것이 유감'이라는 성의 없는 대답 하나면 약간의 양심을 다치는 것을 제외하고는 무고하니 얼마나 효율성이 높은 도둑질이란 말인가.

"아니 왜 그런 중요한 이야기를 아무렇지 않게 주고받는 건데? 이야기한 사람이 잘못이지 않아?"

　분노와 후회감이 쌍곡점을 이루며 평행 그래프를 그릴 때 남편은 나를 책망했다. 하지만 어쩔 수 없다. 여자들은 꿈도 소꿉놀이를 하듯 아기자기하게 꾸기 때문이다. 다이어리에 끄적끄적 적은 만큼 꿈의 형체도 탄생하고 따뜻한 커피 한 잔을 마주하고 미주알고주알 떠는 수다 속에서 꿈은 조금씩 꿈틀거린다. '잘할 수 있을 거야'라는 주변 사람의 반응을 통해 한 뼘만큼의 자신감을 키우고 타인의 꿈 이야기를 들으며 자신의 것은 괜찮은지 점검한다. 그 과정을 거치면서 터진 김밥처럼 꿈틀거리던 애벌레처럼 볼품없던 꿈도 제법 우아한 배추흰나비의 날개처럼 비상한다. 하지만 사내 정치에서 승리하기 위해서는 '소꿉장난 같은 꿈 놀이'는 접어야 한다. 조금 외롭고 답답하지만 무소의 뿔처럼 혼자 가야 한다. 때로는 꿈 같은 건 꾸지 않는 것처럼, 때론 야성적인 야망 따위는 소나 줘 버린 것처럼 연기도 하고 쇼를 해야 한다. 일정한 연출과 쇼만이 당신의 '보석 비빔밥' 같은 꿈에 상처내지 않고 승진으로 이끄는 징검다리로 안내할 것이므로.

A식품업체에서 근무하는 P는 얼마 전 승진 대상에 포함되는 영예를 누렸다. 아직도 여성은 소수인 열악한 환경을 고려할 때, 대부분의 동기들이 승진 대상에서 누락된 점 등을 고려할 때 이번 인사는 뜻 깊다. 허당이라는 별명이 있을 정도로 어리바리하고 특별한 재주도 없어 보이던 그녀가 승진 대상자에 포함될 수 있었던 비결은 뭘까?

"국민 여동생 콘셉트가 빛을 발한 거죠. 저희 회사에서는 아직도 많은 조직원들이 여자 직원들을 무조건 '어린 여직원'으로 인식하는 경향이 있어요. 아직 갈 길이 먼 어린아이처럼 취급하죠. 부당한 처우에 분노한 똑똑한 여직원들은 기회가 닿을 때마다 자신이 어떤 능력을 갖고 있는지, 어떤 야망을 품고 있는지 어필하려고 노력했어요. 내게 알맞은 기회를 달라는 일종의 투정이었죠. 하지만 저는 오히려 반대 콘셉트로 밀고 나갔어요. 상사에게 애교를 부리며 어려운 문제를 배워 나갔고 탐나는 기회가 오면 소심하게 해 보고 싶다고 고백했어요. 어린아이 취급을 하는 조직에서는 어린아이에 걸맞은 행동이 불필요한 오해를 사지 않는 똑똑한 처세라는 걸 알고 있었거든요."

실제로 〈회사가 직장 동료를 당신의 적으로 만드는 비밀〉의 저자 이남훈은 순진무구한 귀여운 '여동생 이미지'로 성장의 기회를 노리라고 조언한다.

"입사하는 순간 정치 게임은 시작된다. 남자들이 인맥을 쌓고 친분 관계를 유지하는 동안 여자들은 여동생 이미지를 적극 이용해서 힘을 키우고 인지도를 높여라. 굳이 직급으로 따진다면 과장 정도까지는 그 이미지를 그대로 가져가도 무방하다."

그가 자칫 성차별적 발언으로 들릴 수 있는 위험한 여동생 타령을 하는 것은 아무것도 몰라요 식의 포커페이스 전략이 비상을 꿈꾸는 여성들에게는 일종의 비책이 돼 줄 수 있기 때문이다. 많은 기업들이 여성 인력 육성 장려 정책의 일환으로 여성 할당제 등을 도입해 여성 인력이 주류로 성장할 수 있도록 돕고 있다. 쉽게 설명하면 때론 이 같은 기업의 선심 정책으로 여성들의 경우 오히려 쉽게 승진의 기회를 잡기도 한다는 뜻이다. 그런데 여성 인력을 밀어주는 이 정책에 실은 아무도 이야기하지 않았던 불편한 진실이 숨겨져 있단다.

"여성 인력을 장려하는 숨겨진 또 다른 이유 중 하나는 정치적 이해관계 때문이죠. 총명하고 야망 있는 남자 직원의 경우 키워 놨더니 결국 잡아먹는 험한 꼴들이 많이 일어나기 때문에 성실하지만 야심이 적은 여성 인력을 차선책으로 기용하기도 합니다."

모 기업 인사부장의 고백이다.

오랜만에 만난 후배가 꿈 자랑에 여념 없다. 한참 하고 싶은 일, 배우고 싶은 일, 도전하고 싶은 일이 얼마나 많을 때인가. 흐뭇하게 바라보다 그녀의 귓가에 속삭인다.

"얘! 너 이런 이야긴 우리한테만 해야 하는 거야. 절대 이해관계가 얽힌 사람들 앞에서 하지 마. 꿈 때문에 꿈을 포기해야 하는 상황이 올지 모르거든."

사내 정치의 핵심은 누구도 믿지 말기다. 오늘의 절친한 동료가 내일의 적이 될 수도 있는 곳이 바로 이곳이니까. 언제 어떻게 변할지 모르는 관계 속에 당신의 가장 소중한 마음을 보여 주지 말자. 그것이 바로 더럽고 치사하고 무섭고 흥미진진한 사내 정치의 강을 무사히 건너는 비책이니까 말이다.

TIP: 누군가 당신에게 꿈을 물어 올 때 대처하는 노하우

1. 세 번째로 꾸는 꿈에 대해 설명해라

어쩔 수 없이 당신의 미래 계획이나 포부를 설명해야 하는 상황이 온다면, 괜히 아무 말도 안 하거나 애매하게 처신했다가는 생각 없는 사람으로 오인할 수 있는 상황이라면 가장 중요한 첫 번째 꿈 말고 아직은 막연한 그래서 빼앗겨도 그렇게 억울하지 않을 것 같은 세 번째 꿈 정도를 밝히면 된다.

2. 아직도 고민하고 있는 중이라고 설명해라

같은 업계 종사나 언젠가 라이벌 관계로 만날 수 있는 사람과 미래 진로에 대한 이야기를 나누게 될 때는 당신의 머릿속에 있는 생각들을 너무 구체적으로 전달할 필요 없다. 당신에게는 버킷 리스트들이 상대방에게는 인생의 터닝 포인트를 만들어 줄 수 있는 매력적인 아이디어일 수도 있고 동일한 루트의 경력 설계로 당신의 차별성을 깎아먹게 할 수도 있다. 그저 아직 고민 중이라는 말로 말끝을 흐려라.

3. 질문의 속내를 파악하고 설명할 수준을 조절해라

상대방의 질문 속에 답이 있다. 만일 당신의 커리어 목표와 향후 진로에 대한 질문을 해 온다면 그 사람의 속내부터 가늠해야 한다. 순수한 호기심인지 혹은 구조 조정, 인사 발령과 관련된 정보를 모으기 위함인지 혹은 당신을 벤치마킹하기 위함인지 질문을 하는 속내를 파악하고 당신이 들려줄 이야기 수준을 조절해야 한다.

4. 목표하고 있는 것보다 두 단계 낮은 목표를 이야기해라

야심이 큰 사람은 위험해 보인다. 아무리 큰 꿈을 꾸고 있더라도, 아무리 원대한 목표를 품고

있더라도 누군가 당신의 가슴속 꿈에 대해 물어오면 두 단계 낮게 이야기하자. 당신의 화려한 꿈을 들으며 사심 없이 대단하다고 격려해 줄 사람은 사내에 아무도 없다. 반대로 '검은 머리 짐승 거두지 말라더니 저 사람을 곁에 두면 그 꼴이 나겠구나'라며 바로 거리를 둘 것이다.

COACHING 05
충성과 소신 사이에서 필요한 것들

"회사와 함께 장렬하게 소멸하는 것이 제 꿈입니다."
샐러리맨의 애환을 담은 드라마 '샐러리맨 초한지'의 남자 주인공이 면접 당시 멋있게 날린 멘트다. 별개의 작은 우주라 불리는 개인이 회사와 공동 운명체로 호흡하고 삶과 죽음을 같이하겠다는 소망이 가능할까 싶지만 기업은 바란다. 회사에 뼈를 묻을 각오를 한 채 기업을 위해 헌신하며 희생할 애사심이 넘쳐 나는 그런 사람들만 선별해 채용할 수 있기를 말이다. 조직의 생리가 이러하니 부하 직원을 리드해야 하는 책임을 맡은 상사들 역시 같은 꿈을 꾼다. 모든 부하 직원들이 자신의 권위에 복종하며 언제나 한결같이 충성을 맹세하다 자신의 곁에서 맹렬히 전사하는 한여름 밤의 꿈을. 아무도 나 잘났다며 자기중심적으로 생각하고 상사의 말꼬리를 잡고 늘어지며 뺀질거리는 부하를 좋아하지 않는다. 하지만 맹목적 충성은 위험하다. 상사도 인간인지라 자기 줏대나 소신 없이 상사의 말이라면 껌뻑 죽는 이른바 무조건 충성스럽기만 한 부하 직원은 별 볼일 없어 보인다. 만만하게 느껴지기 십상이다. 더욱이 사장부터 말단 직원까지 비주류 삶의 궤적을 따라가고 있는 회사라면 한마디로 몸집도 비전도 작은 회사라면 일방적인 충성은 더더욱 한심하다. 인도의 카스트 제도보다 더 무서운 직장 내 먹이 사슬 원리에 충실할 것만 요구하는 '착하지 못한 회사'라면 어쩌면 약간의 형식적인 충성심과 절반 이상의 소신이 더 필요할지도 모르겠다.

사실, 소신과 충성심은 서로 반대되는 개념이 아니다. 작은 일이라도 옳다고 믿는 일을 적극적으로 추진해 나가는 힘이 바로 소신의 정의다. '이건 아닌데'라고 느끼면서도 주변 사람들의 의견이나 상황에 이리저리 휘둘리는 사람을 우리는 소신이 없다고 이야기한다. 그리고 '물러터진 사람, 함부로 해도 되는 사람, 비상 시 이용해도 되는 사람, 뒤통수를 쳐도 크게 탈이 없을 것 같은 사람'쯤으로 여기곤 한다. 〈상사가 키워 주는 사람들의 비밀〉의 저자 안미헌 씨는 "조직에서 가장 이상적인 구성원은 충성심도 있고 소신도 있는 사람이다. 왜냐하면 충성심의 항목은 윗사람 중심의 성향을 이야기하고 소신 항목은 자신의 중심을 지키는 성향을 의미하기 때문이다."라고 설명한다. 그렇다. 어쩌면 직장 생활에서 갖춰야 할 것 중 하나는 소신과 충성심의 균형점일지 모른다. 문제는 많은 직장인들이 언제 소신을 펼쳐야 하고 접어야 하는지 적당한 타이밍을 알지 못한다는 거다. 충성스러워야 할 때는 별것도 아닌 일에 목숨 걸며 소신을 지켜 내고 절대 양보하지 말고 자신의 의견을 피력해야 할 때는 미리 겁먹고 한 발짝 물러

서며 꼬리를 내린다. 자기 밥그릇도 챙기지 못한 채 스트레스 지수만 팍팍 올리는 가장 멍청한 행동이자 비정치적 처신이라 할 수 있겠다.

기획부서에 근무하는 B씨는 점심 메뉴를 결정할 때마다 상사의 의견을 그다지 신경 쓰지 않는다. 어제만 해도 그렇다.

"어제 과음을 했더니 속풀이할 게 당기네. 해장 순댓국 어때?"

"그럼, 부장님 저는 따로 먹을게요. 잘 먹지 못하는 메뉴라서요. 맛있게 드시고 오세요."

자신은 질색하는 순댓국을 상사가 먹으러 가자는 말을 들었을 때 바로 거절했다. 상사가 해장국을 원하는 속내를 직접 밝히기까지 했지만 그녀는 자신의 입맛에 맞지 않는다는 이유로 홀로 점심 먹기를 자청했다.

"점심 한 끼를 먹더라도 속 편하게 내가 좋아하는 걸 먹어야지."

이런 게 바로 '어리석은 소신'이다. 한 끼 식사 정도 대충 먹으면 어떠련만 그녀는 눈치 없이 상사의 마음을 헤아리지 못한 채 건방지고 이기적인 부하 직원이라는 괘씸죄만 샀다. 물론 소신 있는 부하 직원의 이미지도 구축하지 못했다.

반면 무리수를 두더라도 소신을 내비쳐야 할 때는 따로 있다. 동의할 수 없는 비인간적인 지시가 내려졌다거나, 인간적 모멸감을 주는 부당 행위를 요구한다거나, 의도적으로 비생산적인 결론을 내리는 경우가 바로 우리의 소신이 발휘되어야 할 순간이다. 모 신문사에서 일하는 대학 선배는 얼마 전 회사 선배들과 팀 회식자리에 참석했다 봉변(?)을 당했다. 삼겹살집에서 1차 회식을 마치고 2차 룸살롱 행이 결정됐다. 소수자인 여기자를 배려

하지 않는 야만적인 행동이라는 생각이 들었지만 가끔은 참고 조직의 문화에 따라야 할 때도 있는 법이라며 감정을 다스렸다. 하지만 2차 회식 모습은 점입가경이었다. 여자 종업원을 불러 옆자리에 끼고 술을 마시고 갖은 추태를 부리는 게 아닌가.

"그렇게 인상 구기고 있을 거면 집에 가라고! 아니면 너도 옷 벗고 같이 놀든가."

"사과하세요. 그리고 여기서 그만두지 않으면 동영상 카메라로 지금 모습을 녹화해 다른 언론사에 제보하겠습니다."

그녀는 자신을 동료로 인정하지 않고 여종업원처럼 대하는 태도에 절대 타협할 수 없었다. 아무리 직장 상사라 하더라도 성적인 불쾌감과 모욕적 상황을 연출할 권리는 없다고 판단했기 때문이다. 남자 상사는 선배의 말을 무시했고 그녀는 그 자리에서 벌떡 일어나 그 장면을 촬영했다. 그녀를 저지하려는 상사와 약간의 몸싸움이 있었지만 결코 물러서지 않았다. 결국 그는 정중하게 사과했다. 선배의 말을 듣고 나는 앞으로 그녀의 직장 생활이 다소 힘들어지지 않을까 염려됐다. 그러나 결과는 예상과 정반대였다.

"가끔은 상사에게 밟혔을 때 꿈틀거릴 수 있는 소신이 있어야 해. 그래야 상사도 부하 직원 어려운 줄 알고 예의와 격식을 갖춰 대하거든. 무조건 참고 이해하면 더 만만하게 깔보고 함부로 다루는 게 인간의 본성이야. 절대 타협할 수 없는 순간에는 한 번쯤 '이건 아니다'라고 자신의 입장을 밝혀야 해. 그날 이후 미운털은 조금 박혔지만 날 대하는 태도는 완전히 바뀌었어."

　만일 당신이 지금 소신에 대한 욕망, 충성심에 대한 압력 그 둘 사이에서 갈등하고 있다면 몇 가지 대처법을 알아 두면 좋다. 먼저 상사의 부당한 처우나 비합리적 지시에 대해 한 번은 묵인하라. 처음부터 들이받는다는 인상이나 너무 막혀 있다는 인상을 주는 것은 상사뿐만 아니라 주변 사람들에게도 조직 생활의 기본적 원칙을 모르는 되바라진 직원이라는 인상을 심어 줄 수 있다. 두 번 이상 같은 행동이 반복될 때 소신의 힘을 발휘하자. 만일 업무와 관련해 자신의 생각과 다른 상사에게 의견을 강력하게 밝혔는데도 받아들여지지 않았다면 바로 접도록. 끈질기게 설득하고 소신을 어필할수록 함께 데리고 가기 피곤한 부하라고 판단하여 앞으로 주어지는 많은 기회들에서 당신을 일순위로 배제시킬 것이기 때문이다. 소신을 피력할 때는 한 번이면 충분하다. 반면 충성심은 조금 거리감을 두고 발휘하는 게 좋다. 넘치는 따뜻함 대신 냉정함으로 상사를 대해라. 그가 어려운 지시를 내릴 때마다 바로 대답하지 말고 심사숙고한 뒤 확답을 주는 스타일로 이미지를 굳혔다가 서서히 그의 편에 서는 행동들을 하는 게 현명하다. 아무런 이해관계가 얽히지 않은 것처럼 보였던 관계가 서서히 견고해질 때 주변 사람들은 당신을 충성스런 부하라고 의심 없이 동의할 수 있다. 상사 역시 당신을 진국 스타일로 판단하고 덤벼야 할 때, 멈춰서야 할 때를 제대로 아는 지혜로운 사람으로 인식하게 될 거다.

　또 다른 중요한 대처법 중 하나는 완성도 높은 임무 수행으로 간접적으로 충성도를 표현하는 방법이다. 상사들은 자신이 지시를 내릴 때 부하 직원이 취하는 태도를 보고 충성도 여부를 체크한다. 자신을 믿고 따라가는 스타일인지, 별의별 핑계거리를 찾아 뺀질거리는 스타일인지 결정하는 것이다. 한 번도 해 본 적 없는 일을 맡겨도 일단 '해 보겠습니다'라고 대답하고 그 대답에 책임지는 것이 중요하다. 어차피 해야 할 일이면 제시간보다 일찍 마무리할 수 있도록 스케줄을 짜고 제대로 완성해 제출한다면 상사는 부하 직원을 신뢰하게 된다. 그것이 바로 자신에게 충성을 표현하는 가장 기본적인 태도라고 생각하는 탓이다. 그러나 상사가 회사의 이익과는 상관없는 부당한 지시를 내린다면 철저히 회사 편에 서라. 회사의 모든 사장들은 직원들이 업무에 매진하지 않고 다른 개인적인 꿍꿍이를 가질까 봐 두려워한다. 상사가 도저히 납득할 수 없는 지시를 내린다면 그리고 그것이 회사의 이익과는 관련 없는 것처럼 보인다면 그의 권력 너머의 힘을 빌려라. 만일 그가 당신의 목에 칼날을 들이미는 순간이 오더라도 더 큰 권력자가 당신을 보호해 줄 수 있는 구실을 만들 수 있기 때문이다. 물론, 회사가 부실 경영이나 구조 조정 상태일 때는 어떠한 형태의 충성심도 필요 없다. 개인적 안위를 일순위로 두고 소신 정치를 펼쳐야 할 때다.

회사에 대한 일방적인 충성심이나 상사에 대한 충정으로 상황을 제대로 바라보지 못한 채 끝까지 현실을 부성하거나 부화뇌동하다가는 그동안 투자한 관계도, 창창한 인생도 모두 다칠 수 있다. 연애의 기술 중 가장 중요한 게 '밀당(밀고 당기기)'이라고 이야기한다. 사내 정치에서도 그렇다. 순애보적인 사랑을 하다가는 착한 여자라는 칭찬은커녕 예쁘고 성격 나쁜 여자를 좇아가 차이기 십상이고 처음부터 도도하게 높은 콧대만 세웠다가는 눈길조차 받기 힘들다. 적절한 시점에 밀고 또 어느 시점에서는 한 번쯤 제대로 당겨 줘야 긴장감과 애정이 싹튼다. 연애도 정치도 그렇다. 적당히 사랑하고 적당한 시점에 비싸게 튕겨 주자. 끌리되 조금은 어려운 부하 직원이 되고 싶다면 말이다.

TIP: 나의 충성심과 소신의 균형점 체크표

1. 충성심 편

- 항상 윗사람에게 먼저 인사한다.
- 윗사람과 함께하는 자리에서 분위기를 띄울 덕담을 건네거나 안부를 묻는 편이다.
- 윗사람이 그렇게 하는 데는 이유가 있다고 생각한다.
- 윗사람이 원하는 것을 완벽하게 준비해 놓아야 마음이 편안하다.
- 윗사람의 지적을 받으면 내가 고쳐야 한다고 생각한다.
- 상사의 인격이나 실력을 신성시하는 편이다.
- 만남이나 모임에서 의견을 철저히 말하는 편이다.
- 내 의견이 더 좋아도 상사가 요청하면 상사의 의견을 따른다.
- 윗사람의 부탁이나 지시를 거의 수용하는 편이다.
- 말을 하기보다는 듣는 편이다.
- 상사의 개인적인 부탁도 기꺼이 수행한다.
- 조직 생활에서 어느 정도 자기희생이 필요하다고 본다.

2. 소신 편

- 나 자신에 대한 긍정적인 확신이 있다.
- 윗사람을 만나도 떨리거나 위축되지 않는다.
- 사람들 사이에서 적당한 거리감을 유지한다.
- 자기 관리를 반듯하게 한다.
- 동의를 못하면 상황에 끌려가지 않는다. 다만 묵인할 뿐이다.
- 사람 사이의 갈등은 필연적이라고 본다.

- 언제든 윗사람을 찾아가 대화를 청할 용기가 있다.
- 나에게 중요하지 않은 사람은 크게 신경 쓰지 않는다.
- 다른 사람의 의견을 듣지만 최종 결정은 내가 내린다.
- 옳다고 생각하면 밀어붙인다.

*이 체크표는 〈상사가 키워 주는 사람들〉의 내용을 인용했으며 충성심과 소신 항목별로 6개 이상이면 높은 편에, 5개 이하이면 낮은 편에 해당한다.

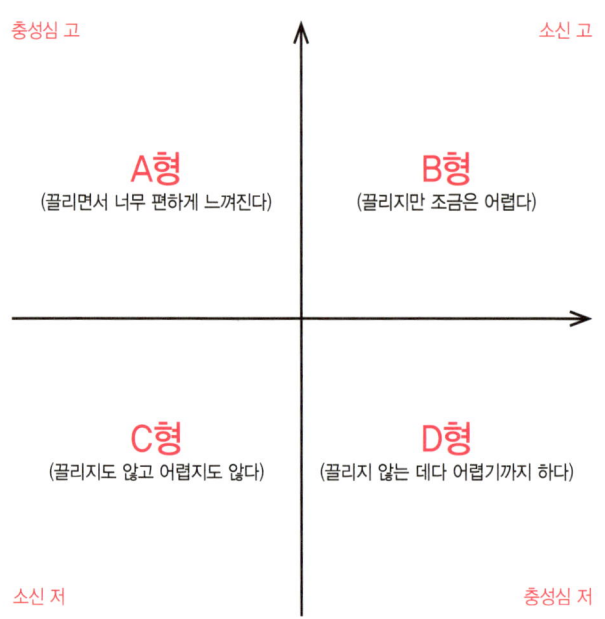

COACHING 06
똑똑하게 딴 주머니 차는 법

 어느 정도 커리어를 쌓다 보면 의외의 기회들이 찾아온다. 외부 강연의 연사 활동이나 포럼 패널 참석 요청, 그밖에 웹진에 칼럼을 써 달라는 요청 등이 그 예다. 직장일과 상관없이 별도의 수입도 얻을 수 있고 개인의 사회적 입지를 강화할 수 있는 '은밀한 외도'는 유혹적이다. 이번 기회를 잘 잡으면 이름만 대면 아는 사회 저명인사가 될 것 같기도 하고 한번 가 보지도 못하고 포기한 길들에 대한 보상 심리도 꿈틀거리게 만든다. 하지만 회사에 속해 일정한 녹을 먹으며 직장 상사의 눈치를 보며 살아가야 하는 직장인의 신분상 하고 싶은 대로 다 하며 살 수는 없는 법. 어떡하면 똑똑하게 딴 주머니를 찰 수 있을까?

 "요즘 내 이름을 딴 팟 캐스트를 진행해 보고 싶다는 생각을 많이 했어. 나는 꼼수다의 폭발적인 인기를 지켜보면서 질 높은 콘텐츠와 대중과 공감할 수 있는 입담만 있다면 누구나 스타가 될 수 있다는 꿈이 생겼거든.

하지만 쉽사리 시작해 볼 수는 없었어. 그렇게 개인 활동을 하고 싶으면 사표를 쓰고 혼자 하고픈 대로 하고 살라는 편집장의 잔소리가 들리는 듯했거든."

명품 수입업체 마케터로 일하는 L은 늘 일을 벌이지 못해 안달 나는 스타일이다. 마케터로 일하면서 쇼핑몰 모델 활동과 외부 강연, 사보 칼럼니스트 등 개인적 활동을 겸해 왔다. 회사는 개인의 성장과 활동을 독려해야 할 책임을 지니고 있다는 그녀만의 확고한 철학 탓에 소위 '딴짓거리'를 하면서도 양심의 가책을 느끼거나 상사의 눈치를 보는 일은 없었다. 그러나 꼬리가 길면 밟히는 법. 모 성형외과 홈페이지 모델로 활동한 것이 부서장 귀에 들어가면서 그는 시말서를 써야 했다. 개인적 이익을 위해 회사의 품위를 훼손했다는 것이 바로 시말서를 쓴 죄목이었던 것. 한동안 그녀의 '딴짓거리'도 잠잠했다. 그러나 세 살 버릇 어디 가겠는가. 잠시 휴지기를 가졌던 L은 덜컥 일을 벌이기 시작했다. 자신의 이름을 딴 팟 캐스트를 오픈하기로 한 거다.

"이번에도 부서장이 알면 한소리할 것 같은데 괜찮겠니?"

"이미 다 손을 썼지. 시말서를 몇 번 쓰면서 깨달은 게 있는데 딴짓거리를 하려면 사전에 보고를 잘해야 해. 보고만 하면 아무 탈이 없으니까."

"보고하면 하지 말라고 할 거 아냐. 하지 말란 걸 하면 오히려 더 괘씸죄를 사지 않겠어?"

"그러니까 머리를 잘 써야지. 딴짓을 해도 아무런 말을 할 수 없게끔 말이야."

L은 회사 주최 팟 캐스트를 론칭하자는 보고서를 열심히 작성해 상사에게 제출했다. 왜 그녀가 이런 것을 하고자 하는지, 회사가 얻을 수 있는 이익은 무엇인지 등을 디테일하게 보고했다. 더불어 얼마나 손이 많이 가는 일인지, 상사는 앞으로 어떤 것들을 보고받아야 하는지도 소상히 설명했다. 한참 열을 올리며 보고를 하는데 상사의 퉁명스러운 한마디가 돌아왔다.

"일도 많은데 팟 캐스트는 손이 너무 많이 가는 일 같아. 그리고 그거 누가 듣겠니? 그렇게 하고 싶으면 개인적으로 하든가."

그렇다. 그녀는 원하는 것을 얻기 위한 보고를 할 줄 알았다. 상사 입에서 개인적으로 하라는 지시가 떨어졌으니 L이 팟 캐스트 활동에 열을 올린다 하더라도 누구 하나 뭐라 할 사람이 없게 됐다. 혹시라도 그녀의 팟 케스트가 유명세를 떨친다 하더라도, 동료들의 시샘을 사게 되다 하더라도, 선배들의 질책을 받게 되더라도 할 말이 생긴 거다.

만일 상사 몰래, 회사 몰래 개인적 활동을 펼치고 싶다면 상사에게 보고해라. 단 별일 아닌 것처럼, 그깟 일 해 봤자 누구 하나 관심을 두지 않을 것 같은 일처럼 연기해라. 하지만 상사도 탐하는 일이라면 이야기는 달라진다. 그때는 당신이 꿈꾸는 기회를 상사가 가질 수 있도록 상황을 유도하는 '쇼'가 필요하다.

광고 회사에서 근무하는 경력 10년 차의 P. 그녀는 얼마 전 한 잡지사에서 커리어 멘토로서 인터뷰에 응해 줄 것을 요청받았다. 광고업계에 입문하려는 구직자들에게 강의와 강조하고 싶은 내용들을 전하는 인터뷰를 진행해 달라는 요지였다. 평소 연사로서 무대에 서 보고 싶었던 꿈을 간직하고 있던 P는 덥석 기회를 잡고 싶었다. 하지만 걸리는 것이 있었으니 그 것은 바로 모든 대외 활동을 금하는 그녀의 상사였다. 분명 있는 그대로 사실을 전달하면 회사 홍보실을 통해 논의해 본 뒤 이야기해 주겠다는 식 상한 대답을 던진 후 결국 거절을 할 것이 뻔했다. 그래서 그녀가 생각한 것이 바로 '상사에게 기회 돌리기 작전'이었다.

"부장님, 제가 아는 후배가 잡지사에서 일하는데 이번 호에 광고업계 멘 토를 선발해 인터뷰를 싣고 싶대요. 경력이나 이미지 여러 가지로 볼 때 부장님이 정말 '딱'인 것 같아서 추천하려고 하는데 괜찮으시죠?"

아니나 다를까 상사는 그녀가 던진 떡밥을 냉큼 물었다. 실제로 그녀는 잡지사 담당 기자에게 자신보다 상사가 더 적합하다며 인터뷰 대상을 변 경하면 어떨지 물었다. 다만, 몇 가지 주석을 달았다.

"저희 부장님이 업계에서 유명하신 분이라 저보다 더 적합한 인물 같아 요. 다만 나이가 좀 많으시고 패션 감각이 떨어져서 요즘 20대들이 매력적 으로 느끼지는 못할 것 같긴 한데 그래도 훌륭하신 분이라 추천할게요."

보이는 이미지와 매력 지수가 중요한 잡지 매체에서 나이가 많고 비주얼 이 떨어진다는 추가 설명은 '섭외하면 낭패랍니다'와 같은 말일 터다. 담당 기자는 결국 고민 끝에 20대 여학생들이 선호할 만한 커리어와 이미지를 갖춘 P가 인터뷰에 응해 줄 것을 거듭 요청했다. 결국 P는 안타까운 표정 을 하고 부장에게 다가갔다.

"부장님, 이번 인터뷰는 2030을 콘셉트로 하는 거라 30대 여성만 인터뷰 에 응할 수 있다고 하네요. 에휴, 어쩌죠. 타부서의 박 팀장님을 추천해 볼까요? 요즘 회사 내 떠오르는 유망주잖아요."

"아니. 타부서 팀장에게 좋은 기회를 줄 필요가 뭐가 있어. 그냥 김 팀장이 해. 우리 회사 입장에서도 홍보되고 좋지 뭐."

일정한 절차를 밟고 상사를 먼저 배려한 과정이 있다면 알토랑 같은 딴 주머니를 차게 돼도 뒷말이 없다. 그것은 상사 본인이 거절한 사안인 동시에 상사 본인이 하라고 지시한 일이기 때문이다. 명분과 절차가 존재하는 일은 그 누구도 태클을 걸 수 없는 법이다. 만일 상사 모르게 딴짓거리를 하고 싶다면, 자신의 브랜드를 키울 수 있는 개인적 활동을 원한다면 그럴수록 사전 보고에 열을 올려야 한다. 보고의 원칙은 당신이 하고자 하는 그 일이 별것 아닌 일이어야 하고 상사보다 더 뜰 수 있는 위험한 기회가 아니라는 확신 주기다. 상사의 마음, 상황을 헤아려 그의 입에서 '네가 하라'는 말을 유도하는 것이 방법인 셈이다.

모든 상사가 가장 두려워하고 싫어하는 부하 직원은 자신이 해야 할 일을 자신보다 더 능숙하게 잘할 수 있는 부하다. 만일 다양한 '딴짓거리'를 통해 명성을 얻고 싶은 욕심이라면, 상사보다 강력한 브랜드 파워를 지니고 싶은 꿈을 꾸고 있다면 그럴수록 상사의 마음을 헤아려야 한다. 비록 언젠가는 상사 부하 관계가 아닌 라이벌 관계로 둘이 마주하는 날이 오더라도 '딴짓거리'의 보따리를 풀기 시작한 지금은 상사보다 훨씬 부족하고 별 볼일 없는 존재로 자신을 이미지화해야 한다. 그것이 바로 회사 일만으로는 성이 차지 않는 욕심꾸러기 당신이 다치지 않고 성장할 수 있는 비결이니까 말이다.

COACHING 07
당신의 사생활도 점수가 매겨진다

대학 졸업만 하면 더 이상 성적표 따위는 상종도 안 할 줄 알았는데 이게 웬걸. 직장인 타이틀을 달자마자 매년 살 떨리는 성적표가 날아든다. 직무 이행 능력은 물론, 기획 창의력, 이해 판단력, 책임 적극성, 대인 관계 능력, 근무 태도, 건강 상태까지 확인하는 학창 시절 받았던 성적표와는 비교도 할 수 없는 정교하고 복잡한 성적표가 인사 고과 평가라는 이름으로 가슴팍을 파고든다. 인사 고과는 한 해 동안 당신이 얼마나 열심히 일했는가를 나타내며 급여와 승진, 사내 입지에도 영향을 준다. 일종의 성공 입문을 향한 내신 성적표와 같은 셈이다. 즉, 인사 관리가 엉망이라면 만족스러운 연봉, 성과급은 물론 고대하던 승진도 기대할 수 없다.

현재 인사 고과 방식은 팀 내 인사 권한을 쥐고 있는 상사의 평가로 좌지우지되는 경우가 많다. 물론, 일부 기업들은 아직도 승진을 위한 별도의 필기시험을 운영하거나 다면 평가 등 상호적 관계의 입각한 다각도 인사 평가 제도를 도입하고 있다. 날로 새로운 인사 고과 방식이 도입되고 적용되고 또 발전하고 있다. 하지만 문제는 일을 잘한 것과 인사 고과 점수를 잘 받는 것이 100% 비례 관계가 아니라는 점이다. 일은 내가 제일 많이 했는데 인사 고과 점수 1등은 다른 인물이 받는 어이없는 경우들이 일어나는 게 현실이다. 오히려 인사 권한을 쥔 담당자들은 '일을 잘하는 것과 인사 고과 점수를 잘 받는 것은 별개의 문제'라고 큰소리를 치기도 한다. 모든 평가에는 일에 대한 성과뿐만 아니라 사람에 대한 감정까지 포함되기 때문이다. 인사 고과를 잘 받기 위해서는 몇 가지 전략을 기억할 필요가 있다.

첫째, 성과를 홍보할 수 있는 방법을 구비해 둘 것
둘째, D-3달 전부터는 상사에게 구애 전략을 펼칠 것
셋째, 개인사를 관리할 것
넷째, 임원이 동석하는 중요한 회의나 미팅 시 똑똑한 질문을 꼭 던질 것
다섯째, 다면 평가 결과 전달 시 본성을 관리할 것

이 전략들을 잘 이행하기 위해 먼저 이해해야 할 사안이 있다. 인사 고과는 '상사가 주는 것'이 아니라 '부하 직원이 잘 받아내는 것'이 관건이라는 사실이다. 때문에 평가 권한을 쥐고 있는 상사에게 자신의 성과를 충분히, 적극적으로 알려야 한다. 한 해 동안의 업적, 실력 배양을 위해 쏟았던 노력, 다른 팀원과의 팀워크 활동 등을 제대로 알리지 않고 좋은 평가가 나올 거라 예상해선 안 된다. 상사는 당신의 성과만을 오래오래 기억

하기엔 너무 바쁘고 신경 쓸 게 많다. 〈행복한 직원이 성과도 좋다〉의 저자 조범상 LG 경제 연구원 인사 조직 연구실 책임 연구원은 '한 해 동안 이룬 성과를 일목요연하게 작성한 일종의 셀프 성과표를 작성해 올해 작성한 보고서는 몇 개이고 내용은 무엇이었으며 결과물은 어떠했는지 등을 기록해 둘 것'을 조언한다. 엑셀표에 성과 보고를 짧게 정리해 뒀다가 인사 고과 시즌 보름 전쯤 "올 한 해 일군 결과물들입니다. 함께 참고하세요."라는 제목으로 담당 상사에게 애교가 묻어나는 이 메일을 보내는 것도 좋은 방법이다. 하지만 이런 가상한 노력을 기울였음에도 불구하고 인사 고과 평가가 자신의 생각과 전혀 다르게 나온 것을 발견하고 많은 직원들이 충격을 받는다.

두 번째 전략, 상사의 마음을 관리하는 데 실패한 탓이다. 인사 고과에는 업무 능력보다 때론 그 사람 자체에 대한 감정이 우선시되곤 한다. 실제로 김희선 HR 전문가 겸 경영학 박사는 "국내 기업들의 인사 고과는 평가 요소가 굉장히 복잡하지만 실제로는 형식적으로 진행되는 경우가 많다."라며 "인사 고과를 원칙대로 철저히 진행하려다 보면 일을 잘해서 상을 받으려는 직원들보다는 벌을 받지 않으려는 수동적인 직원이 늘어난다."라고 설명한다. 인사 고과의 지나치게 상세한 항목들이 오히려 객관화된 인사 평가를 방해하기도 한다는 것이다.

이처럼 하향 평준화의 인사 고과 평가가 이뤄질 경우, 상사의 마음에 든 부하 직원에게 유리한 득점이 이뤄질 확률은 더더욱 높다. 인사 고과에서 다시 한 번 기억해야 할 점은 당신이 스스로 어떻게 생각하는지는 전혀 중요하지 않다는 점이다. 문제는 상사가 당신을 어떻게 생각하느냐는 것이니까. 때문에 개인사까지도 상사 앞에선 효율적으로 경영해야 한다. 많은 여성들이 '천사 같던 팀장'에게 뒤통수를 맞았다며 하소연하는 이유는 여기에 있을 가능성이 높다. 가족 친화 기업, 행복한 일터 만들기 캠페인 등 개인 삶의 질을 높이기 위한 기업의 다각도 노력이 일어나고 있지만 기업은 복잡한 개인사를 지닌 조직원을 싫어한다는 사실을 명심할 필요가 있다. 아무리 같은 팀 내 소속돼 있는 가족 같은 구성원이라 하더라도 결국은 선의의 경쟁을 해야만 하는 라이벌인 숙명을 고려한다면 개인사로 업무의 효율성을 떨어뜨릴 조직원은 절대절명의 순간에 내쳐지기 쉽다.

"시어머니가 중풍을 앓게 되면서 저희 집으로 오셨어요. 다섯 살짜리 아들 키우랴, 정신이 오락가락하는 시어머니 돌보랴 정말 정신이 하나도 없더라고요. 몸도 마음도 빠르게 지쳐 갔죠. 팀장님과 면담을 하면서 요즘 힘든 속내를 밝혔어요. 대학 선배인데다가 늘 든든한 버팀목 역할을 해 줬기 때문에 직원들과 사적 교류를 즐기는 편이었거든요. 위로도 해 주고 퇴근 시간 조절도 해 줘서 얼마나 고마웠는지 몰라요."

국내 굴지의 제약회사에 근무하는 T는 얼마 전 속내를 고백했던 언니 같은 상사에게 눈물 쏙 나오는 배신감을 맛봤다. 부하 직원들의 개인사를 주제로 사적 교류를 해 오던 상사가 자신의 승진을 반대하는 중추적 역할을 했던 사실을 알게 됐던 것이다.

"제가 아이 양육과 시어머니 부양으로 이번에 승진을 하면 제대로 업무에 몰두할 수 없는 상황이라며 승진 대상에서 제외시켰다는 이야기를 건너 듣고 어찌나 분했는지 몰라요. 직원들에 대한 상세한 관심과 배려 때문에 면담을 하는 줄 알았더니 이제 보니 개인사를 캐기 위한 비열한 방법이었던 것 같아요."

그 마음이야 십분 이해되지만 조금 답답한 고백이 아닐 수 없다. 아무리 친한 상사라도 상사는 절대 동네 언니가 될 수 없다는 간단한 진리를 까마득히 잊고 미주알고주알 자신의 신세 한탄을 한 것은 사내 정치 관점에서 본다면 어리석은 행위다. 아마도 직장 상사는 그 순간 진심 어린 마음으로 그녀와 대화를 나눴을지 모른다. 다만, 승진 문제를 앞두고 문득 생각난 T의 개인적 상황을 고려해 보다 합리적인 선택을 이끈 것뿐이다. 많은 직장 여성들이 T와 같은 실수를 저지른다. 특히 긴장이 풀어지는 점심 식사, 회식자리에서라도 남자친구와의 이별 위기를 속속들이 토로하거나, 남편의 외도 사실을 눈물을 펑펑 쏟으며 고백하거나, 저질 체력으로 야근이 힘들다는 푸념, 독한 다이어트 결심으로 주말마다 단식원에 들어가 있다는 등의 영양가 없는 수다는 절대 금물이다. 상사는 당신의 개인사까지 인사 고과를 결정짓는 주변 자료로 활용할 테니까.

그러나 믿었던 상사에게 물 먹었다 하더라도 다시 솟아날 구멍은 있다. 인사 고과에도 로또가 존재하는 까닭이다. 회사 대표나 간부 등 인사권을 좌지우지할 수 있는 영향력 있는 파워맨과 세미나, 미팅 등에 동석할 때 날카롭고 똑똑한 질문을 준비하도록 하자. 당신의 기특한 질문에 대한 대가로 예상치 못한 가산점을 받을 수 있을지도 모르니까. 얼마 전 한 후배가 대기업 취업 소식을 전해 왔다.

"저 J패션업체 합격했어요. 정말 믿기지 않아요. 합격자 중 제가 어학 점수도 가장 낮고 학력도 낮은 것 같아요."

"비결이 있었겠지. 인간적 매력이 통했던 거 아닐까?"

"맞아요! 제가 J패션업체가 주최한 기업 설명회 때 참석했었는데 그때 운좋게도 그 회사 대표가 짧은 강의를 했어요. 강의 후 질문을 받았는데 다들 부담스러워서 그런지 질문을 하지 않는 거예요. 그때 제가 번쩍 손을 들고 강의 들으면서 생긴 궁금증을 물었어요. 한데 나중에 인사 담당자가 이야기해 주시는데 그 모습이 마음에 들었던 대표가 '저 지원자 서류 전형 시 가산점 5점 줘' 그랬다는 거예요."

"와! 정말 드라마 같은 현실이다. 축하해!"

실제로 많은 CEO들이 고백한다. 중요한 공개 석상에서 예리한 질문을 하는 직원들은 잘 봐 두었다가 인사 고과나 보직 이동 때 인센티브를 준 경험이 있다고 말이다. 일 잘하는 친구가 그만큼 자신의 일에 생각이 많고 문제의식을 가지고 있어 질문도 잘한다고 믿는 탓이다. 자신보다 업무도 적게 하고 별다른 성과도 내지 못한 동료가 훨씬 높은 인사 고과 점수를 받고 당신이 시시탐탐 노리던 보직으로 이동했다 하더라도 '세상이 불공평'하다며 너무 분노하지 말자. 우리가 모르는 어떤 상황에서 임직원의 눈에 드는 사건이 일어났을 수 있다. 마지막으로 많은 사람들이 놓치는 인사 고과 전략은 결과 통보 시 바로 본성 관리다. 다면 평가 결과가 자신이 예상한 것보다 형편없거나 기대 이하라고 해서 정신줄을 놓는 행위를 보여선 안 된다. 평가를 받아들이는 당신의 태도마저도 또 다른 인사 고과 점수에 반영될 것이므로. 코칭 전문가들은 이 순간이 바로 그 사람이 가진 날것 그대로의 인간적 특성을 확인할 수 있는 시간이라고 말한다. 고현숙 코칭 경영원 대표는 "내면이 강한 사람은 피드백에 대해 그다지 방어적이지 않지만 허약할수록 타인의 평가에 더 휘둘리고 격앙된 반응을 보이기 쉽다."라고 조언한다. 상사 입장에서 볼 때 다면 평가 결과를 통보할 때 별것 아니라고 코웃음을 치며 무시하거나, 애써 감정을 억누르며 긍정적으로 받아들이려 하거나, 뒤에서는 '날 자르려고 이런 조사를 한 것 아니냐'라며 불만을 터뜨리는 유형이 가장 부담스럽고 볼썽사납다. 주변 동료들의 평가를 수용하며 뭔가를 개선하고 배우려는 태도를 보일 때 상사는 다음 인사 고과 점수를 머릿속에 입력할 수 있다.

"근무 태도, 5점 만점에 5점!"

똑똑한 언니가 들려주는 Secret

성공한 워킹우먼들이 들려주는 일과 삶의 조화 노하우

1박 2일 출장길을 나서는데 딸아이가 팔목을 붙잡고 징징거린다.
"엄마, 나 열나고 기침 나고 아프니까 회사 가지 마세요."
딸의 이마에 손을 살짝 대 보니 정말 열이 펄펄 난다. 눈도 벌겋게 충혈돼 있는 게 뭔가 심상치 않다. 얼른 아이를 안고 동네 병원이라도 뛰어가고 싶지만 약속한 시간에 맞춰 도착하려면 지금 서둘러 나가도 빠듯하다. 닭똥 같은 눈물을 흘리고 어깨까지 들썩거리며 우는 딸을 매몰차게 밀어 두고 출근을 하려니 가슴 한 켠이 시멘트 도로 위에 쓸려 미끄러진 것처럼 따끔거리고 아프다. 이처럼 일하는 엄마들은 수시로 직장을 떠날 위기를 만난다. 아이가 아플 때, 부양해야 할 부모가 병에 걸렸을 때 그리하여 주된 돌봄 노동자가 필요할 때, 여성은 가장 먼저 가정을 위해 희생할 대상으로 지목된다. 물론, 어찌할 수 없는 모성의 움직임으로 헌신자의 역할을 자청할 때도 있다. 문제는 자의든 타의든 자신의 일을 버리고 집으로 돌아간 후 발생하는 예기치 못한 변화다. 가정을 위해 잠시 일을 밀어 두는 것뿐이라고 생각했는데 어느 날 정신을 차리고 돌아보니 나는 온데간데없고 가족 구성원을 돕는 조력자의 역할만 남게 되는 경우가 허다하다. 이 무렵 여자들에게 가장 요원한 꿈은 바로 일도 하고 아이들도 성공적으로 키우며 화목한 가정을 유지하는 일이다.
"일도 하고 가정도 살 수리는 타협점이 분명 있을 거야."
그러나 균형이라는 게 어느 한쪽으로 치우치지 않고 딱 중간쯤 중심을 잡으며 중도의 입장을 유지하는 것이기에 임신, 출산처럼 예측 불가능한 일상들의 뒤엉킨 삶의 주기로 접어들고 나면 무엇이 균형점인지 자체가 헷갈린다. 더욱이 때로는 일에 열중해 극한 에너지를 쏟아야 성장할 수 있는 시기가 있고 반대로 가족의 정서적 풍요와 안정을 위해 관계 돌봄에 주력해야 할 시기가 따로 있기에 한결같이 중간점을 유지하기란 현실적으로 어렵다. 그런데 이 두 개의 주기가 서로 맞붙을 때 거역할 수 없는 위기의 변곡점이 형성되기도 한다. 서울 시장 후보로 출마한 남편과 어린 시절부터 품어 왔던 가수의 꿈을 실현하기 위해 마지막 열정을 불태우는 아내의 좌충우돌 삶을 그린 영화 '댄싱 퀸'처럼 남편과 아내의 꿈이 서로 충돌할 때, 올 겨울 과장 승진을 앞두고 있는 여자에게 계획에 없던 임신 소식이 전해졌을 때 현실의 균형점 찾기가 과연 가능한지 회의가 밀려오기 때문이다. 그 무렵 여자의 귓가에 유혹의 속삭임이 들려온다.

'일 할래? 살림할래?'

두 개의 갈림길에서 어느 하나를 포기하고자 마음먹고 있을 때, 그러나 실은 두 개의 길 모두가 보고 싶어질 때 가장 필요한 것은 바로 엄마로서의 정체성을 확고히 하는 일이다. 약간 아이러니하게 들릴 수도 있지만 내 아이에게 어떤 엄마로 기억되고 싶은지, 남고 싶은지에 대한 정체성을 다잡을 때 간헐적으로 찾아오는 위기의 폭우를 피할 수 있다. 나는 딸아이에게 세상에서 가장 튼튼한 울타리를 지어 줄 수 있는 엄마가 되고 싶다. 엄마를 롤 모델로 꿈을 설계하고 언젠가 그 꿈을 이루기 위해 재정적, 심리적 지원이 필요할 때 기꺼이 도와줄 수 있는 그런 엄마. 단지 따뜻한 가슴을 지닌 엄마로 기억되기보다 세상을 가슴에 품을 수 있는 야망과 도전을 심어 줄 수 있는 엄마. 가족도 소중하지만 자신의 일에서 얻는 성취가 주는 보람이 얼마나 큰지 유년 시절부터 보고 배우며 자랄 수 있게 하는 엄마. 자신이 걸어 온 삶 자체를 딸에게 유산으로 물려줄 수 있는 엄마. 그것이 바로 내가 희망하는 엄마 역할이다. 그 간절한 꿈이 있기에 나는 '일할래? 살림할래?'라고 묻는 은밀한 속삭임을 애써 외면할 수 있었고 다가올 날들 속에서도 지금처럼 꿋꿋이 내 자리를 지킬 수 있을 거라 믿는다. 어떤 엄마가 되고 싶은지에 대한 구체적 목표가 있어야 가족 내 자신의 역할을 정립할 수 있고 일과 가족 사이에서 타협점을 모색할 수 있다.

CHAPTER 5

스타일 좋은 여자가
인정받는 이유

COACHING 01

매력적인 오피스 복장과
메이크업은 따로 있다

사회 초년생이던 시절 나는 격한 패션을 선보이는 '문제녀'였다. 언론사 취재 기자로 일한다는 여자가 주렁주렁한 샹들리에 귀고리에 러플이 심하게 달린 블라우스, 임부복인지 헷갈리는 펑퍼짐한 시폰 원피스 등을 오피스 룩으로 착각하고 출퇴근을 무한 반복했으니 말이다. 한번은 야심차게 장만한 샹들리에 귀고리가 어찌나 볼륨감이 있든지 사내 식당 영양사 아주머니께서 애정 어린 충고를 뜬금없이 해 주신 적도 있다.

"너무 튀는 액세서리보다 한 듯 만 듯한 스타일이 더 예쁜 거예요."

그때는 그 조언에 숨겨진 의미를 몰랐다. 나는 나만의 스타일이 따로 있는데 그 심오한 패션 철학을 이해하지 못하는 후진 감각의 아주머니가 원망스러웠다. 그러다 직장 생활 5년차쯤 됐을 무렵 촌스러운 반짝이 스타킹에 튀는 오렌지 컬러 원피스와 이어드롭 귀고리를 코디한 홍보업체 관계자와 미팅을 가진 후에야 아무런 이해관계가 얽히지 않은 따뜻한 밥 한 끼만 제때 얹어 주면 되는 식당 영양사 아주머니의 귀띔이 무엇을 이야기하는지 깨달을 수 있었다. 자신의 일에 전문성을 부여하고 싶은 커리어 우먼이라면 직무와 조직에 어울리는 오피스 룩을 연출할 수 있는 센스가 요구된다. 그것은 최소한의 직장 예절인 동시에 자신의 몸값을 은근하게 상승시킬 수 있는 무방비 상태로 노출된 기회의 손짓이기도 하다.

한경희 생활 과학의 한경희 대표는 한 여성지 인터뷰에서 자신의 사업 성공을 뒷받침해 준 요인은 '패션 전략'이라고 이야기했다. 스팀 청소기를 개발하던 초기, 사업 초짜인 아줌마라는 이유로 여러 업체에서 무시당하는 설움을 당하며 '있어 보이는 옷차림'이 얼마나 중요한지 깨달았다고 한다. 그래서 자신의 업무를 뒷받침해 주고 더불어 한경희라는 여자를 은근히 부각시켜 줄 수 있는 패션 아이템 찾기에 투자를 시작했다. 예를 들어 현장에서 일할 때는 남자들과 함께 일하는 시간이 많기 때문에 스커트보다는 팬츠 패션을 선보였고 외부 회의나 VIP 미팅이 있는 날엔 파워풀한 여성 사업가의 모습을 보여 주기 위해 포멀한 슈트에 원색의 아이템을 하나 정도 매치해 힘을 실어 주는 전략을 펼치기도 했다. 한편 내근이 많은 날에는 세미 정장 스타일을 입어 직원들에게 좀 더 편안하게 다가가려고 노력하며 패션을 자신의 일을 완성하는 전략적인 도구로 활용하는 노하우를 연마해 나갔다.

비단 한경희 대표뿐만이 아니다. 모든 직장 여성들에게 매력적인 외모는 강력한 경쟁력을 수반한다. 사람들은 외모에서 풍기는 분위기, 이미지만으로 그가 가진 능력과 상관없이 상대방에 대한 감정을 이미 포함해 계산하는 본능적인 우(?)를 범하기 때문이다. 그러나 그 경쟁력이 뛰어난 미모나 돋보이는 외모를 뜻하는 것은 아니다. 그것은 바로 자신의 커리어에 맞는 이미지를 찾고 직무에 어울리는 스타일을 연출할 수 있는 능력을 일컫는다. 업무에 어울리는 이미지를 찾고 숨겨진 아름다움을 이끌어 내는 사람에게 사람들은 그가 가진 능력마저도 세심히 바라보는 여유를 발휘하고자 한다. 매력적인 이미지 속에 매료돼 자신도 모르게 끌리는 호감 탓이요, 그 강력한 경쟁력 속에 숨겨진 수많은 매력들을 경험하고 싶은 묘한 호기심 탓일 거다. 때문에 어쩌면 '일 잘하는' 커리어 우먼에게 요구되는 이미지 연출법에 대한 이해과 관심은 정말 '일을 잘하기 위한' 사내 분위기를 일구는 첫 관문일지도 모르겠다. 이 장에서는 '오피스 룩 완성'에 촉각을 곤두세우는 여성들이 궁금해하는 '똑똑하게 멋 내는' 비결에 대해 고민해 보도록 하자.

TIP: 똑똑하게 멋 내는 비결

1. 손질하기 어려운 단발머리, 커리어 우먼에게는 피해 갈 수 없는 선택일까요?

단발머리는 세련되고 시크한 차도녀를 표현하기 가장 좋은 헤어스타일이다. 단발 기장이 얼굴선을 살려 주면서 생동감 있게 보이게 하는 효과가 있기 때문에 전문성을 강조하는 커리어 우먼에게는 제격인 셈이다. 하지만 늘 같은 스타일의 단발은 자칫 지루하고 무겁게 느껴질 수 있다. 이때는 몇 가지 변신을 시도할 수 있는데 먼저, 짧은 꽁지머리가 마치 토끼 꼬리를 닮았다고 해서 붙여진 일명 레빗 테일(Rabbit Tale) 스타일은 살짝 머리를 묶어 주는 것만으로 업스타일 효과를 볼 수 있다. 앞머리 없이 한쪽 앞머리만 최대한 자연스럽게 흐르는 보브컷을 연출한 뒤 최대한 아래로 묶으면 긴 머리로 묶었을 때보다도 단정하고 도시적인 이미지를 연출할 수 있다. 뭔가 특별한 기분을 내고 싶은 날에는 모발 전체에 불규칙적인 굵은 컬을 주어 세련되고 여성스러운 이미지의 스타일링을 해 주는 것도 좋다.

2. 빠르고 간편한 그러나 세련된 오피스 메이크업 비결을 알려 주세요.

커리어 우먼의 오피스 메이크업으로는 시간을 많이 소비하는 컬러풀 섀도로 강렬한 색조 메이크업이나 트렌디한 아이라이너를 그리는 것보다 내추럴하고 모던한 메이크업이 적합하다. 무엇보다 중요한 것은 매끄러운 피부 표현이다. 일루미네이팅 비비 크림과 미네랄 파우더로 윤기를 표현해 주고 로즈 피치 시머 블러셔와 시머 하이라이터로 생기와 화사함을 부여해 도시적인 이미지를 살려 주는 피부 표현을 완성한다. 이때 주의할 것은 파운데이션을 3:2:1의 비율, 즉 얼굴 안쪽에서 바깥쪽으로 갈수록 적은 비율로 입체감 있게 바른 뒤 브러쉬를 활용해 파우더를 유분기를 잡아 주는 정도로만 툭툭 발라 줘야 한다. 눈매는 베이지 시머 섀도로 화사함을 주고 눈 모양을 보완하는 라인을 그린 후 블랙 마스카라로 포인트를 주면 또렷하면서 깊은 느낌이 강조된다.

3. 직업별, 직무로 딱 맞는 오피스 룩은 따로 있는 걸까요?

커리어와 궁합이 맞는 옷을 사기 위해서는 자신이 속한 조직의 문화와 직무 특성에 대한 이해가 필요하다. 예를 들어 공무원, 공기업 종사자의 경우 아무래도 보수성이 짙기 때문에 너무 화려하거나 부담스러운 스타일을 연출하지 않는 것이 키포인트다. 아직도 '민소매 불가, 발가락 노출 금지, 청바지와 레깅스 사절'을 외치고 있는 기업이 상당수이기 때문에 여성 근로자의 경우 블랙, 그레이 등 무채색의 포멀 슈트가 기본이다. 정 심심하다면 과감한 브로치나 골드 컬러의 귀고리, 진주 목걸이 등을 레이어드해 포인트를 주면 좋다.

반면 홍보, 마케팅, 영업직 종사자라면 꽉 막힌 보수적 옷차림을 하는 것이 되레 금물이다. 많은 사람들과 잦은 미팅을 해야 하는 업종에 종사하는 만큼 트렌디하면서 세련된 스타일을 연출하는 것이 호감 가는 이미지를 완성하는 비결인 셈이다. V넥 저지 랩 원피스, 발망 재킷, 고급스런 원단의 블랙 테일러링 팬츠, 화이트 실크 셔츠, 블랙 펌프스 등은 활동성과 전문성을 모두 살려 주는 머스트 해브 아이템이다.

금융권 종사자의 경우 외모 연출에서 가장 중요한 포인트는 깔끔하면서도 럭셔리해 보이는 이미지다. 다른 업종보다 더욱 디테일한 부분에 신경을 써야 상대방으로부터 신뢰감을 얻을 수 있는 만큼 슈트도 도시적인 여성성을 강조하는 투 톤 컬러가 좋다. 얼마나 고급스런 이미지를 연출하느냐에 따라 투자 모집 성과가 달라지는 직종인 만큼 반지, 안경, 벨트, 시계, 펜 등과 같은 액세서리까지도 디테일하게 신경을 써 연출하는 것이 관건이다.

4. 두고두고 입을 활용도 높은 일당백 재킷을 고르는 비결을 알려 주세요.

재킷을 장만할 때는 먼저 계절별로 장만하는 기준을 마련하는 게 좋다. 먼저 봄가을용을 먼저 마련하고 여름용 재킷이 필요하다면 어떤 용도로 필요한지, 어떤 장소에서 주로 입게 되는지를 따져 본 뒤 재질과 가격대 등을 결정하도록 한다. 봄가을 재킷 중 머스트 해브 아이템으로는 블랙 더블 버튼 재킷과 네이비 블레이저 재킷이다. 늘씬한 스타일이라면 블랙 더블 버튼 재킷에 펜슬 스커트를 코디하면 카리스마 넘치는 여성미가 뿜어져 나온다. 네이비 블레이저 재킷은 세미 정장처럼 캐주얼한 룩에 조금 더 잘 어울리긴 하지만 H라인 스커트처럼 딱 떨어지는 포멀룩에도 제격이다. 만일 여기에 살짝 개성을 추가해 특별한 기분을 만끽하고 싶을 때는 빅 숄더 블랙 재킷도 좋다. 무릎 살짝 위 미니 드레스와 매치하거나 청바지와 코디해도 도시적인 우아함이 넘치는 오피스 룩을 연출할 수 있기 때문이다. 여름 정장이 필요하다면 한 벌의 좋은 화이트 재킷을 갖추는 것이 현명하다. 블랙, 네이비, 핫핑크 등 명도와 채도가 높은 아이템과 함께 코디하면 밝고 시원해 보일 뿐만 아니라 튀지 않으면서 세련된 이미지를 동시에 줄 수 있다.

5. 노출 많은 여름철, 똑똑한 오피스 룩 코디 노하우를 알려 주세요

점점 더 짧은 하의를 입는 것이 트렌드로 자리 잡고 있는 요즘, 쇼츠는 부정할 수 없는 대세 아이템이다. 하지만 오피스 룩에는 일정한 형식과 규칙이 있어 자칫 유행과 트렌드만 따르다 개념 탑재가 안된 여자로 찍힐 수 있다.

먼저, 하의를 실종시키는 것보다 슬리브리스와 같은 민소매 패션으로 상의를 실종시키는 것이 오피스 우먼들에게는 제격이다. 민소매 블라우스에 스키니 블랙 배기 팬츠로 스타일링한다면 여름 오피스 룩으로 별 다섯 개다. 그러나 하의가 실종된 거리 패션이 너무나 탐난다면, 뭔가 색다른 기분을 내고 싶은 욕심에 쇼츠가 영 탐난다면 플레어 쇼츠와 랩 스커트 스타일 쇼츠가 제격이다. 이 둘은 미니스커트 같은 느낌이 있어 테일러드 베스트나 재킷만 걸쳐도 포멀 룩으로 변신 가능하다. 트렌디한 멋도 내고 오피스 매너도 지키고 그야말로 꿩 먹고 알 먹는 일석이조 아이템인 셈이다. 미니멀한 블랙 테일러드 재킷과 화이트 랩 스커트 스타일의 쇼츠는 영원한 환상 궁합이니 참고하도록! 조금 더 포멀한 느낌을 주고 싶다면 스카프를 늘어뜨리거나 가슴 앞에서 묶어 주는 것으로 포인트를 주면 짧아진 하의에 부담이 줄어든다. 블레이저 재킷, 린넨 재킷은 여름철 오피스 룩을 완성하는 머스트 해브 아이템으로 쇼츠와 연출하면 세련되면서 핫한 느낌을 연출할 수 있다.

COACHING 02

삼성가 여자들에게서
배우는 패션 전략

사람들은 누구나 서로 일종의 시그널을 보내며 소통한다. 그것은 내가 누구라는 신호이기도 하고 나를 알아 달라는 신호이기도 하다. 많은 여자들이 패션을 통해 자신의 정체성, 사회적 지위, 기호, 스타일, 색깔 등을 표현한다. 거래처나 중요한 상대를 만날 때도 그렇지만 일상적인 회사 생활에서도 그렇다. 특정한 스타일링을 통해 어떤 사람으로 비쳐지고 싶은지 의도하기도 하고 일정한 패턴의 패션을 통해 자신이 지향하는 이미지에 대한 포부를 나타내기도 한다. 어쩌면 직장 여성들에게 패션은 가장 은밀하고 또 과감하게 자신을 표현하고 노출시키는 전략적인 도구인지도 모른다.

"와, 연예인에게서는 엿볼 수 없는 '기품 카리스마' 작렬이네."

이건희 삼성전자 회장의 두 딸인 이부진 호텔신라 사장과 이서현 제일모직 부사장은 재계뿐 아니라 패션계에서도 초미의 관심을 기울이는 인물이다. 국내 최대 재벌가의 딸인 데다 출중한 외모까지 갖췄기에 그녀들이 입는 옷, 들고 다니는 가방 하나하나가 늘 화제의 중심에 있다. 하지만 이들의 패션이 유독 눈길을 끌며 매력적으로 느껴지는 까닭은 패션을 자신들의 정체성을 드러내는 최고급 무기로 활용하고 있기 때문이다. 그들의 패션을 통해 우리는 이부진, 이서현의 행보를 가늠할 수 있고 대중들에게 어필하고자 하는 정체성을 엿볼 수 있다. 외모, 스타일, 능력, 집안 어느 하나 빠지지 않는 삼성가의 여자들은 대체 어떤 패션 전략을 통해 자신들의 브랜드를 강화하고 있는 걸까?

먼저 삼성가의 두 공주로 표현되는 이부진, 이서현 자매는 '블랙 & 화이트' 패션이라는 공통점을 갖고 있다. 삼성가 여자들이 검은색과 흰색 위주의 패밀리 룩을 선보이는 이유는 바로 럭셔리하고 세련된 이미지를 쉽게 연출할 수 있기 때문이다. 트렌드 컨설팅업체 PFIN의 이강주 컨설턴트는 "검은색은 권위와 세련됨을, 흰색은 부드러움과 여성스러운 느낌을 주는데 이 두 가지 색을 섞으면 세련되면서도 섬세한 느낌을 모두 표현할 수 있다."라고 설명한다. 하지만 둘은 분명 다른 스타일링을 통해 차별화된 이미지를 구축하고 있다. 먼저 공식 석상에서 이부진 사장은 세련된 '비즈니스 우먼 룩'의 전형이나. 미니멀한 스타일을 주로 선보이는데 블랙과 화이트의 대조라는 심플한 기본 스타일링에 클러치백, 퍼 숄 등으로 포인트로 자신만의 감각을 표현한다. 요즘 유행어로 치자면 '차도녀(차가운 도시 여자)' 스타일을 표방한다. 반면 이서현 제일모직 부사장은 '따도녀(따뜻한 도시 여자)' 스타일에 가깝다. 일명 레이디라이크 룩이라 불리는 좀 더 소녀적이고 여성스러운 디테일이 부각되는 스타일로 화려하고 발랄한 이미지를 구축하고 있다.

　대체 삼성가 자매들이 이처럼 같으면서 다른 스타일을 연출하는 이유는 뭘까? 그들이 최근 주력하고 있는 사업과 주변 평가 그리고 앞으로 나아가고자 하는 행보 등을 종합해 보면 그들의 스타일에 담긴 비밀을 엿볼 수 있다. 그녀들의 일과 스타일링의 연관성을 통해 커리어 우먼의 브랜드 구축법을 살펴보자.

1. "'리틀 이건희' 명성 내가 잇는다." : 이부진 스타일 분석

"부드러움 속에 강함을 표현하라."

이부진 사장의 패션 테마는 '부드러움 속 강인함'이다. 한마디로 '부드러운 카리스마'가 그녀가 지향하는 자신의 이미지인 셈이다. 굵직한 웨이브의 긴 머리에 오드리 헵번이나 그레이스 켈리 룩으로 여성성을 강조하는 듯 하지만 블랙 컬러의 장식 없는 슈트로 차가운 이미지를 함께 조합한다. 신라호텔의 괄목할 만한 성장을 토대로 삼성에버랜드 경영에도 참여하고 있는 그녀는 장남인 이재용 삼성전자 사장을 제치고 기꺼이 '리틀 이건희'로 불리기를 자처하고 있다. 지난해 롯데와의 전쟁에서 승리해 어렵게 유치한 공항 면세점 최초의 루이비통 매장은 백화점 세 배 수준인 월 매출 100억 원을 기록하며 '잭 팟'을 터뜨리기도 하고 목표한 일은 꼭 성사시키고 마는 강인한 의지와 완벽주의적인 성향의 여성으로 이미지화하고 있다. 때문에 아버지의 추진력과 카리스마의 계보를 잇는 이미지를 강조하기 위해 공식 석상에 나타날 때마다 블랙과 화이트의 대조를 통해 심플한 스타일링을 연출한다. 하지만 클러치백, 퍼 숄 등으로 포인트를 줘 페미닌하면서 감각적인 이미지를 동시에 표현해 섬세하고 감성적인 여성 리더의 면모 역시 드러내고자 하는 모습이 엿보인다.

부드러운 카리스마를 완성하는 디테일
- 선호하는 컬러 : 차가운 느낌을 주도하는 올 블랙
- 액세서리 포인트 : 이어드롭처럼 길이감이 있는 귀고리로 부드러운 디테일 연출
- 즐겨 입는 스타일 : 브이넥 상의와 스커트를 골라 여성스러움을 부각시키는 스타일 혹은 올 블랙의 상·하의 슈트 같은 커리어 우먼의 이미지를 강조하는 스타일

2. "세계 명품 왕국 내 손으로 완성한다." : 이서현 스타일 분석

언니 이부진이 '우아한 카리스마'를 콘셉트로 자신을 이미지화하고 있다면 동생 이서현 제일모직 부사장의 패션 모토는 '자유'다. 그도 그럴 것이 그녀의 학력과 경력을 살펴보면 자유를 표방하는 정확한 이유가 나타난다. 파슨스 디자인 스쿨을 졸업하고 패션 브랜드 제일모직 부사장을 역임하며 세계적인 패션업체로의 도약을 꿈꾸고 있다. 올해 여성복 등 신규 브랜드 세 개를 동시에 선보이며 패션 사업의 다각화를 꾀하고 있는 한편 국내에 알려지지 않은 세계 명품 브랜드들을 인수하는 움직임을 보이고 있다. 80년 전통의 이탈리아 명품 가방 브랜드 '콜롬보 비아 넬라 스피가'의 지분 100%를 현 소유주인 모레티 가문으로부터 인수한 것이 대표적인 예

다. '패션 명가'를 이루려는 그녀의 움직임이 본격화되고 있는 셈이다. 때문에 최근 이서현 부사장은 블랙과 화이트 색상을 기본으로 하는 슈트로 코디를 하더라도 자유분방한 매력이 돋보이는 가방, 구두, 선글라스 등을 가미해 자유로운 스타일을 연출한다. 외투 역시 심플한 단색보다는 화려한 무늬의 스타일을, 실루엣도 미니멀한 'H라인'이 아닌 밑단이 풍성한 'A라인'으로 여성미를 부각시키는 스타일을 선호하는 경향을 보인다. 파워 숄더, 빳빳이 세워진 칼라, V자 가슴 라인 등이 돋보이는 화이트 재킷 등 과감한 포인트 패션도 그녀가 좋아하는 스타일이다. 격과 기품 있는 패셔니스타로서 자신의 브랜드를 강화하는 동시에 톡톡 튀는 개성 있는 패션을 통해 젊고 유연한 사고와 열린 소통을 중시하는 리더라는 이미지를 구축하고 있는 셈이다.

패션 여왕 콘셉트를 완성하는 디테일

- 선호하는 컬러 : 모노톤 블랙 앤 화이트
- 액세서리 포인트 : 악어가죽 핸드백, 구두(제일모직이 인수한 액세서리 브랜드 활용)
- 즐겨 입는 스타일 : 슬림한 실루엣의 팬츠 정장, 밑단이 강조된 A라인 외투

재벌가의 두 딸의 패션을 살펴보는 이유는 그들이 즐겨 사용하는 고가의 브랜드가 어디인지, 체형에 따라 어울리는 슈트가 어떻게 다른지를 살펴보기 위함이 아니다. 대한민국을 대표하는 두 명의 여성 경영인을 통해 일과 패션의 연관성과 자기 홍보를 위한 표현 도구로서 효율성을 체크하

기 위해서였다. 우리가 삼성가의 딸들의 패션을 보며 열광하는 이유가 어쩌면 럭셔리한 패션 그 자체가 아닌 점점 더 매력적으로 변하는 그들의 커리어에 있는지도 모르겠다. 그 커리어의 변천사와 욕망을 자신들의 패션 스타일링에 고스란히 담고 있으니 말이다. 사내 정치와 세력 확장에 대해 관심 있는 여성이라면 외모와 업무 영역을 매치시켜 전략적인 콘셉트를 짜야 할 필요가 있다. 패션은 내가 어떤 사람인지에 대한 정보를 가장 짧은 시간 내 제공하는 단서 역할을 하니까.

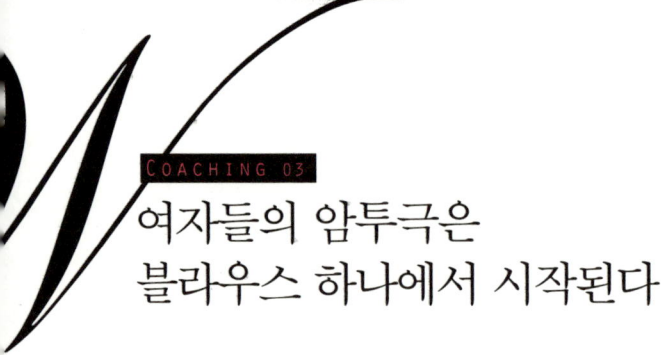

COACHING 03

여자들의 암투극은
블라우스 하나에서 시작된다

암투 : 서로 적의를 품고 드러나지 아니하게 다툼

여자들이 많은 조직은 늘 시끄럽다. 남자들의 눈으로 보면 정말 별것도 아닌 하찮은 일을 가지고 울며불며 싸우기도 하고 내일 당장 인연을 끊을 것처럼 언성을 높이며 화를 내기도 한다. 왜 하필이면 옆자리 그녀는 내가 어제 장만한 신상 구두와 똑같은 구두를 신고 나타난 건지, 안 그래도 꼴보기 싫은 뒷자리 과장은 내가 소개한 레스토랑을 본래부터 자신이 단골이었던 것처럼 애용하는지, 새로 들어온 경력직 그녀는 왜 나랑 가장 친한 후배에게 자꾸 친한 척을 하는 건지 모두 눈에 거슬리고 감정이 상한다. 이런 마음을 위로라도 받아 볼 생각으로 동기 대리에게 속내를 털어놓으니 돌아오는 말은 이렇다.

"오, 맙소사! 그런 자질구레한 일들로 관계에 금이 간다니 여자들은 정말 이해할 수 없는 존재야."

이성과 논리 구조로만은 설명하기 힘든 감성의 뇌를 지닌 여자는 그렇다. 별것 아닌 것, 하지만 어떻게 보면 절대로 별것 아닌 일이 되는 사건들로 여자들의 사내 정치판은 다른 형국으로 흘러가곤 한다. 여자들의 암투극은 블라우스 하나에서 시작되는 거다.

"아, 기분 나빠! 당장 나가서 옷을 새로 사서 바꿔 입든가 해야지. 오늘 아침에 어떤 사건이 일어났는 줄 아니? 며칠 전 백화점 세일할 때 산 원피스를 후배년이 똑같이 입고 왔어. 정말 유니폼이 따로 없는 모습이야. 아, 자존심 상해서 제대로 쳐다보지도 못하겠어. 확실히 늘씬하고 가슴도 큰 재가 롱 스커트는 더 잘 어울리는구만. 어떡하지?"

홍보 회사 팀장으로 근무하는 친구로부터 휴대폰 문자가 왔다. 그녀는 무척이나 흥분 상태였고 자신과 동일한 원피스를 눈엣가시처럼 생각되던 후배가 버젓이 입고 나타나는 사건이 일어났다는 것이다. 상상하니 화려한 원피스를 동일하게 입은 두 여자가 사무실 한가운데 떡하니 자리를 잡고 서로를 경계하는 모습이 연출돼 절로 웃음이 나왔다. 좀 아쉽긴 하겠지만 저렇게 일도 못할 정도로 '부르르' 떨 일은 아니지 않나 하는 생각을 할 찰나 친구가 말했다.

"저 인간은 꼭 저런 식이야. 나한테 보이지 않는 도전을 한다니까! 선배랑 똑같은 원피스를 입고 왔으면 점심시간에 나가서 다른 옷을 좀 사든지 해야지. 아무렇지 않은 표정을 짓고 있는 꼴을 보고 있노라니 정말 괘씸하게 느껴져."

친구는 자신의 원피스와 동일한 것을 입고 있는 후배를 보며 자신에 대한 도전이라 풀이하고 있었다. 그것은 여자들끼리만 통하는 어떤 '기분 나쁜 시비'였다.

"때론 심증이 물증보다 강렬하지. 쟤가 어떤 인간인 줄 아니? 내가 홍콩으로 4박 5일 출장 간 사이에 여자 팀장한테 내가 하도 후배들을 잡아서 피곤해서 일을 못하겠다고 일러바친 년이야. 그 덕분에 나는 팀장과 면담을 했고 업무 능력의 부족함도 승진에 있어 치명적이지만 부하 직원들에 대한 리더십 부재 역시 큰 결함이라며 날 힐난하더라고. 덕분에 나는 잘나가던 과장에서 졸지에 무능한 과장으로 낙인찍혀 버렸지. 나도 이제 전쟁 선포야. 두고 보라지!"

그렇다. 여자들의 암투극은 아주 사소한 것에서 시작된다. 남자들은 그냥 지나쳐 버리는 것, 보지 못한 것에서 숨겨진 상대방의 의도를 읽고 판세를 파악한다. 우연찮게 일치된 듯한 닮은꼴의 패션, 늘 내가 앉던 회의실 자리에 그녀가 앉는 것, 나의 단골집 사장님과 더 친한 척 액션을 취하는 것, 그녀에게 나와 비슷한 액세서리가 늘어나는 것 등 어찌 보면 지극히 사소하고 별것 아닌 일들로부터 묘한 위기의식을 감지한다. 그리고 소리 없이 암투가 시작된다. 권력, 승진 그리고 여자로서 우위를 향한 암투극 말이다. 여자들의 암투극은 다음 단계를 거치며 좀 더 매콤하게 변질된다.

첫째, 불쾌한 '도전의 신호'들을 모으기 시작한다.

둘째, 집단 따돌림을 계획하며 사람들을 자신의 편으로 끌어들인다.

셋째, 상대에게 적의의 감정을 노골적으로 드러내기 시작한다.

넷째, 업무상 불이익을 주기 위해 적극 개입한다.

다섯째, 누군가 한 명이 패자로 정리돼 꼬리를 내린다.

내게도 비슷한 경험이 있다. 과거 함께 일했던 동기 K. 격 없이 지내던 그녀와 불편해지기 시작한 건 연봉 계약 전후다. 그녀는 연봉이 동결됐고 나는 미약하지만 작은 상승세가 있었다. 그러던 어느 날 그녀가 부서장에게 한 가지 제안을 했다.

"사무실 자리를 재배치했으면 합니다. 모든 사람들이 볕이 잘 드는 창가 쪽 자리를 선호하는데 일부 사람들이 지속적으로 일명 '명당'을 차지하고 있어서 대청소도 할 겸 자리를 재배치하면 어떨까 싶은데요."

표면적으로는 아무런 문제가 없는 정당한 주장이었지만 나는 알아차릴 수 있었다. 그 제안에 숨겨진 공격 대상이 바로 나였음을 말이다. 당시 나는 대학원 논문 학기에 접어들면서 일과 학업의 병행 사이에서 쩔쩔매고 있었다. 어떤 날은 남몰래 숨죽여 사무실에서 과제를 작성하기도 했고 어떤 날은 보고서를 쓰는 척하며 기말고사 공부를 하기도 했다. 부서장 책상과는 한참 떨어진 사람들의 발길이 잘 닿지 않은 사무실 중 가장 외진 그러나 창가 바로 옆 명당 중 명당을 내가 꿰차고 있었기에 가능했던 일이다. 나의 딴짓을 못마땅해하던 그녀가 이것을 수면 위로 공개하기 위해 판을 벌인 거였다.

"한판 붙어 보자 이거지? 싸움은 네가 먼저 걸었어. 나도 그냥 지켜만 보고 있을 수는 없으니 한번 해 보자!"

그녀의 '총성 없는 전쟁' 선포에 나 역시 '소리 없는 보복'을 시작했다. 외근 중 간간이 친구들을 만나 커피를 마시거나, 쇼핑을 하던 그녀의 만행을 알고 있던 나는 많은 임직원들이 모인 월례 회의 자리에서 한 가지 제안을 했다. 그것은 바로 외근 시 시간 엄수를 철저히 할 것에 관한 요청이었다.

"최근 직원들의 외근 시간이 점점 길어지는 현상이 일어나고 있습니다. 외근으로 업무 효율성이 떨어지는 부분이 있으니 외근 카드 작성 시 시간 엄수를 위해 정확하게 기재하는 방법을 도용했으면 합니다."

우리는 그렇게 서로를 드러나지 않게 공격했고 점점 더 서로를 곤란하게 만들 수 있는 전략으로 수위를 올려 갔다. 상대를 견제하고 싶은 욕망, 약간의 시기와 질투, 잊을 수 없는 모멸감, 불공정한 인사 고과, 상대방의 권위에 대한 도전 등의 감정이 암투극의 서막을 올리는 이유다.

하지만 여자들의 암투극은 명확한 목적 없이 비생산적인 결론을 향해 흘러가는 경우가 많다. 그저 '네가 싫고 미우니 한번 해 보자' 식으로 치닫는 일들이 많다. 차라리 전략적인 뒷담화나 조직 내 카르텔 형성을 위한 집단 패권 싸움이라면 한번 끝까지 가 볼 만하기라도 하겠지만 켜켜이 쌓인 묵은 감정들이 원인이 되는 암투극은 되도록 빨리 종영되는 것이 현명하다. 누군가 먼저 상대가 보내는 신호가 무엇인지, 어디서 유래된 것인지 정확히 깨닫고 그 문제의 본질을 해결하기 위해 노력하는 것이 좋다. 암투극은 누구 하나가 바닥을 칠 때까지 끝까지 물고 늘어지는 물귀신 같은 특징이 있기 때문에 섣불리 시작했다가는 이 못된 그물망에서 둘 다 빠져

나가기 힘들 수 있다.

  만일 그대의 심기를 자꾸만 건드리는 얄미운 후배가 있다면, 감정 상하는 묘한 메시지를 던지는 못된 동기가 있다면, 잘못한 것도 없는데 주눅 들게 만드는 불쾌한 기류를 형성하는 까칠한 선배가 있다면 한 번만 세게 밟아라. "함부로 까불면 나도 가만있지 않겠어. 나 은근히 무서운 여자야!"라는 신호만 보내라. 그리고 이내 용서하자. 과감한 슈트로 사무실 주인공으로 주목받을 기회를 박탈시킨 얄미운 그녀, 새로 들어온 남자 신입 사원들의 인기를 독차지한 그녀, 동기들은 찬밥 대우를 하면서 상사들에게는 간, 쓸개를 기꺼이 내주는 그녀, 내가 귀뜸한 아이디어로 승진 기회를 손에 넣은 재수 없는 그녀, 착한 척 성격 좋은 척하지만 알고 보니 온갖 이간질의 핵심 세력이었던 가면의 얼굴 그녀 모두들에 대해 말이다. 어쩌면 우리 모두는 용서를 필요로 하는 나약한 존재들일지도 모른다. 시시각각 잘못을 저지르고 은연중 누군가에게 용서를 받으며 또 언젠가는 나 때문에 가슴 졸이며 괴로워하는 누군가를 감히 용서하는 일상을 반복하고 있지 아니한가. 언젠가 소설가 은희경은 '용서는 살면서 경험하는 실망에 대처하는 아주 실용적인 습관'이라고 했다. 감정적인 적의로 시작된 작은 암투극이 누군가는 피를 흘리며 쓰러져야 하는 무서운 정치 싸움으로 번지기 전에 서둘러 막을 내리길 바란다. 내가 이길지, 그녀가 이길지 아무도 예측할 수 없는 도박과도 같은 것이 여자들의 사내 암투극이니까 말이다.

COACHING 04
직장에서 인정받는 코디법

여성지 취재 기자로 일하던 시절 '용감한 후배'들을 종종 만날 수 있었다. 그들의 용감함이란 마감일이라는 핑계 아래 야구 모자를 눌러쓰고 출근을 하거나 찌는 듯한 한여름의 피로함을 이유로 민소매에 운동화를 신고 기세등등하게 사무실로 등장하는 모습을 일컫는다.

"옷 좀 제대로 입고 다니면 안 되겠니? 회사가 학교도 아니고……"

"하루 종일 사무실에 처박혀 마감을 해야 하는데 편한 복장으로 출근하는 게 뭐가 문제인가요?"

용감한 데다 똑똑하기까지 한 후배들은 불량 복장에 한소리라도 하는 날이면 맵짠 눈을 부라리며 말대꾸를 하곤 했다. 업무에 맞는 복장을 지능적으로 입었을 뿐인데 뭔 불량 복장이냐는 불만이 눈빛이 가득 사려 있다. 물론, 그녀들이 맞다. 게다가 나도 개인의 패션 취향에 일일이 간섭하며 감 놔라 배 놔라 할 생각이 없다. 다만, 같은 조직의 일원으로 회사 이미지에 손상 입히는 철없는 만행은 자제해 줬으면 좋겠다는 소심한 바람을 전한 것뿐이다. 아무리 내근직이라 하더라도 우연찮게 외부 업체와 내부 업무가 잡힐 때도 있고 홍보 담당자가 약속도 없이 방문하기도 하고 고용주가 사무실을 방문한 VIP를 소개하는 상황이 연출되기도 하니 말이다. 발가락이 열 개 모두 보이는 플립플랍을 신고 쇄골뼈가 섹시하게 드러나는 티셔츠와 허연 허벅지를 여실히 보여 주는 패션 차림으로 중요한 사람을 맞는다면 상대방은 어떤 생각을 할까?

"아주 엉망칭찬 조직이구만. 조직원들이 놀이터 놀러오듯 회사를 다니는군. 쯧쯧쯧"

그렇다. 직장 여성들에겐 항상 잊지 말아야 할 원칙이 있다. 통장에 월급 내역이 찍히는 순간, 매일 아침 출근 전쟁을 치르며 사무실에 발을 내딛는 순간, 빠듯한 점심 식사 시간을 마치고 서둘러 일터로 복귀하는 순간, 아니 일주일 중 5일 내내 기억해야 하는 그것은 바로 회사가 당신에게 무엇을 요구하는가에 대한 답이다. 이윤을 추구하는 집단이 당신에게 원하는 것은 바로 최대 이윤 창출이다. 조직은 업무 시 발휘해야 하는 능력은 물론이고 고객을 대할 때 패션, 매너, 커뮤니케이션, 몸짓 하나까지 이윤 극대화에 이바지하는 어떤 것이 되어 주기를 기대한다. 아직까지 일부 기업들이 마치 고등학교 학생 주임처럼 복장 규제를 하는 이유도 사원 한 명 한 명에게 회사가 추구하는 이미지를 부여해 보다 효과적인 이윤 생성에 도움을 주고자 하는 까닭이다. 때문에 아무리 내근직 위주의 자유롭고 창의적인 직무라 하더라도 짧은 반바지, 라운드 티셔츠, 볼품없이 구겨진 면바지와 같은 패션은 딱 찍히기 십상이다.

이 장에서는 상사가 예뻐하고 동료들이 좋아하고 스스로 자긍심을 느낄 수 있는 오피스 룩에 대해 알아보려 한다. 어떻게 오피스 룩을 코디했는지에 따라 사내 영향력은 물론, 일의 능률 지수까지 향상시켜 줄 수 있으니 TPO에 맞는 패션 전략을 꼼꼼하게 체크해 보자.

1. 프레젠테이션, 중요한 외부 미팅에 참석하는 날엔

"아! 대체 뭘 입어야 잘 입었다고 소문이 날까?"

중요한 일정이 있을 때마다 하게 되는 고민은 바로 뭘 입을까. 하지만 프레젠테이션, 중요한 회의가 있는 날 지켜야 할 패션 콘셉트는 바로 '신뢰감'과 '단정함'이다. 이를 실현할 수 있는 아이템은 재킷이 강조된 블랙 컬러의 바지 슈트, 무늬가 없는 무채색 계열의 투피스, 프릴이 과하지 않은 블라우스와 무릎 길이 펜슬 스커트, 진한 컬러의 테일러드 재킷과 원 컬러 원피스 등이다. 특히 각진 재킷은 어깨선을 당당해 보이게 하며 입은 사람을 강력한 존재로 부각시키는 똑똑한 아이템이다. 왜소하고 동안의 여성이라면 어깨가 직각에 가깝도록 선이 분명한 딱딱한 재킷으로 코디하면 훨씬 프로페셔널해 보이고 당찬 아우라를 풍길 수 있다. 하지만 트위드 재킷이나 복잡한 바이어스 장식이 들어간 소재의 재킷은 NG다. 여성스러움은 강조될 수 있지만 전문성의 강도는 낮아지기 때문에 중요한 외부 행사나 프레젠테이션에는 매력도가 떨어지는 부작용이 있을 수 있기 때문이다.

또 하나 중요한 외부 미팅이라면 가방 선택에도 신경을 쓰자. 서류를 담을 수 있는 큼직한 그러나 심플한 디자인의 오버사이즈 백을 선택해야 긴장감을 갖고 비즈니스에 임하는 직장 여성의 이미지를 제대로 어필할 수 있다. 유명 브랜드 로고가 꽉꽉 박힌 작은 토트백이나 너무 캐주얼한 백팩은 만만하고 쉬운 상대로 보이게 하는 치명적인 역할을 한다.

2. 내부 미팅과 피곤한 야근까지 겹치는 정신없는 스케줄엔

'오늘은 늦게까지 야근하는 날이니 숨통이 트이는 옷으로 기분 전환을 해볼까?'

잦은 회의와 늦게까지 이어지는 야근으로 다크서클이 10cm 정도 늘어나는 오늘 같은 날엔 캐주얼과 부드러움을 콘셉트로 어필해 보자. 깔끔한 재킷과 블랙 셔츠, 스키니 진처럼 캐주얼이 주는 경쾌함에 재킷이 주는 약간의 격식을 결합한 스타일이나 중성의 느낌을 주는 셔츠 컬러에 배기 팬츠, 정장용 진에 부드러운 컬러의 카디건도 당당하게 개성을 뽐낼 수 있다. 만일 주도적으로 참여해야 하는 미팅이 포함돼 있다면 전문성을 강조해 주는 시계로 마무리하는 게 숨겨진 전략이다. 시계는 의외로 강한 힘을 발휘하는 소품이기 때문이다. 오피스 시계를 장만할 때는 작고 장식이 많은 여성스런 스타일보다 과도하지 않은 선에서 큼직한 남성스런 느낌을 선택하는 것이 좋다.

미팅과 야근 스케줄이 동시에 잡힌 날엔 치마보다 바지 차림이 실용적인데 만일 바지 정장을 선택한다면 포인트는 일자로 떨어지는 핏감에 있다는 걸 기억해야 한다. 부드럽게 흐르는 소재이면서 구김이 잘 안 가고 길이가 땅에 끌리지 않아야 바지 정장 고유의 세련되고 완벽한 느낌이 제대로 살아날 수 있으니까. 광택 소재보다는 매트한 소재의 정장이 고급스럽고 주머니 등 장식이 있는 디자인보다 절제된 스타일이 자주 애용할 수 있는 오피스 룩으로 적합하다.

3. 하루 종일 지루한 사무 업무를 소화해야 하는 날엔

사무실에 콕 박혀 밀린 오피스 업무만 하루 종일 해결해야 하는 날, 긴 한숨부터 나온다. 하지만 오늘은 숨겨져 있던 패션 기호를 마음껏 드러낼 수 있는 절호의 기회라는 걸 알까? 오피스 룩으로는 너무 페미닌해 미처 시도해 볼 수 없었던 위험한 두 줄짜리 진주 목걸이와 우아해 보이는 시폰 소재의 블라우스 패션이나 하늘하늘한 저지 원피스에 스포티한 재킷, 자연스런 뉴트럴 컬러의 스웨터에 편안한 카키색 면바지로 코디해도 용서되는 아니 왠지 잘 어울리는 그런 날이니까. 환절기인 봄가을이라면 풍성한 롱 스카프로 조금은 튀는 패션을 시도해도 좋다. 팔목에 딱 감기는 얇은 팔찌를 여러 개 레이어드하거나 조금은 큼지막한 귀고리나 이어드롭으로 하루 종일 빡빡한 서류와 컴퓨터에 시달려야 하는 피곤함을 달래 보는 것도 좋은 방법이다.

어차피 오늘은 품격과 형식을 갖춰 보여 줘야 할 어려운 상대를 만나는 날도, 힘 있는 프레젠테이션으로 실력을 인정받아야 하는 부담스러운 날도 아닌 직장 여성으로서 최소한의 예의와 성의만 보여 주면 되는 그런 날이니까 말이다.

4. 퇴근 후 설렘 가득한 이브닝 파티가 있는 불타는 금요일엔

"오피스 룩으로 위장한 파티복은 없을까? 옷을 따로 싸 가지고 갈 수도 없고……"

업무와 파티 일정이 함께 잡힌 금요일이라면 광택이 들어간 블랙 슈트나 반짝거리는 새틴 소재의 재킷이 매력적인 아이템이다. 도시적인 느낌의 오피스 룩과 화려한 파티 룩의 중간쯤에 존재하는 이들 소재의 옷들은 화려하고 밝은 느낌을 연출할 뿐만 아니라 샴페인, 와인 등의 주류와도 궁합이 잘 맞는다. 고전적 섹시 아이템이라 불리는 화이트와 블랙의 조화로 코디하는 전략도 좋다. 목덜미가 드러나는 실크 소재의 블라우스에 슬릿(slit)이 들어간 펜슬 스커트 그리고 검은색 반투명 스타킹과 아찔하게 도도한 하이힐 펌프스 룩은 오랫동안 섹시미를 연출할 수 있는 워너비 스타일인 동시에 격식 있는 자리에서도 우아함을 유지할 수 있는 세련된 룩이기 때문이다. 하지만 주의할 것이 있으니 펜슬 스커트처럼 핏되는 옷을 입을 때 레이스나 봉제선이 없는 속옷을 잘 체크해 입어야 한다는 것이다. 자칫 팬티 라인, 스타킹 라인 등이 민망하게 드러나 주변 사람들의 남모를 수근거림을 들어야 할지도 모르니까.

COACHING 05
무능함보다 더 무식한 오피스 매너

얼마 전 한 설문 조사에 따르면 직장인들에게도 왕따가 심각한 문제임을 잘 보여 준다. 취업 포털 '사람인'이 직장인 2,975명에게 '재직 중인 직장에 왕따 문제가 있느냐?'라고 물은 결과 전체의 45%가 '있다'라고 답했다. 더 놀라운 것은 이 중 58.3%가 '왕따 문제로 갈등을 겪다가 퇴사한 직원이 있다'라고 답했다. 직장 내 왕따 문제가 심각한 수준이고 이로 인해 이직 혹은 퇴직까지 결심할 수 있음을 보여 준다. 대체 어떤 사람들이 이렇게 왕따가 되고 있는 것일까? 설문 조사 결과에 따르면 피해자들이 고백한 왕따를 당하는 이유(복수 응답)로는 '눈치가 없고 답답한 성격이라서(36.1%)'가 첫 번째로 꼽혔다. '조직에 어울리려고 노력하지 않아서(32.2%)' '업무 능력이 너무 떨어져서(27.2%)' '말로만 일하는 유형이라서(26.1%)' '동료 사이에 이간질이 심해서(23.5%)' 등의 응답도 있었다. 여러 가지 원인이 작용할 수 있지만 '눈치 없고 답답한 스타일'만큼 주변 사람들에게 미움을 사고 마음의 문을 닫게 하는 것도 없어 보인다. 그런데 직장인들이 어떤 유형의 사람들을 눈치 없고 답답하다고 표현하는 걸까?

"직장 생활에 필요한 에티켓 유전자를 전혀 타고나지 않은 사람들이 있어요. 예를 들면 모두가 예민한 결산 보고 시즌 때 별로 중요하지도 않은 내용의 전화를 장시간 큰 소리로 한다든가, 상사가 싫어하는 이야기를 굳이 반복해서 자꾸 하는 신입 사원이라든가, 인터넷 쇼핑몰에서 주문한 물건들을 수시로 사무실에서 배송받는다든가, 별로 끼지 말았으면 하는 자리까지 꼭 껴서 분위기 망치게 하는 사람들 말이에요. 이런 스타일들을 보고 있노라면 왕따가 괜히 되는 건 아니다 하는 마음이 들어요."

중견 기업 회계팀에서 근무하는 U. 그녀는 왕따의 책임이 피해자에게도 있다고 이야기했다. 모두 대학 교육까지 마친 지성인들인데 특정인을 멀리하고 소외시키는 데는 피해자 스스로 조직 문화에 위배되는 행동을 반복적으로 행했기 때문이란 거다. 그녀의 이야기를 가만히 듣고 보니 틀린 말이 아니다 싶다. 두 번의 조직 생활을 하며 만난 내 기억 속 '왕따'들도 나쁜 사람들은 아니었다. 단지 누구나 암묵적으로 동의한 직장 생활의 매너를 지키지 않은 답답하고 꼴 보기 싫은 사람들일 뿐이었으니까. 아직도 눈, 코, 입 그리고 웃을 때 생기던 눈가 주름까지 선명하게 생각나는 M. 그는 왕따 생활을 자청한 장본인이었다. 한참 입덧으로 고생할 무렵 나는 신선한 과일과 야채를 싸 가지고 다녔다. 속이 메슥거릴 때마다 조금씩 먹으며 입덧을 달랠 수 있는 유용한 도구였기 때문이다. 그런데 M은 내가 도시락 뚜껑을 여는 소리가 들리면 어디선가 쏜살같이 달려와 '눈치 없는 구걸'을 하곤 했다.

"어머! 이 딸기 맛있어 보이는데 하나만 먹어도 돼요?" (이미 손가락에 들고 있다.)

식탐이 있는 게 죄는 아니다. 그런데 임신부 입덧용으로 들고 다니는 과일을 빼앗아 먹는 건 아이의 코 묻은 돈 빼앗는 거보다 조금 더 나쁘다. 그뿐만이 아니다. M은 회식자리에서도 왕성한 식탐을 드러내며 회식 분위기를 망치곤 했다. 한번은 샤브샤브 전골집에서 회식자리를 가졌다. 소고기 샤브샤브가 회식 메뉴였다. 모두가 음식이 나오기를 기다리며 화기애애한 담소를 나누고 있는데 한참 동안 침묵을 지키던 그가 화난 표정으로 상사에게 말을 거는 게 아닌가.

"부장님, 저는 소고기 질감을 싫어하는데 해산물 샤브샤브로 바꿔 주시면 안 되나요?"

'아휴! 아휴! 인간아!'

다른 조직에서 만난 서른 무렵의 I도 은근히 따돌림을 당하는 대상이었다. 언뜻 보면 지극히 정상적이고 평범해 보이는 I는 아주 사소한 일들로 주변 사람들의 원성을 샀다. 그녀의 만행을 조금만 나열해 보겠다. I는 늘 8시 55분쯤 출근한다. 간당간당하게 회사에 도착해서는 바로 화장실로 직행해 메이크업을 시작한다. 파우더는 물론, 아이라인, 마스카라, 립스틱까지 풀 메이크업을 하면 시간이 20~30분을 훌쩍 넘는다. 급한 일로 찾으면 늘 자리에 없다. 실제로 그녀가 일을 시작하는 시간은 9시 30분. 메이크업까지 다 하고 일찌감치 출근한 동료들은 갑자기 억울한 생각이 든다. 메일을 보낼 때도 팀원 전체를 참조자로 설정해 함께 메일을 공유하게 만든다. 개인적인 이메일로 늘 이렇게 전체에게 공개를 해 버리니 은근히 약이 오른다. 그뿐만이 아니다. 탕비실에서 나오는 설거지거리들은 여직원들이 돌아가면서 하기로 약속을 했는데도 한 번도 제대로 한 적이 없다. 한마디로 한 대 때려 주고픈 얌체족이었다. 결국 그녀는 조직원들의 미움을 사 점심시간, 회식자리, 야유회 등에서 은근히 따돌림을 당하자 얼마 버티지 못하고 동종 업계로 이직을 해 버렸다. 직장 내 따돌림 만행은 개인을 가장 쉽게 무력화시킬 수 있는 방법이다. 때문에 직장 내 따돌림 현상에 대한 경각심을 일깨우는 수많은 캠페인에도 불구하고 따돌림은 사라지지 않고 있다. 제거하고 싶은 혹은 무력화시키고 싶은 대상의 날개를 효과적으로 꺾을 수 있는 암투극을 벌이는 데 있어 일종의 비책이기 때문이다.

아무 이유 없이 심심해서 직장 동료를 따돌리는 만행에 가담하는 자는 없다. 누군가 왕따를 시킬 때는 다들 마음속으로 "넌 그럴 만해."라는 동의를 했다는 의미다. 내가 인지하지 못하고 있는 동안 사무실 내 누군가는 나의 사소한 행동을 주시하며 눈살을 찌푸리고 있을지 모른다. '어쩜 저렇게 답답하고 눈치 없을 수 있느냐'며 분통을 터뜨릴 수 있다. '이런 일이 뭐 중요해'라고 방심하는 사이 우리는 소리 없이 사내 정치판의 비주류층으로 조금씩 밀리고 있을지 모른다. 멍청한 것보다 더 참을 수 없는 무개념 직장 매너에 대해 점검해 봐야 할 때다.

TIP: 이런 짓 하면 딱 왕따당하기 쉬워요

1. 나는 당신이 한 말 모두를 듣고 있다

각자 맡겨진 일에 몰두해 정신없이 돌아가는 사무실이지만 옆 팀 간의 대화나 전화 통화 내용 등은 이상스럽게 귀에 쏙쏙 박힌다. 누구랑 통화를 하는지, 어떤 이야기가 오고 가는지, 조금 전에 뭐라고 했는지 말이다. 사무실에 전세 낸 것도 아닌데 큰 소리로 짜증을 내고 소리를 지르는 행위는 왕따를 부르는 자살 행위다. 특히나 "제가 대체 몇 번을 말씀드려요?" "지금 저랑 해보자는 거예요?" 등 짜증이 넘쳐나는 목소리나 만사 귀찮다는 식의 늘어지는 목소리로 "네, 네, 알았다고요." 식의 응답도 부적절하다.

2. 재채기, 머리 긁기, 큰 소리로 하품하기는 은근히 사회악

모두가 숨을 죽이고 일에 몰두해 있는 오후, 옆자리 동료의 재채기는 참을 수 없는 짜증을 부른다. 깜짝 놀랄 정도로 큰 소리로 '에취' 하는 재채기도 정말 싫지만 입도 가리지 않은 채 연속적으로 재채기를 하는 건 더 큰 실례다. 머리 감지 않고 나온 걸 티 내며 머리를 긁고 입을 쩍쩍 벌리며 하품을 해대는 것도 묘한 불쾌함을 불러일으킨다.

3. 술자리서 사이다만 들이키는 자 모두 유죄!

헝클어지고 마음을 열어 속내를 드러내는 마법 같은 기적이 일어나는 순간이 바로 동료들끼리 거나하게 한 잔 하는 술자리다. 이런 자리에서도 어느 정도 망가지며 인간적인 모습을 보여 주는 것이 에티켓이다. 혼자만 비주류 알코올들만 고집하며 한 치의 흐트러짐도 없이 주류를 흡인한 사람들의 만행을 눈 동그랗게 뜨고 지켜보면 정말 밥맛이다. 다음 날 회사에 와서 어제 누구는 이랬고 누구는 저랬다 이야기하는 사람만큼 부담스럽고 얄미운 사람도 없다.

4. 메일 회신이 이틀을 넘기면 괘씸죄에 걸린다

누군가 정성껏 메일을 작성해 보냈는데 이틀이 지나도 연락 한 줄이 없으면 상대방은 신경이 쓰인다. 보고도 무시하는 건지, 우선순위에서 내 메일이 밀린 건지, 건방진 건지 등 수많은 상상을 하게 된다. 특히 상사나 타부서 동료에게서 온 메일의 경우 바로 응답을 해야 한다. 만일 상황이 여의치 않을 경우 자동 답장 기능을 설정해 메일을 확인했으니 곧 답장을 할 것이라는 메시지를 전달하자.

5. 멍청한 이메일 한 통 때문에 당신을 멀리할지 모른다

하루에도 수십 개의 메일을 보내다 보니 별생각 없이 메일을 작성하고 보내는 경우들이 많다. 하지만 메일을 확인하는 당사자는 성의 없이 보낸 메일 한 통으로 당신에 대한 선입견을 가질 수도 있다. 먼저 요청이나 컨펌이 필요한 건이라면 하단에 반드시 기한을 명시해야 한다. 급한 일이거나 긴박한 내용이라면 글자색을 달리해 상대방이 보기 편하게 배려하도록 한다. 첨부 파일 시에는 첨부하고자 한 파일이 맞는지 확인하고 제대로 첨부됐는지 재차 체크해야 한다. 자칫 엉뚱한 사진을 보내거나 사내 기밀문서를 외부로 유출하는 대형 사고를 일으킬 수도 있다. 개인적으로, 신분증 사본을 첨부해야 하는 이메일에 실수로 딸 돌 때 찍은 가족사진을 첨부해 망신스러웠던 기억이 있다. 또 하나 기억해야 할 것은 '제목 없음'으로 보내는 메일은 '할말 없음'을 이끈다. 이메일을 보낼 때는 이메일의 핵심 내용과 보내는 이를 명시한 제목을 작성해야 한다. 업무 협조, 공지, 비업무, 긴급 등 메일의 내용이나 목적에 따라 말머리를 붙이는 것도 좋은 방법이다.

6. SNS에 회사, 조직원 실명 거론하는 건 한번 해 보자는 행위다

몇 다리 거치면 다 아는 세상에서 가급적 회사나 상사 욕은 자제해야 한다. 지인들과 나누는 사적인 대화라는 생각에 별다른 고민 없이 회사에 대한 비난이나 상사에 대한 욕설을 쓰면 100% 당사자 귀에 들어가게 돼 있다. 상사의 괘씸죄를 사면 조직적인 왕따를 당하기 쉽다. 친하게 지내고픈 조직원들도 상사의 눈치를 보느라 이해 안되는 왕따 놀이에 가담하게 될 수 있으니 절대 조심할 것.

7. 화장실도 엄연한 직장 내 공간이다

세면대를 독차지하고 몇 십 분째 메이크업을 고치는 행위는 정말 얄밉다. 먹다 남은 음료수를 세면대에 붓거나 유별난 양치질로 주변 사람들까지 정신을 쏙 빼 놓는 것도 꼴불견이다. 지인 중 한 명은 양치질을 할 때 가글 소리와 치약 뱉는 소리가 어찌나 요란한지 옆에서 양치질을 하다 보면 민망하곤 했다. 다 들리거나 말거나 화장실에서 큰 소리로 수다 떨기, 상사나 사장에 대한 험담을 자신들만이 알아들 수 있는 별칭을 써 가며 하는 것도 직장 생활에 대한 기본적인 매너나 에티켓 소양이 없어 보이는 만행이다.

똑똑한 언니가 들려주는 Secret

때론 이미지가 능력보다 강하다

오랜만에 대청소나 할 생각으로 옷장을 활짝 열고 회색빛 물로 가득해진 물 먹는 하마도 교체하고 5년째 옷장 한구석 자리만 지키는 마음 떠난 옷들을 골라내는 작업을 했다. 얼마나 시간이 흘렀을까? 말끔해진 옷장을 가만히 바라보고 있노라니 알 수 없는 뿌듯함과 성취감이 밀려온다. 컬러별, 스타일별, 계절별로 옷들을 구분해 정리하고 보니 그동안 미처 깨닫지 못했던 한 가지 사실이 눈에 들어왔다. 고만고만한 유유상종인 그러니까 서로 닮은꼴의 옷들이 가득한 것이다. 돌아보니 언제부터인가 나는 기존의 옷과 크게 다르지 않은 옷, 약간의 장식만 다르거나, 컬러 톤이 조금 다르거나, 컬러는 동일한데 재질 차이가 있는 옷들을 사 모으기 시작했다. 특별히 살이 찌거나 특정 스타일에 반해서는 아니었다. 마치 수집광처럼 유사한 스타일의 옷들만 탐했던 그 이유는 대체 무엇일까?

"너는 왜 비슷비슷한 신발, 옷을 사고 또 사고 그러냐? 다른 것 좀 사 봐."

"쳇. 다른 스타일은 사 봐야 잘 입지 않게 되니까 그렇지. 내 나이엔 옷도 전략적으로 사야 하는 거야."

쇼핑을 나갔던 며칠 전 남편의 퉁명스런 핀잔에 발끈해 목소리를 높이던 내 모습을 가만히 돌아보니 그 안에 답이 있더라. 일정한 패턴의 옷들만 고집하는 이유, 그것은 바로 커리어에 도움이 되는 옷차림에 대한 집착, 애정, 고민이 낳은 결과였다.

사회에 나온 지 11년차. 비즈니스 환경에 노출된 사람들의 눈이 얼마나 간사한지 깨닫고 있다. 정리되지 않은 긴 생머리, 치렁치렁 원피스, 유행하는 트렌디한 메이크업을 한 '철없는 여자'를 제대로 상대해 주는 곳은 없었다. 반면 빠짝 힘이 들어간 재킷과 보기만 해도 정갈해 보이는 무채색 슈트를 차려입고 각이 진 노트북 가방을 들고 명함을 건네는 여자에게 정글의 사람들은 예의를 갖춰 악수를 할 준비를 하고 있었다. 파워풀한 재킷에 긴장했고 팔목 사이로 살짝 보이는 시계 브랜드에 실제로 표현되는 능력보다 더 많은 의미와 가치를 기꺼이 부여하고자 하는 그들을 보며 무의식적으로 상대방을 압도할 수 있는 더불어 전문성을 부각할 수 있는 능률적인 옷차림을 지향하는 방어 기제가 형성된 것이리라. 특별히 대중 강연을 시작하면서 나의 옷차림은 더더욱 개인적 기호나 취향보다는 대중적 지지를 이끌 수 있는 스타일로 고정되고 있다. 어떻게 옷을 입었느냐에 따라 청중의 반응의 묘한 차이를 피부로 실감하는 탓이다.

한번은 방송 출연 스케줄과 강의 일정이 겹치면서 전문가의 도움을 받은 메이크업과 헤어 그리고 어깨선이 강조된 블랙 재킷에 화이트 스커트를 입고 강연장으로 향한 적이 있다. 콘텐츠는 전날 진행한 강연과 크게 다르지 않았는데 관중의 반응은 전혀 달랐다. 한 마디 한 마디에 집중하고 있었고 무대를 오가는 동선, 작은 몸짓과 표정마저도 관심과 애정 어린 눈빛으로 좇고 있었다. 참 이상한 일이었다.

'대체 오늘따라 왜 이렇게 반응이 좋지? 눈빛들이 반짝반짝하네.'

무대를 내려오자 몇몇의 사람들이 말을 건넨다.

"강사님, 예뻐요. 강의도 감동이에요."

"형수님 삼고 싶은 스타일이에요. 강의 정말 잘 들었습니다."

그랬다. 그들의 눈에 비친 내 모습이 얼마나 우아하고 격조에 맞게 잘 차려입었는지 그리하여 얼마나 매력적으로 다가오는 강사였는지에 따라 그들의 강의 평가도 달라졌다. 외모에서 느껴지는 심리적 가감이 그가 보여 주는 능력에 합산돼 결과물이 도출되는 까닭이었다. 이제 나는 중요한 강연을 앞두고 마사지 숍과 헤어 살롱부터 예약한다. 때로는 외모가 며칠 밤을 새워 작성한 기획안이나 프레젠테이션보다 강력하니까.

문득 궁금해진다. 그대의 외모는 지금 안녕하신지요?